해외 한국학 평론 4

The Review of Korean Studies Abroad

연세대학교 현대한국학연구소 편

일조각

발 간 사

연세대학교 국제학대학원 부설 현대한국학연구소는 한국 근현대사 관련자료를 발굴 · 정리 · 출판하고 한국인의 시각에 입각하여 한국 근현대사를 연구함으로써 합리적이며 주체적인 역사서술 방안을 개발할 것을 설립 목적으로 하고 있다. 이를 위해 1997년 3월 설립 이래 지금까지 현대한국학연구소는 이화장에서 기증받은 '우남이승만문서'의 편집 · 출판 사업을 집중적으로 벌이는 한편, 국제학대학원의 국제적 교육 · 연구 전통을 이어받아 한국학의 국제화 사업을 아울러 펼쳐왔다. 이로써 현대한국학연구소는 국내외 한국학 관련 연구자들이 주목할 만한 학문적 성과를 내놓고 있다.

현대한국학연구소는 한국학의 국제화 사업의 일환으로서 해외학계가 이룩한 한국학 연구성과를 올바로 파악 · 소개하기 위해 '해외한국학 평론 콜로키엄'을 개최해왔다. 학기 중 매월 1회씩 개최된 콜로키엄에서는 한국 근현대사 인식체계의 정립에 심대한 영향을 미쳤다고 판단되는 연구서들을 가지고 심층적인 논평과 토론을 펼쳤다. 이렇게 진행된 콜로키엄의 발표 · 토론문 가운데 일부를 골라 수정 · 편집 작업을 가한 다음에 출판한 것이 『해외한국학 평론』 제1집(혜안, 2000)과 제2 · 3집(일조각, 2001 · 2002)이다.

이번에 펴내는 평론집은 2002년 3월부터 2003년 9월까지 개최된 '해외 한국학 평론 콜로키엄'의 결과물을 출판한 것이다. 여기에 실린 원고들은 조선후기부터 제1공화국 직후까지의 정치·외교·경제·군사·사회 분야에 관련된 것들이 대부분이다. 특히 여기에는 한국 근현대의 민중운동, 일제의 토지조사사업과 식민지 근대화 문제, 이승만 정권의 외교정책과 북한의 국가형성 문제, 한국 노동자계급 형성 문제, 5·16쿠데타의 정치학 등 한국 근현대의 주요 쟁점들이 두루 망라되어 있다. 따라서 이 평론집이 해외의 한국학 연구에 관심 있는 많은 국내 연구자들로부터 주목을 받을 것으로 기대된다.

이 평론집을 출판함에 있어 무엇보다도 콜로키엄에서 훌륭한 발표와 토론을 해주신 평론자 및 토론자 여러분들께 진심으로 감사드린다. 아울러 콜로키엄의 진행 방향을 모색하고 콜로키엄 대상저서를 선정하는 데 도움을 주신 유영익(연세대), 김동노(연세대), 김세중(연세대), 마이클 김(연세대), 박정신(숭실대), 전상인(서울대), 한경구(국민대), 함재학(연세대) 교수 등 여러 편집위원들께도 깊은 감사를 드린다. 마지막으로 이 평론집의 교열·교정을 맡아준 오영섭 연구교수와 콜로키엄의 원활한 진행을 도와준 본 연구소 직원들의 노고에 감사드린다.

2006년 1월 15일

현대한국학연구소 소장 김 혁 래

해외한국학 평론 4

차례

JaHyun Kim Haboush and
Martina Deuchler, ed.

Culture and the State in Late Chosŏn Korea

Cambridge, Massachusetts and London:
Harvard University Asia Center
1999. 304 pp.

CONTENTS

문화사로 본 조선후기의 새로운 역사

—김자현 · M. 도이힐러 편, 『조선후기의 문화와 국가』—

정두희*

1. 서 문

지난 30여 년간 조선후기 역사에 대한 국내학계의 연구는 실로 대단한 열정을 바탕으로 많은 연구성과를 쌓아왔다. 연구자마다 그 내용에 차이가 없는 것은 아니지만, 이러한 연구의 대부분은 대체로 조선후기의 사회경제가 눈부시게 발전하였으며, 이는 분명 한국의 역사 속에 자본주의를 근간으로 하는 서구적 근대화의 맹아가 내재되어 있었기 때문이라고 해석하였다. 심지어 민중사학을 표방하는 1980년대 이후 새로운 경향의 역사학자들은 여기에서 더 나아가 조선후기 양반체제는 이미 붕괴의 과정에 들어섰으며, 그를 대신하여 새로운 사회계층인 민중세력이 성장했다고 주장하였다. 서구의 근대사에서 부르주아 계층의 출현과정을 연상시키는 이러한 역사해석을 토대로 국내의 학자들은 17 · 18세기의 한국사회는 자본주의의 맹아를 내재한 것뿐만 아니라 이미 자본주의적 생산관계가 성립하였다고 확대 해석하게 되었다. 이른바 '내재적 발전론'이라 불리는 이러

* **鄭杜熙** 서강대학교 사학과 교수.

한 역사해석은 너무도 일반화되어 더 이상 재론의 여지가 없는 것처럼 보이기까지 한다.

이러한 역사해석은 해방 후 일제 식민주의 사학자들이 심어놓은 '한국사회 정체성론停滯性論'을 비판하고 그 대안을 모색하는 과정에서 시작되었다고 할 수 있다. 그리고 그 정체성론이라는 것이 한국사에는 서구적 근대화를 이룰 수 있는 사회적 요건이 결여되어 있다는 것을 합리화하려는 것이라는 점에서, 대안 모색은 자연히 한국사회의 근대화론과 불가분의 관계를 맺을 수밖에 없었다. 그러므로 정체성론에 대한 대안으로서의 내재적 발전론은 역사해석에서의 독립운동으로 간주되었다. 그러기에 내재적 발전론은 강력한 민족주의적 정서와 일체적 관계를 맺을 수밖에 없었던 것이다. 이런 연유로 내재적 발전론은 하나의 이데올로기처럼 거대담론을 형성하였으며, 자연히 그 밖의 새로운 역사해석은 적극적으로 모색되지 않았다.

조선후기 역사해석에 대한 국내학계의 이러한 경향에 대하여 비판을 가하고 새로운 해석을 적극적으로 시도한 것은 미국의 한국사 연구자들이었다. 이들은 국내학계의 연구가 지나치게 선험적이며 정서적이라는 비판을 가하면서 그들 나름대로 새로운 해석 가능성을 모색하였다. 그리하여 이들은 한국사학계와는 정반대로 조선사회의 구조가 새로운 변화가 태동하기에는 너무도 안정적이었다는 해석에 도달하였다. 하나의 이념(주자학)과 하나의 계층(양반)이 차지하는 비중이 너무도 컸던 조선사회에서 이들을 대체할 또 다른 계층이 밑으로부터 성장하기는 어려웠고, 나아가 서구적 근대화로 쉽게 이행할 수 있는 가능성이 매우 적은 사회였다는 것이 그들의 주장이었다. 말하자면 조선사회는 대부분의 한국학자들이 주장하는 것처럼 사회변화가 급격하게 진행된 사회가 아니라 기왕에 한 번 형성된 사회구조가 좀처럼 변하지 않고 긴 생명력을 이어가는 지속성이 강한 사회였다는 것이다. 그러므로 서구적 근대화를 능동적으로 추구할 수 있는 가능성이 조선사회에 내재하기는 어려웠으며, 이는 개항 이후 식민지 시기로 이어지는 한국의 좌절의 역사가 그대로 입증한다고 하였다.[1]

국내학자들의 내재적 발전론과 서구학자들의 장기지속론은 이처럼 정반대의 입장에 처해 있었다. 국내학자들의 눈에 장기지속론을 주장하는 서구학자들의 역사해석은 일제의 식민주의 사학자들이 그처럼 강조했던 한국사회 정체성론을 그대로 연상시켰으며, 서구학자들의 눈에는 내재적 발전론을 주장하는 국내학자들의 역사해석이 민족주의이념을 정당화하기 위한 선험적 해석으로 비쳤다. 즉 학문의 근본을 벗어난 것으로 보였던 것이다. 그러므로 이 양자 사이에서 타협의 여지를 발견하기가 어려웠다. 이는 마치 흑백논리처럼 하나가 옳으면 다른 하나는 그른 것이어야 하기 때문이었다.

거대담론을 바탕으로 이루어지는 역사해석은 한두 가지의 특징적인 요소만을 가지고 전체를 일반화함으로써 큰 오류에 빠져들게 된다. 김자현JaHyun Kim Haboush과 도이힐러Martina Deuchler 두 학자가 출간한 이 책에 필자가 특별한 관심을 가지게 된 것은, 이 책이 위에서 언급한 두 개의 거대담론을 뚫고 조선후기 역사를 새롭게 조망하려는 본격적인 시도이며, 그 시도가 매우 신선하고 알찬 결실을 얻었다는 점 때문이다. 이 책의 서문에는 저자들의 집필 목적과 여기에 포함된 여섯 편의 논문의 핵심적 내용이 매우 잘 요약되어 있어서 독자들에게 도움을 준다. 그러므로 여기에서는 내용을 요약·정리하기보다는 이 책이 조선후기사 연구에 기여한 몇

1 이러한 미국학자들의 견해는 필자의 책, 『미국에서의 한국사연구』(국학자료원, 1999)를 참조할 것.

가지 특징을 제시하고자 한다.

2. 병자호란: 조선 전·후기사 구분의 기점

조선시대사를 전공하는 학자들은 조선후기를 17세기 이후로 잡는 데 아무런 이의가 없는 것 같다. 하지만 조선전기와 조선후기를 나누는 기점을 왜 17세기로 잡아야 하는지에 대해서는 심각하게 논의해본 적이 거의 없다. 그러나 이 책의 저자들은 이 문제를 시대구분이라는 점에서 검토하지는 않았지만, 호란(정묘호란과 병자호란)을 중심으로 그 이후를 조선후기로 한다는 입장을 확실하게 제시하였다.

사실 16세기 말에서 17세기 초, 동아시아 세계는 큰 변화를 겪고 있었으며, 그 변화의 주역은 일본과 만주의 여진이었다. 1592년 갓 통일된 일본의 대규모 군대가 부산에 상륙함으로써 임진왜란이 시작되었으며, 이 전란이 끝난 1598년에서 얼마 지나지 않은 1627년에는 북쪽의 여진족이 침입하여 결국 1636년 여진족의 재차 침입 때 조선은 그 힘에 무릎을 꿇고 항복하였다. 그리고 당시 조선왕조를 연이어 강타한 여진의 힘은 끝내 중국 대륙을 석권하면서 명까지도 멸망시키고 말았다.

흔히 '왜란倭亂과 호란胡亂'이라 합하여 부르는 이때의 전란을 소홀하게 생각하는 학자들은 없으며, 오히려 국내학계에서 조선후기를 말할 때는 "양 난兩亂 이후"라고 말할 정도다. 그러나 지금까지 왜란과 호란이 왜 조선사의 전기와 후기를 나누는 기점이 되어야 하는지에 대해서는 본격적인 논의가 없었다. 최근 임진왜란과 그 이후 광해군 대의 국제관계를 중심으로 한 한명기의 연구[2]를 비롯하여 이 시기에 대한 학계의 관심이 크게 높

2 한명기는 『임진왜란과 한중관계』(역사비평사, 1999)와 『광해군』(역사비평사, 2000) 등

아진 것은 사실이다. 그러나 이 문제를 시대구분의 차원으로까지 발전시킨 것은 아니었다.

이 문제와 관련하여 김자현이 집필한 이 책의 제2장 “Constructing the Center: The Ritual Controversy and the Search for a New Identity in Seventeenth-Century Korea”는 매우 시사적이다. 그는 여진에 의한 명의 멸망을 동아시아 세계질서의 중심이 사라진 것으로 인식했던 조선지배층의 내부에 주목하였다. 중국적 세계관에서는 국가 간의 관계도 유교적인 가부장적 이념에 따라 군신부자의 서열관계로 설정했다는 점을 생각하면, 여진에 의한 명의 멸망은 유교적 이념 자체의 붕괴를 의미하는 것이었다. 바로 이 점이 조선왕조 내부에서도 심각한 문제로 제기된 것이다. 김자현이 명의 멸망을 조선왕조의 국가적 정체성을 근본까지 뒤흔든 사건으로 본 것도 그런 까닭이다. 그렇다면 중심이 사라진 세계에서 조선왕조는 어떻게 자신의 정체성을 세울 수 있을 것인가?

당시 조선의 입장에서 볼 때 만주 여진에 의한 명의 멸망은 오랑캐가 문명세계의 중심을 뒤엎은 사건이었다. 청이 중국 대륙의 주인이 된 새로운 세계질서를 인정할 수 없었던 조선은, 청의 압력을 견디지 못해 책봉-조공 관계를 맺지 않을 수 없었다. 그러나 당시의 조선왕조는 이러한 현실을 이념적으로 인정할 수 없었다(p.69). 명의 멸망으로 조선은 과거로부터 이어져오던 유교적 문명세계에 속해 있다는 안정감을 상실하였다. 문명세계가 야만의 오랑캐에 의해 사라지고 말았으므로, 조선은 스스로 과거의 명예로운 전통을 이어갈 수밖에 없었다(p.70). 그러므로 이 책의 저자들은 호란 이후 조선왕조의 정치와 이념을 둘러싼 논쟁이 새로운 중심을 어떻

의 저서를 통해 16세기 말, 17세기 초 동아시아 질서의 변동과 조선의 대외정책을 비중 있게 다루고 있다.

게 세워야 하는가라는 문제를 둘러싸고 전개된 것으로 보고, 국내의 역사학자들과는 다른 관점에서 호란과 명의 멸망이라는 사건을 중요하게 인식하였다(p.4).

3. 예송논쟁에 대한 새로운 접근

이러한 관점에서 김자현은 효종 사후의 예송논쟁禮訟論爭을 매우 흥미롭게 풀어가고 있다. 조선은 명의 멸망으로 문명세계에 속해 있다는 안정감을 상실하자, 그 대안으로 새로운 권위를 스스로 세워야 했다. 말하자면 조선왕조의 내부는 조선이 유교문화를 지켜야 할 유일한 중심처가 될 수밖에 없다는 점에서 일치된 생각을 지니고 있었다(p.70). 효종의 북벌정책은 실현 가능성을 떠나 조선의 지배층이 자신들의 정체성을 확인할 수 있는 길이었다. 그러나 효종의 죽음은 북벌정책의 좌절을 의미하였으며, 이로써 과거의 구질서를 물리적으로 회복시킨다는 것이 불가능하다는 현실을 인정해야만 하였다. 일단 북벌하여 여진에게 항복한 치욕을 씻고 명나라를 회복시키자는 명분에는 누구도 이의를 제기하지 않았다. 그러나 그 후가 문제였다. 이제 조선을 둘러싼 외부세계를 원상으로 회복시킬 수도 없고, 청을 중심으로 한 새로운 세계도 인정할 수가 없다면 어떻게 해야 할 것인가? 이처럼 미묘한 상황 속에서 예송문제가 발생하였다.

사실 효종 사후의 복상服喪문제는 대단하지 않은 문제일 수도 있었다. 그러나 이 문제는 당시 조선 지식인 사회에 뜨거운 논쟁을 불러일으켰으며, 그 이후 조선의 정치사와 사상사에 깊은 영향을 미쳤다. 이 문제를 당쟁사의 관점에서 해석하려 했던 지금까지의 노력과는 달리, 김자현은 전혀 새로운 관점에서 이 문제에 접근하였다.

그에 따르면 윤휴尹鑴와 허목許穆을 중심으로 한 남인들은 이미 명이 멸망하여 회복이 불가능하다면 이제 조선이 이 세계의 중심이 될 수밖에 없다고 보았다. 따라서 효종 사후의 복상문제가 제기되었을 때, 주자가례朱子家禮의 질서를 그대로 따르기보다는 조선의 현실에 맞게 이 문제를 해결하는 것이 옳다고 보았다. 결국 복상문제에서 제기된 논쟁은 주자의 가르침을 있는 그대로 따라야 하느냐, 아니면 상황에 따라 그대로 따를 수도 있고 달리 행동할 수도 있다는 상대적 입장을 취해야 하느냐라는 심각한 논쟁으로 발전하였다(pp.76~77). 그러므로 김자현은 윤휴 같은 학자를, 조선이 얼마든지 독자적으로 자체 안에서 유교적 이상을 구현할 수 있다고 믿고 행동한 사람으로 보았다.

그러나 송시열宋時烈은 달랐다. 명 멸망 이후의 세계에서 조선이 어떠한 태도를 취할 것인가에 대해서 그는 전혀 다른 해법을 제시했다. 그는 사라진 외부세계의 질서를 복구하지 않고서는 조선의 내부질서를 회복할 길이 없다는 입장을 취하였다. 그러므로 그는 북벌론에 적극적으로 개입하였다. 그러한 송시열의 입장에 의하면 주자의 가르침을 따른다는 것은 과거로부터 이어져오던 문명을 지키는 길이고, 조선은 그 역할을 다해야만 했다. 그러기에 주자의 가르침이라면 한 자 한 획도 바꿀 수 없다는 입장을 취하였다. 따라서 효종이 비록 왕으로서 죽음을 맞았지만 인조의 둘째 아들이라는 점에서 복상문제를 해결해야 한다고 주장한 것이다. 즉 효종이 비록 유능한 왕이었지만, 적장자嫡長子는 아니라는 입장에서 한 치도 물러설 수가 없었다. 그는 윤휴와는 달리 주자의 가르침을 절대시하였던 것이다.

이미 문명의 중심으로서의 중국(명)이 사라졌다면 조선이 그 중심이 될 수밖에 없다는 국가주의적 입장을 강조한 것이 윤휴였다면, 송시열은 중국의 회복이 불가능하게 되었더라도 조선은 주자의 가르침에 의한 중국 중심의 세계질서가 반드시 존재해야 한다는 입장에 서게 되었다. 그는 정치적, 국가주의적 입장에 서기보다는 문화주의적 입장에서 조선이 그 문화의 유일한 계승자라는 점을 강조하였던 것이다(p.80). 그러므로 김자현은 예송을 둘러싼 치열한 논쟁과 대립을 당파 간의 이해관계를 따지기에 앞서 명의 멸망 이후 동아시아 중심이 사라진 세계에서 조선의 국가 정체성을 확립하는 문제를 두고 제기된 심각한 논쟁으로 보았다.

당쟁사라는 한정된 시각에서 벗어난 김자현의 역사해석은 매우 독창적이며 학계에 기여한 바가 크다고 확신한다. 그는 여기에서 멈추지 않고 병자호란이라는 위기가 조선의 지식인들에게 조선의 정체성을 거듭 확인시킨 계기가 되었으며, 그 결과 이후 조선의 지식인들은 조선의 신화와 역사, 그리고 영토에 대해 더욱 깊은 관심을 갖게 되었다고 보았다(p.90). 호란(왜란을 포함해서)을 항상 조선왕조의 지배체제를 침체에 빠지게 한 계기로만 생각했던 종래의 연구들과는 달리, 김자현은 이를 조선의 국가 정체성을 다시 한번 확인하는 새로운 계기가 된 것으로 보았다. 그러므로 그는 전쟁 때문에 몰아닥친 위기에 대처하는 과정에서 매우 적극적이며 역동적인 조선의 다른 모습을 발견한 것이다.

4. 경전해석을 둘러싼 정통과 이단 논쟁

앞에서 김자현이 복상문제로 제기된 예송문제를 새로운 관점으로 해석하려 했다면, 도이힐러는 같은 시기에 제기된 정통과 이단에 대한 논쟁을 새로운 사상사적 패러다임으로 해석하고자 하였다.

보통 조선후기는 주자학적 질서가 확고하게 굳어진 시대로 파악되어 왔다. 주자학에 대한 도전은 이른바 '사문난적斯文亂賊'으로 몰려 이단심판을 받았으며, 이러한 경직된 사상적 분위기가 조선사회를 더욱 침체국면으로 몰고 간 것으로 보는 경향이 강하였다. 이러한 경향에 대한 비판은 훗날 실학사상가로 불리는 일군의 학자들에 의해 제기되었으며, 그들의 실학사상은 유교적이라기보다는 차라리 근대적 성격이 강했던 것으로 해석하려는 경향이 농후하였다.

도이힐러는 누구도 크게 주목하지 않았던 이단자들, 즉 윤휴·박세당朴世堂·최석정崔錫鼎 같은 유학자들을 주목하였다. 그에 따르면 송시열 같은 학자들은 주자중심적인 도통설道統說을 강조하면서 주자의 가르침을 모든 경전해석의 유일한 규범으로 삼았다고 한다(p.97). 그러므로 이미 임란 이전의 유학자들의 저술, 예컨대 이언적李彦迪의 『대학장구보유大學章句補遺』나 조익趙翼의 『경서곤득론經書困得論』처럼 주자의 가르침을 있는 그대로 따르지 않은 것은 송시열의 입장에서 본다면 이단적일 수밖에 없었다(p.98).

그러나 도이힐러는 윤휴를 시작으로 하는 주자학의 또 다른 경향에 주목하였다. 그는 윤휴의 사상적 특징을 강조하기 위해 아래 사료를 이병도李丙燾의 『한국유학사韓國儒學史』에서 재인용하였다. 윤휴는 『중용개주中庸改註』를 통해 중용에 대한 새로운 해석을 시도하였는데, 이 책은 송시열에 의해 이단으로 배척받은 것이기도 하다. 그중 아래 사료는 윤휴가 이에 대해 자신의 입장을 밝힌 것으로서, 당시의 사상사적 논쟁을 이해하는 데 매우 중요하다고 생각되어 다시 인용해본다.

> 나의 저술 의도는 주자의 해석과 다른 이설異說을 제기하려는 것보다는 의문점 몇 가지를 기록했을 뿐이다. 만약 내가 주자 당시에 태어나 제자의 예를 갖

추었더라도 감히 구차하게 뇌동하여 전혀 의문점을 해소하기를 구하지 못하고 찬탄만 하고 앉아 있지는 못했으리라. 반드시 반복하여 질문하고 생각해서, 분명하게 이해하기를 기대했을 것이다. 만약 전혀 의심치 않고 애매한 점을 놓아 둔 채 뇌동한다면 존신尊信하는 작은 허위虛僞에 귀착될 뿐이니, 주자가 어찌 이 같았겠는가? 나는 단지 붕우들과 더불어 강론하여 뒷날의 이해가 점차 나아지기를 기다렸을 뿐이다. 그런데 근래에 송시열이 이단이라고 배척하였다. 그의 학문은 전혀 의심을 내지 않고, 주훈朱訓이라면 덮어놓고 의논을 용납하지 않고 있으니, 비록 존신한다 하더라도 이 어찌 실제로 체득하였다고 할 수 있겠는가?[3]

결국 위의 사료를 보면 윤휴는 유교의 경전에 대해 주자의 해석을 무조건 따르지만은 않겠다는 입장을 분명히 하고 있음을 알 수 있다. 이는 주자의 해석이라면 무조건 따라야 한다는 송시열의 입장과는 너무도 다른 것이었다.

도이힐러는 이어 박세당의 『사변록思辨錄』에 크게 주목하였다. 또한 이를 에워싸고 조선왕조에서 전개된 논쟁사를 깊이 천착하였다. 게다가 뒷날 최석정崔錫鼎의 『예기유편禮記類編』을 둘러싼 논쟁까지 언급하면서 박세당이나 최석정 등이 이단으로 몰리게 되는 과정을 치밀하게 분석하였다. 이들은 앞서 윤휴가 사문난적으로 몰려 사형을 당했다는 사실을 잘 알고 있었지만, 자신들의 연구와 저술을 멈추지 않았으며, 결국 같은 운명에 몰리고 있었던 것이다. 그리고 이들을 이단으로 모는 비판이 거세게 제기

3 이 책의 주) 94에 인용된 이 사료는 이병도의 『한국유학사』(아세아문화사, 1987), p.332에서 인용한 것임. 이병도는 주를 달아 『道學源流續』에서 인용했음을 밝혔다. 그러나 필자는 『道學源流續』을 어디에서도 찾을 수가 없었다. 도이힐러도 어쩔 수 없이 이를 이병도의 책에서 재인용했음을 밝혔다. 그러나 국내의 여러 한국철학사 저술에서 이 사료를 마치 자기가 직접 본 듯이 인용한 사례가 있는데, 이러한 풍조는 바람직하지 않다고 생각한다

된 만큼 이들을 옹호하는 학자들도 줄을 이었다. 이로 본다면 조선후기의 사상사는 전혀 새로운 형태로 전개되고 있었음을 알 수 있다. 주자정통론이 단숨에 전국을 휩쓸어버린 것이 아니라, 그에 반대하는 학자들의 저술과 이를 옹호하는 학자들이 끊임없이 이어지고 있었던 것이다. 그리하여 주자의 해석을 벗어나 유교의 고전을 독자적으로 해석하려는 노력이 훗날 이익李瀷으로 계승될 수 있었던 것이다. 이렇듯 조선후기의 유학사는 너무도 역동적이었으며, 이 역동성은 이들을 이단심판하여 죽음으로 몰고 갔어도 잠재울 수 없었다. 지루한 당쟁사적 관점에 서게 되면 보이지 않았던 새로운 세계가 눈앞에 전개된 것이라 할 수 있다.

5. 조선후기 국가와 서원의 대립과 갈등

김자현과 도이힐러가 밝힌 바와 같이 호란 이후 국가적 정체성의 문제를 두고 조선왕조 중심부에서 벌어진 심각한 논쟁은 국가의 영향력이 어디까지 미쳐야 하느냐라는 문제로까지 발전하였다. 말하자면 호란 이후 국가존립 문제로 이념적 위기에 처하자 그에 이어 곧 조선후기 사회에서 공과 사의 두 측면 간에 서로의 영역을 확장하려는 맹렬한 경쟁이 벌어질 수밖에 없었다. 서원에 대한 최영호의 논문(이 책의 제1장)은 이런 문제를 다루려는 것이다.

최영호는 그의 논문에서 조선후기의 서원이 어떻게 국가의 통제와 간섭으로부터 벗어나는지를 주목하였다. 서원은 사설 교육기관으로만 알려져 있을 뿐 그곳에서의 교육과 기존의 향교나 성균관 같은 공교육 기관과의 관련성이 엄밀하게 검토된 적은 없다.

조선왕조는 성리학적 이념을 구현한다는 이상을 처음부터 표방했으며,

서원의 설립 목적도 그와 같았다. 그런 점에서 서원은 국가적 목적을 달성하기 위한 사적인 기구라 말할 수도 있다. 그러나 서원은 그 설립을 주도한 향촌의 사대부들의 이상과 기대를 충족시켜야 하는 또 다른 목적도 지니고 있었다. 학문 혹은 교육이라는 측면에서 말하자면 국가는 과거시험을 통해 유능한 관료가 양성되기를 기대하지만, 서원은 이런 국가적 목표를 도외시하지는 않더라도 어디까지나 그 자체의 목적(그것이 때로는 국가와의 대립을 초래하더라도)을 추구할 것이 요망되었다. 근본적인 면에서 조선왕조 국가체제와 서원은 서로를 필요로 하는 보완적 관계에 있다고 하지만, 실은 각자의 영향력을 확장하려 했다는 점에서 매우 경쟁적인 관계에 있었다.

국가는 서원을 국가적 통제하에 두려 하는 반면, 서원은 이에서 벗어나 독자적 길을 가고자 하는 과정에서 시간이 흐를수록 그 대립이 더욱 격화되었다. 병자호란 이후 조선왕조가 정통성의 위기에 처하자 성리학적 정통을 누가 대변할 것인지를 두고 국가와 서원의 대립과 경쟁은 더욱 격화되었다. 조선후기 당쟁이 격화되어 가면서 이러한 추세는 더욱 확대되었으며, 그럴수록 서원은 학맥과 깊은 연관을 맺으면서 더욱 정치적으로 변해갔다. 심지어 이러한 현상이 깊어지면서 서원에서는 반대 당파에 속한 학자들의 저술을 읽지 못하도록 하는 지경에 이르게 되었다. 학문과 정치 사이에 일정한 간격을 유지하던 조선전기와는 달리 조선후기의 서원은 고도로 정치화되었으며, 이에 따라 서원에 대한 국가의 통제는 거의 불가능하게 되었다. 조선후기의 서원은 국가 통제로부터 더욱 벗어나게 되었다.

최영호의 서원에 대한 논문에서 밝힌 많은 내용들은 이미 국내의 학자들이 발표한 것들이다. 그러나 최영호의 논문이 흥미로운 점은 서원 자체가 공적 기구인지 사적 기구인지, 조선왕조에서는 공사의 구분이라는 것이 어떻게 이루어졌는지에 관한 새로운 의문을 제기하여 이 주제를 다른 차원으로 끌어올렸다는 데에 있다. 만약 국가가 성리학적 이념과 정통의 교리를 주관하지 못하고 서원을 중심으로 하는 향촌의 사대부들이 주도권을 장악한다면 그런 국가형태는 무엇이라 말할 수 있을까? 조선은 흔히 양반사회라 불리지만 그들이 중심이 되어 만든 국가체제와 양반사대부들의 독립적인 존재양태는 두 주체 사이에 끊임없는 경쟁과 논쟁을 불러일으켰으며, 이것이 조선후기 양반사회를 매우 격렬한 모습으로 만들었다는 것이다. 흔히 조선후기를 사회경제적 발전사관이라는 측면에서만 보려는 학계의 분위기 속에서는 양반사회가 중심부에서부터 활동성을 크게 상실한 것으로 이해되게 마련이었다. 그러나 최영호는 17세기 이후의 새로운 국내외적 환경에 어떻게 대응할 것인지를 두고, 양반사회 전체가 매우 심각한 논쟁과 경쟁으로 휩싸여 있었다고 말하려는 것이 아닌가 한다.

6. 소외된 것들에 대한 관심:
새롭게 발견한 조선후기의 역동성

이 책이 거둔 또 하나의 학문적 성과는 지금까지 누구도 심각하게 고려하지 않았던 조선후기 사회를 구성한 요소들에 대해 남다른 관심을 기울였다는 사실이다. 먼저 버스웰Robert E. Buswell, Jr.은 서산대사西山大師의 생애를 중심으로 주자학 일변도의 일원적 사회로 간주되던 조선후기에 불교가 살아남을 수 있었던 요인을 밝히고자 하였다(이 책의 제4장).

조선왕조는 건국과 동시에 불교를 탄압하여 시간이 흐를수록 유교화되었으며, 그에 따라 불교는 더욱 소외되고 사회의 중심에서 멀어지게 되었다는 것이 일반적 견해였다. 그러나 버스웰은 현대의 한국사회에서 불교가 매우 중요한 전통문화의 한 줄기를 강인하게 유지하고 있다는 현상을 놓치지 않았다.

그는 "Buddhism Under Confucian Domination: The Synthetic Vision of Sŏsan Hyujŏng"에서 불교가 유교화된 조선사회라는 매우 불리한 여건에서 살아남아 현대 한국사회에 큰 영향력을 발휘하게 된 까닭을 탐색하였다. 그리하여 그는 서산대사에 주목하게 되었다. 명종 대 보우대사普雨大師에 이르기까지 조선 건국 이후에도 불교를 중흥하기 위해 노력한 사람들은 항상 존재하였다. 그들은 항상 왕조의 권위를 빌려 그 목적을 달성하려고 하였으나, 서산대사는 다른 길을 택하였다는 것이다. 그는 권력의 교체에 따른 보우대사의 죽음을 목격하면서 종래의 태도를 버리고 적극적으로 승려를 교육하였으며, 선종의 전통이 강한 한국불교에 대해 경전의 중요성을 일깨우려고 노력하였다. 이러한 서산대사의 노력은 유교의 영향이 압도적이었던 조선후기 사회에서 불교의 생존을 위한 처절한 투쟁이었다. 이를 위해 버스웰은 『선가귀감禪家龜鑑』을 비롯한 서산대사의 저술을 깊이 분석하였다.

한편 발라번Boudewijn Walraven은 제5장 "Popular Religion in a Confucianized Society"에서 유교화된 조선후기 사회에서 어떻게 무속이 민간 속에서 계속 살아남을 수 있었는지를 고찰하였다. 조선초기부터 유학자들은 국가의 권위를 이용하여 민간의 미신을 타파한다는 명분하에 무속신앙을 탄압하였다. 그러나 무속은 사라지지 않고 사회의 소외된 심층에서 그 생명력을 유지하였다. 발라번은 이러한 과정에서 조선 양반사회에 속한 여성들 사이에도 무속신앙이 깊이 침투하였다고 보았다. 무속이 국가의 권위에 도전하지 않는 한, 조선정부는 사적인 영역에서 무속이 생존하는 것까지 금지하지 않았던 것이다. 그러므로 무속신앙은 역설적으로 양반체제의 유지에도 일정한 기여를 한 셈이었다. 이 글은 오늘날 한국사회 내에 무속적 요소가 얼마나 강인하게 남아 있는지를 새삼스럽게 되새겨볼 기회를 만들어주고 있다.

이어서 베이커Don Baker는 제6장 “A Different Thread: Orthodoxy, Heterodoxy, and Catholicism in a Confucian World”에서 천주교 신앙이 유교사회에서 어떻게 수용 혹은 이단시되었는지를 고찰하였다. 천주교 교도들이 조상 제사를 거부하자 정부는 이들을 가혹하게 탄압하였다. 그들이 국가의 권위에 도전한다고 판단했기 때문이었다. 그러나 그처럼 가혹한 탄압 속에서도 천주교는 소멸되지 않았으며, 오늘날 한국의 기독교는 수백만의 신도를 거느리게 되었다.

사실 불교나 무속, 그리고 천주교와 같은 종교신앙은 주자학 중심의 조선후기 사회에서 중요한 위치를 차지할 수가 없었다. 이들 신앙을 적극적으로 받아들인 사람들은 그 사회의 소외계층인 일반 농민이나 노비, 혹은 여성들이었으므로 한국사학계의 중심부에서는 이러한 현상에 주목하지 않았다. 그러나 이 책의 저자들은 달랐다. 왜 그랬을까? 필자는 이들의 관심이 현대의 한국사회에 대한 깊은 통찰에서 비롯되었기 때문이라고 생각한다.

오늘날 한국사회에서 불교가 차지하는 중요성은 얼마나 크며, 천주교로 대변되는 기독교가 차지하는 비중은 또 얼마나 큰가? 그리고 모든 주요 종교신앙과 일반인의 생활 속에 샤머니즘적인 요소는 또 얼마나 강한가? 이러한 점에 주목하게 되면 자연히 이들의 역사적 전통을 살펴보게 될 것이다. 조선후기를 주자학 일변도의 획일적 사회로 보는 거대담론체계에서 이는 틀린 말이 아니다. 그러나 조선후기 사회를 깊이 들여다보면 거대한 주자학의 영향 속에서도 생존을 위해 이들이 얼마나 처절한 노력을 기울였는지를 알 수 있다. 아마도 저자들이 의도한 바는, 조선후기의 변방 지대에 소외된 이러한 요인들에 주목함으로써 현대 한국사회를 더 깊이 이해할 수 있는 계기를 찾으려는 것이 아니었을까 생각한다.

문화사적인 관심을 가지고 조선후기 사회를 미세하게 관찰하면 주자학 말고도 다양한 요소들이 그 나름대로 생존하고 있었으며, 이것들이 끝내 살아남아 현대의 한국사회에 매우 중요한 위치를 점하게 되었음을 알 수 있다. 그러므로 이러한 요소들을 모두 내포한 조선후기 사회는 더 이상 단순하고 정체적인 사회가 아니라 다양하고 다원적인 역동적 사회였던 것이다. 그리고 이 저자들이 발견한 조선후기의 역동성은 사회경제적 · 계급이론적 틀에 얽매인 기존의 사회변동론과는 판이하게 다른 것이라는 점을 잊어서는 안 되리라 생각한다.

7. 앞으로의 문제들

이 책의 저자들은 호란에서 조선이 항복했다는 사실이 그 이후 조선왕조에 불러일으킨 정통성 논쟁을 매우 중요시하였다. 그러나 만주 여진의 성장과 한족왕조인 명의 멸망이 조선사회 내부에 그처럼 심각한 논쟁을 불러일으켰다면, 그 이후의 역사에서 형성된 동아시아 삼국 관계는 어떠한 것이었는지, 17세기 후반 이후부터 19세기 초까지 중국의 청과 조선, 그리고 도쿠가와 막부의 일본, 삼국 관계는 그 이전 동아시아의 국제질서와 다른 어떤 특별한 점을 지녔다고 할 수 있는지 등에 대해 더 많은 연구가 있어야 할 것으로 생각된다. 17세기 이후 청-조선-일본 삼국관계는 근본적인 면에서 과거 동아시아의 국제질서를 벗어난 것으로 볼 수 있는가? 여진의 성장과 일본의 통일은 조선왕조에 직접적인 영향을 미쳤지만,

새롭게 형성된 동아시아의 질서는 어느 면에서는 구질서의 전통을 크게 벗어나지 못한 것은 아닐까? 그렇다면 호란 이후의 조선왕조 내부의 대립과 갈등 또한 전통적인 성격에서 크게 벗어날 수가 있겠는가? 이 책이 17세기 초 동아시아 국제질서의 변화가 조선왕조에 미친 영향 속에서 새로운 역사해석의 가능성을 찾았다면 새롭게 형성된 국제질서의 성격에 따라 그 영향의 파장이 어디까지 미칠 수 있었을지를 따져보아야 하는 것은 아닐까?

한국의 역사학계에서는 서양사를 전공하는 일군의 학자들을 중심으로 문화사라든가 미시사 같은 서구 역사학의 새로운 조류들이 적극적으로 소개되고 있다. 그리고 이러한 새로운 흐름에 따라 서술된 서구의 역사서들이 다양하게 번역 · 소개되고 있다. 『문화로 본 새로운 역사』(소나무, 1997), 『여성의 역사』(새물결, 1998), 『치즈와 구더기』(문학과지성사, 2001), 『사생활의 역사』(새물결, 2002) 등의 책과 함께 헌트Lynn Hunt, 진즈부르그Carlos Ginzburg 같은 서구의 역사가들의 이름이 낯설지 않게 되었다. 그러나 이러한 서구 역사학의 새로운 조류는 한국사 연구에 얼마나 영향을 미쳤을까? 한국사 연구가 반드시 서구사학사의 흐름을 따라갈 필요는 없다고 하더라도, 지구상의 모든 국가와 지역을 거의 동시적으로 휩쓸고 있는 현대 문명에 대한 역사가들의 지적인 성찰이 우리 모두가 공감할 수 있는 공통점을 지니고 있는 것 또한 사실이다. 그러므로 한국사 연구 역시 서구의 이러한 지적 움직임과 무관할 수만은 없다고 생각한다.

그런 의미에서 이 책은 특별한 의미가 있다. 말하자면 저자들은 위에서 잠시 언급한 문화사나 미시사 같은 역사학의 새로운 흐름을 깊이 이해하고, 이를 바탕으로 조선후기의 역사를 새롭게 조망한 것이다. 그러나 이 책은 한국사에 서구적 역사이론을 어설프게 적용한 시론적인 작업이 결코 아니다. 오히려 철저한 고증과 지금까지 밝혀진 관계 사료들을 깊이 천착하면서 저술한 이 책은 한국사 연구에 새로운 역사학의 흐름을 종횡으로 적용하여 새로운 지평을 열었다고 생각된다.

이것은 결국 현대 한국사회에 대한 저자들의 통찰력이 매우 남다르다는 것을 의미하며, 이를 바탕으로 전통사회를 새롭게 인식할 수 있는 토대를 마련할 수 있었다고 생각한다. 이 책에서 저자들은 양반계층과 주자학이 지배하는 일원적 사회로 비쳐졌던 조선후기 사회 내부를 찬찬히 관찰함으로써 그 안에 대립적이면서 이질적인 요소가 많이 함께 존재하고 있었음을 드러낼 수가 있었다. 그리고 이러한 요소들이 그냥 피동적으로 존재했던 것이 아니라 강인한 생명력을 그 안에 내포하고 있었다는 놀라운 사실을 독자들에게 일깨워주고 있는 것이다. 이러한 조선후기 사회의 역동적인 모습은 지금까지의 사회경제적 대변혁의 모습으로 그려지던 모습과는 너무도 다른 것이라 할 수 있다. 그러므로 이 책은 이미 한국사회, 아니 한국사회가 포함된 오늘날의 세계가 너무도 다원적이어서 하나의 거대담론으로 해석될 수 없다는 것을 잘 보여주고 있다.

필자는 이 책의 두 저자들의 오늘날 한국사회에 대한 통찰력이 매우 깊다는 점을 지적하고자 한다. 사실 지난 수십 년간 한국사학계를 휩쓸고 있는 내재적 발전론이라는 것은 한국사회의 경제적 발전단계가 매우 낮았던 시대의 산물로 보아야 한다. 지난 세대 동안 한국사회가 다원화의 길을 얼마나 빠른 속도로 달려왔으며, 한국의 자본주의 경제는 또한 얼마나 빠른 속도로 발전하였던가? 이런 사실을 정작 사회 내부에 사는 대부분의 사람들은 느끼지 못하는 경우가 있다. 내재적 발전론이 골격을 갖추었던 1970년대의 한국과 지금의 한국을 같은 사회단계로 볼 수가 있겠는가? 일제시대의 한국사회 정체성론과 1970년대 이후의 한국사회 내재적 발전론은 동전의 양면과 같은 관계에 있다. 두 견해는 극과 극으로 다른 것 같지만, 한국사회의 다원성을 인정하지 않고 민족이라는 하나의 이름으로 통일될 수 있는 일원적 사회로 본다는 점에서 동일한 궤도 위에 있다고까지 말할 수 있다. 최근 국내학계에서도 이에 대한 반성과 비판, 나아가 그 대안을 모색하려는 노력이 보이기 시작했고, 그러한 새로운 한국사학의 흐름에서 이 책은 매우 중요한 업적으로 기억할 만한 가치가 있다고 생각한다.

그러므로 이 책은 한국의 역사가들에게 무서운 속도로 변해가는 한국사회와 그를 둘러싼 세계를 내밀하게 관찰할 것을 요청하고 있다고 생각한다. 그런 입장에 서게 될 경우 조선후기는 저자들이 그린 것처럼 전혀 다른 모습으로 재탄생될 것이기에. 그리고 역사란 끊임없이 새롭게 해석되는 것이지 불변의 객관적 모습을 지닌 것이 아니라는 역사학의 상식에 한국의 역사학자들이 좀더 다가서기를 촉구하는 것처럼 보인다.

토론

한명기*

*Culture and the State in Late Chosŏn Korea*라는 제목에서 드러나는 것처럼 이 책은 조선후기 한국사회를 주로 문화사, 사상사적 관점에서 분석한 여섯 개의 논문으로 구성되어 있다. 주자학 중심으로 전개되었던 조선후기 사상계에서 정치적으로나 사상적으로 극히 민감한 주제였던 예송논쟁禮訟論爭과 사문난적斯文亂賊 시비의 근원이었던 주자주朱子註 인식을 둘러싼 논쟁을 본격적으로 다룬 점, 상대적으로 연구자들의 관심 밖에 놓여져 있었던 조선후기의 불교와 무속신앙의 존재에 주목한 점 등은 이 책에서 우선 눈에 띄는 점이다. 특히 예송과 사문난적 시비가 단순한 사상적 · 정치적 이견의 산물이 아니라 병자호란의 패전과 명청교체明淸交替 이후 문제가 된 '정체성 위기'를 타개하기 위해 지식인들이 벌였던 '사상적 고투'였음을 드러냄으로써—영미권 필자들이 영어로 쓴 책임을 고려할 때—이 책은 적어도 조선후기 한국사회의 지적 풍토가 주자학 일변도로만 흘러간 것이 아니라는 사실을 확실하게 인식시켜 주었다고 할 수 있다.

평자의 논평이 전체 여섯 개의 논문 가운데 김자현의 "The Ritual Con-

---

* 韓明基 명지대학교 사학과 교수.

troversy and the Search for a New Identity in Seventeenth-Century Korea"와 도이힐러의 "Insulters of the Sages: Controversies over the Classics in Seventeenth-Century Korea"에 주로 집중된 점을 염두에 두고 토론자 역시 두 논문을 중심으로 문제를 제기해보고자 한다.

이 책의 논점과 평자의 논평 가운데 우선 주목되는 것은 병자호란을 조선시대의 전기와 후기를 나누는 기준으로 삼은 점이다. 조선시대 사회경제사에 대한 관심, 나아가 무엇을 기준으로 조선시대를 시대구분할 것인지에 대한 관심이 줄어든 요즘의 상황을 고려하면 일단 이 책의 '병자호란 강조'는 중요하다. 하지만 병자호란을 시대구분의 기준으로 삼는 데는 더 신중한 자세가 필요하다고 생각한다.

병자호란 이후 명나라의 멸망이 조선 지배층들에게 동아시아 세계질서의 중심이 사라진 충격으로 받아들여진 것은 사실이다. 일찍이 선조 연간의 학자인 구사맹具思孟은 그의 문집인 『팔곡집八谷集』에서 여진족을 가리켜 '무좀〔疥癬〕 같은 존재'라고 비하한 바 있었다. 구사맹이 보기에 문화적으로 열등한 것은 물론이고 경제적으로도 조선의 시혜施惠 없이는 생존하기가 곤란했던 16세기 중반까지의 여진이야말로 명실상부한(?) '오랑캐'임에 틀림없었다. 구사맹의 여진관은 당시 주자학을 공부하고 있던 대다수 조선 학인들이 공동으로 갖고 있있던 시각이다. 그런데 그 무좀 같은 오랑캐에게 국체의 상징인 국왕이 무릎을 꿇고, 왜란 당시 원병을 보내 나라를 다시 세워준 은혜〔再造之恩〕를 베푼 명이 점차 망해가며, 또 궁극에는 망해버린 현실을 목도했으니 그 충격은 이루 말할 수 없었다. 김자현은 문명의 중심이 사라진 현실, 변화된 환경을 맞아 자기정체성을 세워야 했던 조선의 지식인들이 북벌론北伐論을 통해 정체성을 확인하려 했다고 평가했다. 또 예송논쟁 진행 과정에서 나타난 남인 윤휴와 허목의 시각을—한족漢族의 명이 사라진 현실에서—조선이 독자적으로 전례典禮의 기준을 창출하려 했던 것으로, 서인 송시열宋時烈 등의 시각을 주자의 가르침을 따름으로써 궁극에는 '정통 문명'을 지키려 했던 것으로 평가했다.

평자는 이러한 김자현의 시각을 당쟁사라는 한정된 시각에서 벗어난 매우 독창적인 해석이라고 높이 평가하고 있다. 일리 있는 지적이다. 하지만 병자호란이 여러 측면에서 남긴 후유증을 극복하고, 자신들의 정체성을 유지하기 위해 조선 지배층이 기울였던 노력에 대해서는 이미 국내학계에서도 상당 부분 조명된 바 있다. 또 예송을 단순한 정치투쟁이 아니라 예론, 예치禮治가 중시되던 당시에 조선 지배층이 위기에 처한 자기정체성을 회복하는 과정에서 나타난 것으로 해석한 연구도 이미 존재한다.[1]

예송에서 드러난 남인과 서인들 사이의 입장 차이는 이미 인조반정仁祖反正을 계기로 예고된 것이라고 보는 것이 더 타당하다. 임진왜란 직후 등장한 광해군 정권의 성격은 독특했다. 전란을 계기로 민생이 도탄에 빠지고, 기존 질서가 무너져버린 현실 속에서 광해군정권은 이전처럼 사족들의 눈치만을 볼 수 있는 처지가 아니었다. 정권의 사회경제적 기반인 민생들의 어려운 처지를 고려하여 대동법大同法을 실시한 것이라든지, 재조再造의 은혜를 베푼 명의 요구를 거스르면서까지 여진족과 원만한 관계를 유지하려고 애썼던 것은 그를 방증한다. 또 광해군의 실정 영역에 속하는 것이기는 하지만, 그가 거대한 토목공사를 벌인 것은 그 과정에서 상대적으로 하층민들의 입지를 넓혀주고 사족들의 자존심을 훼손했다. 신분질서를 비롯하여 광해군 대 전반을 '문란하다'고 표현했던 이후의 평가들은 뒤집어보면 하층민들의 영역이 넓어졌던 측면에 대한 사족들의 불만이 반

1 정옥자 · 이태진 · 김준석 등의 연구를 포함하여 넓게는 유봉학 등의 연구도 이에 속한다.

영된 것이었다. 인조반정의 씨앗은 바로 거기에 있었다. 광해군과 북인을 몰아내고 집권했던 여당 서인과 야당 남인은 기본적으로 정통 주자학자라는 공통점을 지니고 있었다. 정묘호란, 병자호란 당시 척화-주화의 대립이 있었을 때 서인과 남인 사이에, 당파 소속에 따른 입장 차이는 보이지 않는다. 다만 이미 알려졌듯이 정치적으로 수세적 입장에 있던 남인은 모든 현안을 놓고 왕권과 좀더 밀착함으로써 열세를 만회하려 시도할 수밖에 없었다. 예송에서의 입장 차이도 기본적으로는 이런 정치적 현실을 우선적으로 고려해야 한다. 그럼에도 불구하고 만약 병자호란과 같은 특정 사건을 전·후기를 나누는 기준으로 삼고자 한다면, 토론자는 병자호란보다는 인조반정을 기준으로 삼는 것이 더 타당하다고 생각한다.

도이힐러와 평자는 모두 윤휴尹鑴·박세당朴世堂·최석정崔錫鼎 등이 사서四書를 비롯한 경전을 읽을 때 주자의 주석을 맹신하지 않고 스스로의 기준으로 의문을 제기했음에 주목했다. 그리고 그것을 주자주를 맹신하고 절대시했던 송시열의 태도와 비교하면서 조선후기의 유학사에 나타난 역동성의 증표이자 당쟁사적 시각으로는 볼 수 없는 새로운 세계의 전개라고까지 찬양하고 있다.

하지만 임진왜란 이전인 16세기 초까지도 조선의 학인들은 이미 주자주를 결코 맹신하거나 절대시하지 않았다. 김자현이 이미 지적하고 있듯이 송시열의 학문적 연원이라 할 수 있는 이이李珥조차 때때로 공개적으로 주희의 학설에 의문을 제기했고(p.75), 선조 연간의 차천로車天輅·유몽인柳夢寅·성진선成晉善·조익趙翼 등도 경전을 읽을 때 "경전 본래의 뜻으로 돌아갈 것"을 주장하고 주자주를 맹신하는 태도를 경계했다. 더욱이 임진왜란 당시 조선에 들어왔던 명군 지휘관들 가운데 상당수가 양명학자들이었거니와 그들은 대다수의 조선 학인들이 주자학으로만 경도되어 가고 있는 것을 비판했다. 그 대표적인 인물이 당시 명군 경략經略이던 송응창宋應昌이었다. 그는 조선 학인들과의 강론 등을 통해서 주자의 주석에만 관심을 보이고 있는 조선 학인들의 태도를 질타한 바 있었다.[2] 이러한 일련의 상황이 반영된 것인지는 몰라도, 적어도 17세기 초반까지만 해도 조선 학인들 가운데는 주자의 경전해석에 도전하는 인물들이 심심치 않게 나타나고 있었다. 특히 성진선의 경우에는 경전을 읽으면서 아예 주자의 해석을 틀렸다고 치부하여 문제가 되기도 했다.[3] 따라서 윤휴나 박세당, 최석정 등의 '주자주로부터의 일탈' 시도는 조선후기에 처음 나타난 새로운 현상이 아닌 것이다. 그것은 16세기 이후부터 조선사회 저변에서 면면히 이어져온 흐름으로 보는 것이 타당하다.

문제는 반反주자적인 흐름과 그에 기반한 사상적 대립이 조선후기에 존재했고, 그것의 존재가 조선후기 유학사가 역동적이었음을 말해주는 것으로 인식하는 데 그쳐서는 곤란하다는 점이다. 그보다는 그러한 면면한 흐름이 주자정통주의에 눌려서 저류로밖에는 존재할 수 없었던 까닭을 설명해야 한다. 이런 측면에서 도이힐러의 경우에는 아직 기존의 연구 수준에서 크게 벗어났다고는 보이지 않는다. 물론 그 과제는 우리 모두의 숙제이기도 하다.

2 『宣祖實錄』 권 37, 선조 26년 4월 乙酉. "(經略) 又曰……須及時講學 二帝三王之道 在於典謨 孔孟傳心之妙 在於經傳 一部庸學 足以治國安民 須留心經學 不必泥看輯註."

3 『光海君日記』 권 175, 광해군 14년 3월 戊申. "成晉善 初以博學知名 然爲人詭譎不正 讀書 而朱子註疏爲非 論議 以違正立異爲主."

趙景達

『異端の民衆反亂: 東學と甲午農民戰爭』

東京: 岩波書店

1998. 442 pp.

目次

'등신대等身大'의 민중상으로 본 동학농민전쟁

—조경달, 『이단의 민중반란: 동학과 갑오농민전쟁』—

배항섭*

1. 머리말

1894년에 일어난 동학농민전쟁(이하 농민전쟁)은 한국근대사뿐만 아니라 동아시아 근대사의 전개에 커다란 전환을 가져온 일대 사건이었다. 이에 대해서는 그동안 많은 연구가 축적되어 왔다. 특히 농민전쟁 100주년을 맞이하면서 새로운 자료가 발굴·정리되고 그에 입각한 연구도 더 활발하게 이루어졌다.

저자는 1980년대 초반에 농민전쟁에 관한 논문을 발표하여 한국학계에 적지 않은 반향을 일으킨 바 있다.[1] 이 책의 「후기」에서도 밝히고 있듯이 그 이후 저자는 10여 년 동안 농민전쟁 연구에서 떠나 있다가 1990년대에 들어 농민전쟁에 관한 연구를 다시 시작하여 그 결과를 방대한 저작으로 엮어 세상에 내놓았다. 이 책에 쏟은 저자의 열정은 농민전쟁과 관련하여 일본에서 발표된 연구성과는 물론 최근 한국에서 발간된 자료와 한국학계

* **裵亢燮** 성균관대학교 동아시아학술원 연구교수.

1 趙景達, 「甲午農民爭の歷史的 性格」, 『朝鮮史研究會論文集』 第19集, 1982 ; 「甲午農民戰爭指導者-全琫準研究」, 『朝鮮史叢』 第7号, 1983.

에서 발표된 연구성과까지 꼼꼼히 검토한 데서도 알 수 있다.

모두 13개의 장으로 이루어진 이 책은 크게 다섯 부분으로 나눌 수 있다. 서장에서는 연구사 검토와 저자의 문제의식을 제시하였고, 제1장과 제2장에서는 동학이 정통正統과 이단異端으로 분기되는 과정과 양자의 사상적 차이를 분석하였다. 제3장에서 제9장까지는 교조신원운동에서부터 제2차 농민전쟁에 이르기까지 농민전쟁의 전개과정과 농민군의 활동 양상을 다루고 있다. 제10장에서는 서장에서 제시한 문제의식에 입각하여 농민군의 내셔널리즘을 검토하였다. 제11장과 종장은 보론적인 글로서 제11장에는 농민전쟁 이후 동학의 동향이 서술되어 있고, 종장에서는 농민군의 이상을 현재의 문제와 연결하여 조망하고 있다.

여기서는 저작의 내용을 자세히 소개하는 것보다는 농민전쟁을 이해하는 저자의 문제의식이나 논지에 대해 중점적으로 검토하고, 그에 대한 평자의 의견을 제시하는 방식을 취하고자 한다. 저자가 농민전쟁을 보는 시각, 동학과 농민전쟁의 관계, 농민전쟁의 전개과정과 '집강소 시기'에 대한 이해, 농민군의 의식세계 등 농민전쟁 연구에서 중요한 논쟁점이 되고 있는 네 가지 주제에 대해 차례로 살펴보기로 한다.

2. 문제의식

서장에서는 농민전쟁을 바라보는 저자의 문제의식과 시각을 보여주고 있다. 저자는 먼저 농민전쟁을 다음과 같이 규정하였다.

① 투쟁의 범위가 특정 영주나 지방관이 아니라 영주 전체나 국가권력에 대한 투쟁이라는 내란적 성격을 띤다.

② 농민계급뿐만 아니라 영주나 지방관과 모순관계에 있는 광범위한 계층이 참여한다.

③ 강약의 차이는 있지만 중앙지도부가 존재하고 통일적인 강령이나 요구조건을 가지고 있다.

④ 신분제(농노제)의 폐기(평등주의)나 빈부의 해소(평균주의)를 지향하는 농민적 논리를 기축으로 전개되며, 민중구제적인 유토피아사상을 가지고 있다.

⑤ 농촌지역에서도 상품화폐경제가 전개되는 것을 전제로 봉건적 할거성割據性이나 폐쇄적인 지역경제가 이미 해체되어 가고 있지만, 아직 근대적인 관리에 의한 지배가 이루어지지 않고 있는 단계에서 일어난다. 유럽에서는 14~15세기부터 17~18세기까지로, 절대주의 전야에서부터 절대주의 단계까지로 이해된다.

저자는 이러한 규정에 비추어볼 때 중국의 농민반란은 농민적 제요구가 제기되었을지라도 결국은 역성혁명으로 귀결되고 말았고, 일본의 경우에는 민중적 종교왕국의 관념(유토피아사상)이 미숙하였기 때문에 농민전쟁의 경험이 없었다고 한다. 그러나 '갑오농민전쟁'은 기본적으로 이상의 조건을 갖추고 있으며, 이 점에서 동양 삼국 가운데 농민전쟁의 확실한 전통을 가진 나라는 한국뿐이라는 견해를 제시하였다.

저자가 특히 강조하는 것은 한국의 농민전쟁이 네 번째 조건, 즉 평등·평균주의를 지향하는 농민적 논리와 민중적 유토피아사상을 가진다는 점이며, 이는 이 책을 관통하는 가장 중요한 문제의식이기도 하다. 이것은 농민전쟁에 관한 기존의 연구를 검토하는 저자의 시각에서도 엿볼 수 있다.

저자는 농민전쟁에 대한 지금까지의 연구에서 가장 주요한 논쟁점을 ① 동학과 농민전쟁의 관계, ② 농민전쟁의 지향과 내셔널리즘, ③ 농민전쟁의 주체의 세 가지로 요약하였다. ①에 대해서는 농민전쟁에 미친 동학사상의 역할을 중시하는 동학주도론과 종교적 외피론外皮論이, ②에 대해서는 농민전쟁이 자본주의 근대화를 지향하였다는 견해와 반봉건 · 반자본주의 · 반식민주의를 동시에 추구하였다는 견해가 대립되고 있는 것으로 파악하였다.

③에 대해서는 천민을 포함한 빈농 · 반半프롤레타리아가 주체세력이었다는 것에 어느 정도 합의하고 있지만, 민중상民衆像을 풍부하게 그려내지는 못하고 있는 실정임을 지적하였다. 그 요인은 민중이 스스로를 기록한 자료가 적기 때문이기도 하지만, 무엇보다 방법론상의 문제 때문이라고 하였다.

저자는 농민전쟁에 대한 종래의 연구들이 민중상을 "투쟁을 숙명처럼 떠안은 과감한 존재로 그려냈다"라고 한다. 그러나 그러한 민중상은 선험적인 것으로, 근대지향의 역사인식이나 국민국가의 담당주체로서의 민중을 발견하려는 지식인이 기대하는 민중상이지, 결코 '등신대等身大'의 민중상은 아니라고 비판하였다. 이러한 시각은 서구나 일본학계의 연구경향과 궤를 같이하는 것이고, "유토피아와 현실의 국가는 일치하는 것이 아니고, 현실의 국가는 민중의 유토피아사상을 배신하여 온 것이 일반적이다. 그것은 근대국가의 수립에 실패하여 식민지로 전락한 과거의 한국, 그리고 현재에도 예외라고 할 수 없을 것이다. 그 때문에 민중에게 근대(국민국가)라는 것이 어떠한 의미를 가지는 것인가 하는, 현재로부터의 엄중한 질문은 한국근대사의 맥락에서도 당연히 제기될 필요가 있다"라는 저자의 문제의식과 직결되는 접근방식이다.

이러한 문제의식에서 저자는 '등신대'의 민중상을 그려내지 못한 것은 선험적으로 역사발전이나 국민국가에 대해 의식하고 있었을 리가 없는 민중을 자율적 존재로 보지 않고, 그들의 일상성에 착목하는 시각이 희박하였기 때문이라고 하였다. 이어 근대이행기 민중이 근대지향적이었다는 견해는 세계사적인 차원에서 볼 때 실증적으로 설명하기 어려운 역사인식임을 강조하였다. 예컨대 프랑스혁명에서도 농민운동이 반봉건주의임과 동시에 반자본주의의 지향을 지닌 평등주의적 · 자율적 운동으로 전개되었음이 조르주 르페브르Georges Lefébvre에 의해 명확해졌고, 지금은 상식으로 되어 있다는 것이다. 또한 일본에서도 문명개화 · 자유민권운동 시기의 민중운동과 그 사상은 독자적인 자율성을 가지고 전개되었다는 견해가 지배적임을 지적하였다.

이에 입각하여 저자는 민중을 자율적인 존재로 복권시키고자 하였으며, 위의 연구사 검토를 통해 제기한 세 가지 주요 쟁점을 해명하고자 하였다. 이 점에서 '등신대의 민중상'이라는 표현이야말로 농민전쟁을 바라보는 저자의 독자적인 시각을 가장 집약적으로 보여주는 것이라고 생각된다.

농민전쟁에 대한 저자의 이러한 접근방법은 한국학계의 주류적 견해에 대한 본격적인 문제 제기라고 할 수 있다. 한국학계에서도 농민전쟁의 지향이 단순히 근대적인 것이 아니라 '반봉건주의 · 반자본주의 · 반식민주의'를 동시에 충족시키는 '근대화'[2] 혹은 토지개혁 구상이 근대지향과는 거리가 먼 것이었다는 견해[3]나 유교적 이상국가理想國家의 재현 · 보존을 목표로 한 의거義擧였다는 주장 등이 제기되기도 했다.[4] 그러나 여전히 '근대지향의 역사인식'에 입각한 근대민족운동이라는 큰 테두리 속에서만 평가하는 견해가 일반적이기 때문이다.

---

2 정창렬, 「동학농민전쟁과 프랑스혁명의 한 비교」, 『프랑스혁명과 한국』(일월서각, 1991) ; 고석규, 「1894년 농민전쟁과 '반봉건 근대화'」, 『동학농민혁명과 사회변동』(한울, 1993).

3 배항섭, 「1894년 동학농민전쟁에 나타난 토지개혁 구상」, 『사총』 제43권(고대사학회, 1994).

4 柳永益, 「全琫準 義擧論」, 『李基白先生古稀紀念韓國史學論叢』 下(一潮閣, 1993).

3. 동학사상과 농민전쟁의 관계

저자는 제1장과 제2장 두 개의 장을 할애하여 동학사상의 성립, 그리고 정통과 이단의 분기과정과 양자의 사상적 차이 등에 대해 집중적으로 분석하였다. 이를 통해 동학의 이단사상과 농민전쟁의 관계를 적극적으로 해석하고 양자 간의 사상적 연계성을 분명히 하였다. 저자에 따르면 농민군이 수용한 이단사상은 농민전쟁이 발발하게 된 사상적 동인이자 농민군의 행동과 지향을 결정적으로 규정하는 요소이다. 이 점은 책 전체의 내용을 지탱하고 풀어나가는 핵심적인 문제의식이기도 하다.

저자는 민중이 곤고困苦와 인종忍從의 나날을 보내면서도 그러한 일상적 세계로부터 투쟁이라는 비일상적 세계로 도약하기 위해서는 민중을 내면으로부터 충동하는 어떤 정신적 동기가 있어야 한다는 점을 강조하였다. 또 엥겔스의 '종교적 외피론'도 실제로는 종교적 이단사상이 독일농민전쟁에서 지니는 결정적 역할을 강조하고 있다는 점을 지적하면서, 동학의 이단사상에서 민중을 농민전쟁으로 끌어들인 논리를 탐색하고자 하였다.

저자는 동학사상과 농민전쟁 간의 연계성을 해명하기 위해 먼저 동학사상의 발전과정을 세 단계로 구분하였다. 동학을 창도한 최제우崔濟愚 단계를 원시동학으로, 제2대 교주인 최시형崔時亨에 이르러 정통동학이 성립되었고, 이단동학은 서장옥徐璋玉이 형성하기 시작하여 1890년대에 들어와서는 전라도를 중심으로 확산되어 간 것으로 파악하였다.

또 최제우가 성립한 동학사상은 가家→민중→국가로 전이·발전하였음을 지적하였다. 또 가까운 장래에 도래할 후천後天의 시대에는 시천주侍天主→군자화君子化·신선화神仙化가 가능해지고 지상천국이 출현한다고 한 점에서 관념적이기는 하지만, 논리상 현실사회(조선사회)를 철저히 부정하게 하는 계기가 내포되어 있다고 하였다. 이 점에서 동학이 인간평등을 설파하는 변혁사상적 성격을 띤다고 할 수 있다. 그러나 저자는 동학이 진정으로 민중적 지평, 곧 개벽상황을 열어간 것은 아니라고 지적하였다.

그에 따르면 개벽상황을 열어간 변혁사상으로서 동학사상의 성격, 그리고 정통과 이단 간의 가장 큰 차이는 천관天觀에 있다고 하였다. 원시동학 단계인 최제우의 천관은 ① 유의지적有意志的인 유일절대의 인격화한 천(상제, 천주)관, ② 범신론적인 천관이라는 두 가지를 포괄하고 있었다고 한다. ①의 입장에 서면 변혁주체(구제자)는 상제上帝뿐이고, 현실적으로는 상제의 명을 받은 최제우뿐이며, ②의 입장에 서면 만인군자화萬人君子化가 가능하게 되어 변혁주체도 그만큼 확대된다는 것이다. 그러나 최제우는 ②의 입장과 관련하여 천주가 되기 위한 수심정기守心正氣의 수양을 강조하는 내성주의內省主義를 취하였고, 우민관을 가지고 있었기 때문에 민중을 변혁주체로 파악할 수 없었다고 한다.

이후 최시형이 성립한 정통동학은 교리를 합리화하는 과정에서 ①의 천관을 폐기하고, ②의 범신론적 천관만을 순화시켰다. 그 결과 모든 사람을 천주로 보게 되었고, 그것은 천주와의 일체화를 '성경誠敬' 여부에서 구한 최제우의 우민관을 극복한 것이었다. 그러나 정통동학의 범신론적 천관은 필연적으로 다른 사람에 대한 비판을 부정하고 화순和順을 강조함으로써 체제 비판의 논리를 완전히 결여하였다고 하였다. 화순을 강조하는 최시형의 가족도덕관이 분分에의 안주를 강조하는 국가도덕관으로 연결되었기 때문이다. 또한 의뢰依賴하기 어려운 무적無的인 천天을 전제로 인간 그 자체가 곧 천이라는 명제에서 출발하여 오로지 끊임없는 자기성찰, 즉 수심정기하는 내성주의를 더욱 강화함으로써 내성주의에 철저하지 못한 민중에게는 어려운 도道였고, 그들을 변혁주체로 파악하기도 어렵다고 주장하였다.

이에 비해 이단동학은 정통동학과 마찬가지로 범신론적 입장이었지만, 동학사상의 수심경천守心敬天 혹은 경천수심敬天守心이 가진 뜻에 동감하였다는 전봉준全琫準의 말에 주목하여 양자의 천관에는 중요한 차이가 있다고 파악하였다. 곧 이단동학의 천관 인격적인 천(상제)의 존재를 원시동학 단계보다 더욱 명확하게 의식함으로써 천이 이전에 비해 훨씬 더 의뢰할 수 있는 유적有的 존재(구세주)가 될 수 있었다고 한다. 그 때문에 신비주의적인 상제에 대한 강림기원降臨祈願이 우선되어 내성주의가 약화되고, 철저하게 '의뢰의 신앙(타력他力)'을 설파함으로써 민중 스스로가 상제로 전환되는 것이 용이해졌기 때문에 진정한 민중적 지평을 열고 민중을 변혁주체로 파악할 수 있었다는 것이다.

저자는 이러한 분석을 토대로 민중들이 투쟁이라는 비일상적 세계로 도약할 수 있었던 내면적·정신적 동기를 이단동학, 곧 남접南接 계열에 의해 재해석된 동학의 이단사상에서 찾았다. 이러한 주장은 동학사상 자체를 농민전쟁의 지도이념으로까지 연결시키는 견해나 단순한 외피론은 물론, 전봉준의 변혁사상을 이단으로 파악하기는 하지만 그 내용은 동학과 전혀 별개의 사상이라고 한 기존의 견해와 크게 다른 것으로, 이 책의 두드러진 독자성 가운데 하나이다.[5]

---

5 예컨대 정창렬은 동학사상 그 자체에는 아무런 정치·경제·사회적 실체가 없지만, 도덕적 근원에서 현실사회를 총체적으로 부정함으로써 오랜 세월 공순恭順의 윤리에 매몰되어 있던 농민들이 고을의 지배자집단이나 중앙정부를 맞상대할 수 있게 되었다고 하였다. 그러나 동학사상의 사회적 역할은 여기에서 그칠 뿐 폐정개혁안을 제기하고 그것을 실현하기 위해 투쟁해 나간 사상과 행동은 동학에 의한 것이 아니라 농민들의 주체적 창조물이었다고 하여 농민전쟁 자체와 동학의 관계를 부정하는 입장을 보인다. 정창렬, 「갑오농민전쟁연구」(연세대학교 박사학위논문, 1991), pp.41~43.

한편 저자는 동학사상의 역할을 매우 강조하는 입장임에도 불구하고 '동학'을 탈각시키고 '갑오농민전쟁'으로 지칭하고자 하였다. 그것은 동학농민전쟁이라는 용어가 동학의 종교적 역할을 일면적으로 강조한다는 혐의를 받을 수 있기 때문이다. 저자는 동학의 종교적 역할을 강조하기는 하지만, 결코 원래의 동학을 인정하는 것이 아니라, 동학에 대해 자의적으로 공명하여온 민중의 창조적 이해에 착목하였기 때문이다. 그러나 농민전쟁이 동학에 대한 창조적 이해(이단동학)를 기반으로 발발하였고, 남접 계열의 동학교도가 주체가 된 민중운동이었다는 저자의 견해를 그대로 표현한다면 '이단동학 농민전쟁'이라는 용어가 가장 적합할 것으로 보인다.

저자는 서구적 경험을 토대로 하여 농민전쟁이 '이단의 반란'이라는 관점을 제시하고 있으나, 이단의 내용 면에서 서구와 간과할 수 없는 차이가 있다. 서구의 이단은 이미 민중의 일상 속에 내재화한 종교사상에 민중들의 염원을 투사하는 방식으로 재해석 · 재정립한 것이다. 이에 반해 조선의 지배이데올로기는 유교였고, 민중들의 일상생활도 많은 부분 그것을 수용하거나 거기에 침윤되어 있었기 때문에 동학 그 자체가 이미 이단이었다. 또한 이단인 동학이 농민 대중의 염원을 반영하고 있다고는 하지만, 민중들의 현실적 염원을 구체화하고 그들을 변혁주체로 파악하는 데까지 나아가지는 못하였다. 따라서 저자는 이미 이단인 동학사상을 다시 한번 비틀어서 이단의 이단인 남접 계열의 이단동학을 발견함으로써 동학사상

다만 김영작의 경우 이단동학이라는 개념을 사용하지 않았지만, "우리는 天意에 따라 행동하며, 呪文을 암송함으로써 활기를 낳게 하여 死地도 生地와 같음이라"라고 한 전봉준의 표현 등을 근거로 "전봉준은 동학사상을 실천적으로 해석함으로써, 동학조직을 종래의 농민봉기가 지녔던 지방적 분산성과 고립성을 극복하여 전국적 농민봉기로 끌어올리는 매체로서의 구실을 다할 수 있게 하였다"라는 견해를 제시했다. 전봉준의 교리에 대한 본격적인 분석은 없지만, 새롭게 해석된 교리에 의해 농민전쟁이 추진되었음을 주장하고 있다. 김영작, 『한말 내셔널리즘 연구』(청계연구소, 1989), pp.227~228.

과 농민전쟁의 관련성을 해명하고자 한 것이다.

천관天觀에 주목한 점, 그리고 그에 관한 자료가 거의 없음에도 불구하고 경탄할 만한 집요함으로 동학사상의 천관에 대해 치밀하게 분석한 점, 그를 통해 정통과 이단을 구분하고 이단사상과 농민전쟁의 사상적 연관성을 구체적으로 해명하고자 한 저자의 노력은 동학과 농민전쟁의 관계 해명에 중요한 진전을 이룬 것임에 틀림없다. 그러나 동학사상과 농민전쟁의 관련 여부를 파악하기 위해서는 동학경전의 자구字句, 그리고 저자의 주장처럼 동학교문東學敎門의 사상만이 아니라 민중들이 그것을 수용하는 방법에 착목할 필요가 있을 것이다. 저자도 지적하고 있듯이 대부분의 교도들은 유무상자有無相資로 표현되는 상호구휼, 치병治病의 수단, 신분 차별이 없는 집단이라는 점 등에 매료되어 동학에 입도하였다.

따라서 피란이나 기근을 면하기 위한 궁민들이 급작스레 대거 입도하였던 '도소체제기都所體制期'는 말할 것도 없고, 그 이전에도 동학경전에 대해 충분히 이해하고 입도하는 교도들은 많지 않았을 것이다. 더구나 정통동학과 이단동학이 서로 다른 천관을 가지고 있었다 하더라도 빈농·반프롤레타리아·천민이 많았던 남접 계통의 교도들이 정통과 이단동학의 천관을 깊이 있게 이해하고, 그를 통해 변혁주체로 자각하였다는 견해는 수용하기 어렵다. 무엇보다 농민전쟁이 전개되는 동안 농민군 측에서 제시한 각종 격문에는 동학과 관련된 내용이 거의 없다는 사실을 어떻게 설명할 수 있을지 의문이다.

이런 점에 비추어볼 때 농민군이 부패한 관료나 일본군과 싸운 사상적 무기를 거의 전적으로 동학사상에 근거한 농민군의 생각과 신념—이를테면 상제와의 일체화에 의해 신선화·군자화할 수 있다는 생각, 스스로를 정의의 실체로 인식한 점과 조화력에 대한 확신, 자신을 불사신이라 여기는 확신—에서 찾으려는 시각은 무리라고 생각된다. 또 일군一君에 의해 인정仁政을 받는 만민萬民으로만 자신을 인식함으로써 스스로를 정치적 주체로 생각할 수 없는 민중의 정치의식, 곧 일군만민一君萬民사상을 이단 동학의 천관과 연결시켜 이해하는 점도 선뜻 납득하기 어렵다.[6]

이러한 접근은 세계사적 차원의 근대이행기 민중에 대한 저자의 이해, 곧 지역을 넘어 국가적 모순 속에 자신을 위치시키고 개벽을 지향하기 위해서는 세계관의 대전환이 필요하다는 시각에 비추어볼 때 당연한 것일 수 있다. 그러나 개벽을 지향하기 위해 반드시 세계관의 대전환이 필요한 것인지, 국왕 환상에 사로잡혀 있었고 개벽 상황과는 거리가 먼 농민군의 요구조건, 즉 폐정개혁안弊政改革案의 내용 등으로 미루어볼 때 농민군의 지향을 '개벽'이라고 할 수 있는지도 의문이다. 이 문제와 관련하여 평자는 한국의 농민전쟁이 체제나 지배이데올로기, 종교생활의 성격 등과 관련한 민중들의 존재양식이나 일상생활과 생각 등에서 서구와 크게 다른 조건을 기반으로 배태되고 발발한 것임을 지적하고 싶다.

예컨대 조선은 서구와 달리 정치적으로 중앙집권적 왕조체제하에서 일찍부터 관료제가 잘 발달되어 있었다. 국왕을 정점으로 하여 각 도와 군현은 중앙정부에서 파견된 '국왕의 대행자'인 지방관의 지배를 받고 있었으며, 면리 단위까지도 군현의 이서배吏胥輩와 면리임面里任 등을 통해 중앙집권적 지배체제에 편입되어 있었다. 이 점은 농민들의 일상생활 가운

6 "사람이 上帝가 될 수 있는 가장 큰 근거는 外在化한 인격적인 신(상제)이 있기 때문이고, 자신 속에 있는 神靈(상제)이 될 수 있는 조건은 2차적인 계기에 지나지 않는다. 오로지 상제에 대한 他力祈願만이 장려되는 것이다. 어느 정도 스스로가 상제와 대등한 존재라고 인식하면서도 다른 한편 자신보다 상위에 있는 존재로서의 유일절대의 인격적인 천(상제)을 신앙하는 한, 현실세계를 그에 비추어 유추할 때 그들은 一君에 의해 仁政을 받는 萬民으로서만 인식한다. …… 민중은 변혁주체이지만, 정치 객체에 머물며 국왕에 의해 통치되는 존재에 불과한 것이다(p.246)."

데 많은 부분이 국왕의 대행자→국왕, 국가기구와 밀접한 관계 속에서 이루어지고 있었음을 의미한다. 이는 곧 조세수취제도의 문란한 운영이나 탐관오리의 행패 등으로 인한 농민들의 불평불만이 서구에서처럼 '봉건적 소우주'에 갇혀 있기보다는 중앙권력과의 직접적인 갈등이나 마찰로 쉽게 연결될 수 있었음을 말한다. 이 점은 분권적 체제하에서 강력한 공동체 규제를 가지고 있었기 때문에 메이지유신 이후에도 어법御法보다 촌법村法을 우선시하였다거나,[7] 민중의 에너지가 가家나 촌락 정도의 소공동체 내부문제의 해결에 집중되었다는 일본 민중운동의 경험과 비교할 때 볼 수 있는 중요한 차이점이다.

이러한 특징들은 농민전쟁에서도 분명히 표현되고 있었다. 농민전쟁의 시작을 알리는 1894년 3월 20일의 「무장포고문茂長布告文」에서 농민군은 "백성은 나라의 근본으로 근본이 위축되면 나라가 멸망한다. …… 우리들은 비록 초야의 유민遺民이지만, 식군지토食君之土하고 복군지의服君之衣하므로 (국가의) 위망을 좌시할 수 없어서" 일어났음을 밝혔다.[8] 또 4월 4일 제중의소濟衆義所의 명의로 법성포 이향吏鄕에게 보낸 글에서는 "민폐의 근본은 이포吏逋에서 말미암고, 이포의 근본은 탐관에서 말미암으며, 탐관이 범법하는 것은 집권세력의 탐람貪婪에서 기인하는 것이다"라고 하였다.[9] 이와 같은 창의문이나 통문의 내용은 농민군이 고을 단위의 부패와 모순을 해소하기 위해서는 결국 중앙권력을 타도하는 길밖에 없다는 점을 조선사회의 모순 구조 속에서 인식하고 있었고, 민유방본民惟邦本이나 왕토·왕신사상 등 유교적 이데올로기에 기반하여 자신들의 행동을 정당화

7 鶴卷孝雄, 『近代化と傳統的民衆世界』(東京: 東京大出版會, 1991), p.9.
8 「東匪討錄」, pp.320~321.
9 『駐韓日本公使館記錄』 1, p.20.

하고 있었음을 보여준다.

이러한 의식을 토대로 하여 민중운동은 조선후기부터 개항 이후로 이어지는 잦은 민란으로부터 교조신원운동이나 척왜양운동 등 국왕을 상대로 벌인 시위 · 농성 등으로 성장해나갈 수 있었을 것으로 생각된다. 그러나 저자는 동학 창도 이후 정통의 성립과 이단의 분기 등 동학사상의 역동성에 대해 강조하면서, 정작 민란단계의 민중의식이 교조신원운동과 척왜양운동, 농민전쟁의 전개과정이나, 그 과정에서 일어난 객관적 조건의 변화에 따라 변해나간 면에 대한 동태적 분석은 소홀히 하고 있는 것으로 보인다.

4. 도소체제와 '등신대'의 민중상

저자는 특히 저변민중이 단계적으로 자율성을 고조시켜가는 가운데 어떠한 독자적인 논리를 가지고 주체적으로 투쟁을 전개해나갔는지를 확인하고자 하였다. 이에 따라 농민전쟁 지도층에는 부농뿐만 아니라 지주도 포함되어 있었음을 밝히는 연구들이 적지 않게 축적되었음에도 불구하고, 저자는 농민전쟁의 주체를 빈농 · 반프롤레타리아뿐만 아니라 천민까지 포함하는 저변민중으로 보아야 한다는 입장을 취하였다.

이러한 시각에서 농민자치기(집강소 시기) 농민군의 활동을 도소체제都所體制와 집강소체제執綱所體制로 나누어 이원적으로 파악하였다. 집강소는 5월 19일 김학진의 효유曉諭 이후 설치되기 시작했는데, 관민상화官民相和의 원칙에 입각하여 민의를 관에 상달함으로써 폐성개혁에 참고가 될 기초자료를 준비하거나, 농민군의 무장해제를 진행시키고 치안을 담당하는 기관이었다고 한다. 또 그것은 읍 단위에 설치되었지만, 농민군 측에서 집강소에 대해 반드시 강력한 권한을 인정한 것도 아니었고 전라도 전역에 설치된 것도 아니었다고 이해하였다.

반면, 도소는 전주화약 직후부터 농민군 스스로의 힘으로 설치되기 시작하였다. 농민군 활동이나 민정 전반을 관장하는 농민군의 자치기구이자 권력기관이었다는 것이다. 저자는 읍정邑政이나 면리정面里政에 관한 폐정개혁을 농민군이 독자적으로 추진한 주체가 바로 이 도소였다고 이해하였다. 따라서 집강소를 중심으로 접근할 경우 해방된 공간에서 표출된 민중 고유의 행동논리나 심성에 대한 접근을 어렵게 하므로, 민중이 스스로 만들어낸 권력기관인 도소체제를 중심으로 파악하고자 하였다. 이러한 해석은 보수세력이 강하거나 농민군이 취약하여 집강소가 제 기능을 못하고 오히려 반농민군의 수중에 장악되어 있는 경우에는 도소가 중심이 되어 폐정개혁활동을 하였다는 기존 연구의 논리를 일층 진전시킨 것이다.[10]

저자에 따르면 도소체제하에서 탐관오리에 대한 투쟁은 도소체제 초기에 종료되었으며, 필연적으로 평균주의와 평등주의를 지향하는 투쟁이 농민군 자력에 의한 폐정개혁활동 가운데 두드러진 것이었다. 또한 민중은 공권력이 실천할 수 없는 정의를 대행한다는 논리로 자신들의 평균주의적 행동을 정당화했으며, '제중의소'라는 인장印章은 그 상징이었다. 농민군은 토지균분사상을 가지고 있었으며, 신분해방투쟁을 벌이기도 했다.

한편 저자는 전봉준과 김학진 간의 제2차 회담(7월 6일) 이후 도소체제의 자치기능이 오히려 강화되는 한편, 지도자의 난립 상태가 초래되었으며, 저변민중이 급진화하기 시작하였다고 보았다. 빈농 · 반프롤레타리아 · 천민을 중심으로 한 저변민중들은 농민군 간부를 구성하고 있는 향반층의 지도로부터 이탈하여 급진화하였다. 그러나 이들의 행동은 단순히 반질서

10 김양식, 『근대한국의 사회변동과 농민전쟁』(신서원, 1996).

적인 도적행위가 아니라 고유한 자율성을 가진 급진적 투쟁이었다는 것이다. 부민에 대한 토재討財 투쟁과 고리채 탈환 투쟁은 "부의 독점은 나쁘다"라는 인식에 기초하여 부의 재분배를 통한 유토피아의 건설이라는 명분으로 정당화되었다. 굴총掘冢 투쟁은 모든 민중의 양반화를 지향하는 상승지향의 평등사상의 표현이었으며(천민의 경우는 양반의 말살 · 폐절廢絶의 방향), 이러한 평등관의 만연은 덕망가德望家적 질서관을 부정하는 데까지 나아갔다고 한다. 이는 평등주의와 평균주의가 관철되는 공동체로의 급진적 회귀를 지향하는 것이었다. 그러나 저변민중도 결코 국왕을 부정하지는 못하였는데, 이는 앞서 살펴보았듯이 이단사상에 국왕을 부정할 수 있는 사상적 계기가 완전히 결여되어 있었기 때문이라고 하였다.

저변민중의 투쟁에 대해 덕망가적 질서관으로 돌아가고자 하는 민중의 심성을 전제로 일군만민사상을 가지고 있던 전봉준은 급진적인 저변민중의 투쟁을 도저히 용납할 수 없는 무질서로만 이해하였다고 하였다. 또한 저자는 민중들이 국가적 위기가 진행되던 때에도 유토피아 실현 투쟁을 우선시한 것은 덕망가적 질서관조차 부정하던 심성 때문이기도 하지만, 기본적으로는 국가적 위기의식이 취약하였기 때문이었다라고 이해하였다. 그러나 민중도 '일군一君'에 의한 통치가 일본의 침략행위로 위기사태에 처하자 이에 대한 대처를 우선시해야 한다는 인식에 도달함으로써 결과적으로 반일투쟁에 나서게 되었다고 하였다.

저자는 '집강소 시기'를 '도소체제'로 이해함으로써 고유한 행동논리나 심성을 가진 자율적 존재로서의 민중, 즉 '등신대'의 민중상을 구체적으로, 또 풍부하게 그려내고 있다. 이 점은 동학농민전쟁에 대한 기왕의 연구들과 구별되는 특징이다. 그러나 집강소체제를 다만 농민군 최고지도자인 전봉준과 김학진의 합의에 의해 만들어진 치안유지기구라는 측면에서만 이해하는 것은 한국근대사를 관통하며 민중운동의 전개와 민중들의 행동과 생각에도 중요한 영향을 미칠 수밖에 없었던 하나의 중요한 특징인 '반외세'의 문제를 소홀하게 취급할 우려가 있다.

저자도 농민전쟁이 세계사적 차원에서 볼 수 있는 근대이행기의 민중운동만으로는 설명할 수 없는 또 하나의 성격을 가지고 있는데, 그것은 바로 일본에 저항한 민족운동으로서의 일면을 가지고 있는 점임을 지적하였다. '척왜양'이 상징하듯이 농민전쟁 이전부터 농민전쟁의 주체인 이단동학교도 사이에는 '반외세' 사상이 깊이 자리잡고 있었다. 또 농민전쟁의 전개과정은 외세의 노골적 개입과 가담이라는 변수에 따라 크게 규정되고 있었다. 저자도 인정하고 있듯이 전주화약은 사실상 농민군이 패배를 눈앞에 둔 시점에서 청·일 양국 군대의 개입을 꺼린 왕조정부가 농민군을 토벌하기보다는 조기에 해산시키려는 의도에서 취한 조치라는 성격이 강하였다. 만약 외세의 개입이 없었다면 농민전쟁은 전혀 다른 양상으로 전개되었을 것이다. 또 전주화약 이후 농민군 측의 활동도 외세의 개입이라는 변수에 크게 영향을 받을 수밖에 없었음을 의미한다.

그러나 운동의 전개과정, 특히 농민군의 행동이나 지향을 분석하는 데는 이러한 특징에 대한 고려가 미흡하다. 특히 '집강소 시기' 농민군의 활동양상과 지향을 '반봉건' 투쟁에 경사된 '도소체제'와 빈농·반프롤레타리아를 중심으로 이해하고 있는 점에서 그러하다. 이는 무엇보다 고유한 문화를 가지고 자율적으로 운동을 전개해나간 '등신대'의 민중상을 그리려는 저자의 의도에서 비롯된 것으로 보인다.

기본적으로 외세의 개입이라는 변수가 크게 작용하여 성립된 관민상화와 그에 따른 집강소의 설치와 활동은 '반외세'와 '반봉건'의 과제를 동시에 수행해야 했던 민중이 적대적 세력인 관 측과의 타협을 통해 극적으로 이끌어낸 '반외세'와 '반봉건' 문제가 교차되는 시공간이었으며, 다른 나라의 민중운동에서는 보기 어려운 동학농민전쟁 특유의 존재방식과 궤적을 가장 잘 보여주는 것이 아닐까? 조선사회와 민중운동을 둘러싼 이러한 고유한 특징들을 연결하여 고민할 때 '등신대'의 민중상도 한층 구체화될 것이다.

빈농·반프롤레타리아는 부의 독점을 악한 것으로 인식하였고, 부의 재분배를 통해 유토피아를 건설하기 위해서는 토재투쟁이나 고리채탈환투쟁도 정당한 것이라고 생각했지만, 이러한 인식과 생각이 내부적으로 태평천국군의 성고제도聖庫制度처럼 제도화는 물론, 강령화하지도 못했다는 점 또한 다른 나라의 농민전쟁이나 민중반란과 다른 점이다. 이러한 점을 설명하기 위해서도 집강소체제는 주목할 필요가 있다. 사실상 패배하여 물러났다는 사정도 중요한 요인이 되어 농민군 내부는 결속력이 취약해졌다. 이에 더하여 외세의 개입이라는 엄청난 상황변화에 따른 전봉준의 연합전선 구축노력은 빈농·반프롤레타리아의 주체적 활동공간을 애초부터 매우 협소하게 하였다. 따라서 빈농·반프롤레타리아의 고유한 생활의식에서 나온 행동논리도 더욱 승화된 형태로 체계화되지 못하고 일탈적으로만 표출되는 형태를 보였던 것이다. 민중의 행동양태나 지향도 외세의 개입이나 간섭에 의해 왜곡·굴절될 수밖에 없었다는 점이야말로 근대이행기 한국민중운동이나 민중사상의 주요한 특징 가운데 하나라고 생각된다.

5. 민중의 지향과 내셔널리즘

저자는 이단동학이 민중을 변혁주체로 파악하여 농민전쟁으로 끌어들였으나, 민중을 정치주체로 파악하는 데—민중의 항상적 정치참여를 전제로 국가가 운영되어야 한다는 정치사상—까지 도달하지는 못했다고 하였다. 민중은 어디까지나 인정仁政을 향유하는 정치의 객체일 뿐이라는 유교의 정치사상을 타파하는 어떠한 언설도, 시사적 행동도 드러나지 않았고, 다만 위기상황에서 일시적으로 민중의 정치참여를 인정하는 논리가 있었을 뿐이라고 하였다. 또 농민군이 지향한 평균주의·평등주의, 소농회귀와 소농보호의 입장에서 '농민적 토지소유'를 추구한 소농·빈농·반프롤레타리아의 지향은 반反근대적이었으며, 이것은 본원적 축적과정을 수반하는 근대가 다른 한편으로는 농민들에게 비참한 것이었음을 다시 한번 상기시킨다고 하였다.

한편 대외인식 면에서 동학사상은 강렬한 자국(동국東國)의식을 가지고 있어서 민중에게 대외적 위기의식을 고취하였다고 하였다. 뿐만 아니라 거기서 출발한 서학과 중국에 대한 대항의식은 전통적 중화사상으로부터 완전히 자유로운 것은 아니지만, 민족주의로의 가능성을 내포한 것이라고 이해하였다. 그러나 동학은 결코 탈중화적 조선인식을 표상하는 것은 아니었고 이 점에서 척사론과 공유하는 전통적 중화문명권의 자존감을 가진다고 하였다. 양자의 차이는 척사론이 현실의 소중화에 대한 긍정을 전제로 유지를 주장한 반면, 동학은 현실의 소중화세계, 곧 조선사회의 타락과 부정을 전제로 재생을 주장한 점이라는 것이다.

따라서 농민군이 용맹과감하게 강대한 일본과 싸울 수 있었던 것도 내셔널리즘 때문이 아니라, 앞서 언급했듯이 동학사상에 기반하여 민중 스스로가 정의의 실체라고 확신한 점과 조화력에 대한 확신 때문이었다고 하였다. 내셔널리즘으로 무장하지 못하였기 때문에 농민군의 시체가 쌓이고 이러한 확신이 동요하였다는 것이다.

이와 같이 민중의 내셔널리즘이 원시적이었던 데 비해 전봉준의 경우에는 국가의 운명과 자기의 운명을 동일시한 것으로 이해하였다. 또 세계가 서구자본주의에 편입되고 조선도 그러한 국가적 위기에 처해 있음을 명확히 인식했으며, 청국과의 조공체제를 승인하면서도 독립국가를 추구하였다고 하였다. 그러나 전봉준에게도 정치는 어디까지나 도덕의 연장선일 뿐이었고, 제도적인 차원에서 관념하지 못하였으며, 우민관을 떨치지 못함으로써 전기적前期的 내셔널리즘에 그치고 있었던 것으로 파악하였다.

이러한 분석을 거쳐 저자는 농민전쟁을 덕망가적 질서관[11]이 국왕과 왕부에 대한 환상으로 확대되어온 가운데 중개세력 배제의 필요 때문에 무력적 청원의 형식으로 평균주의와 평등주의를 실현하고자 한 민중운동이었다고 보았다. 그 지향은 반봉건적임과 동시에 반근대적이었고, 농민전쟁이야말로 구체제(조선양반지배체제)에도, 신체제(개화파정권)에도 저항했다는 점에서 또 하나의 '근대'를 추구한 근대이행기의 일대 민중운동이었다고 규정하였다. 이러한 성격을 지니고 있었기 때문에 농민전쟁은 근대국민국가의 형성에 실패할 수밖에 없는 운명을 내포하고 있었다는 것이 저자의 결론이다.

한편 저자는 조선 민중운동에서 보이는 주요한 특징으로 아래로부터 일어난 국왕환상國王幻想과 일군만민적 지향이 일본이나 중국에 비해 훨씬 강하다는 점을 지적하였고, 이 점에서 오히려 유럽의 농민전쟁과 위상을 같이한다고 하였다. 예컨대 러시아농민전쟁의 경우 종교적 이단은 결부되지 않은 대신 신앙으로까지 고양된 차르환상이 그 역할을 담당하였다고 하였다. 그러나 러시아의 경우에는 1905년 '피의 일요일'사건을 계기로

11 저자가 강조하는 조선 특유의 재지질서관在地秩序觀으로서 세계사적 차원에서 보편적으로 보이는 명망가名望家적 지배와 유사하나 이는 반드시 재력이나 권력, 명망 있는 가문을 배경으로 하는 것이 아니라 재력도 권력도 없는 재지지식인이 덕망만으로도 지도자가 될 수 있는 조선 특유의 질서관을 말한다.

차르환상이 붕괴되었으나, 조선에서는 식민지로 전락한 이후에도 계속된 것으로 파악하였다. 나아가 해방 이후까지도 국왕환상이나 덕망가적 질서관은 사라지지 않고 북한의 수령체제와 남한 이승만정권의 권위주의체제로 이어졌지만, 이는 농민군이 꿈꾼 국왕환상이 실현된 것은 아니라고 이해하였다. 국왕환상에 대한 강조와 그것이 가진 부정적인 측면까지 지적한 점은 지배구조로부터 자율적인 측면뿐만 아니라 지배층과 국가지배에 대한 취약성을 동시에 강조하는 서발턴subaltern 연구그룹의 연구경향과 맥이 통하는 것이기도 하다.[12]

농민전쟁의 지향이나 역사적 성격을 근대지향적 · 부르주아적인 것으로 평가하는 연구경향에 대해서는 평자 역시 반대하는 입장이다. 그러나 '반근대적' 이라는 견해에 대해서는 몇 가지 짚고 넘어가야 할 점이 있다. 근대이행기의 민중운동에 대한 서구학계나 일본학계의 연구들도 이러한 결론을 내리고 있으며, 저자도 근대이행기의 민중운동이 '근대적' 이라는 역사인식은 세계사적인 차원에서 실증적으로 설명해내기가 어렵다고 하였다. 예컨대 프랑스혁명 시기의 농민반란이나 근대일본의 곤민당困民黨사건 등과 같은 민중운동의 지향은 분명히 '반자본주의적' 이었다고 할 수 있다. 그것은 무엇보다 기존의 공동체적 질서와 관행과는 다른 새로운 근대적 · 자본주의적 법질서나 경제원리가 자신들의 일상생활에 타격을 주고 생존을 위협하였으므로 그에 대해 반대한 것이기 때문이다.[13]

평자의 생각으로도 농민군 가운데 특히 하층민과 그들의 이해를 대변하는 지도부 가운데는 경제적 균산주의를 향한 열망이 분명히 존재했다고

12 다카시 후지타니タカシ フジタニ, 「解說—오리엔탈리즘 비판으로서의 민중사와 安丸良夫」, 安丸良夫, 『日本の近代化と民衆思想』(東京: 平凡社, 1999).

13 鶴卷孝雄, 『近代化と傳統的民衆世界』(東京: 東京大出版會, 1991) ; 이세희, 「프랑스혁명기의 농민운동에 대한 연구사적 고찰」, 『부대사학』 제10집(부산대 사학회, 1986).

생각한다.[14] 그러나 농민군이 지향한 평균주의 · 평등주의—토지평균분작 요구, 고리채 탈환 투쟁 등—가 반자본주의 혹은 반근대의 의미를 가진다는 것을 분명히 하기 위해서는 토지소유와 그를 둘러싼 제관계, 사채를 둘러싼 채권자와 채무자 간의 관계 등에 이전 시기의 관행과 다른 새로운 법질서나 경제원리가 적용되었고, 그것이 민중의 생활과 생존에 장애로 대두되었으며, 또 농민군이 거기에 반대하고 있었음을 밝혀야 할 것이다. 그러나 이와 관련하여 1894년 당시에 농민군이 마주한 모순 가운데 그 이전과 다른 어떤 새로운 법질서나 경제관행이라고 특기할 만한 사실은 없다.

한편 저자는 농민군의 정치적 구상에 대해 다원적으로 분열된 봉건사회가 외세의 침략에 직면하여 그 무기력함을 드러낼 때 국가의 독립을 위해서는 국민적 통일이 요청되며, 그를 위한 대내적인 정책은 ① 정치력의 국가적 응집(집중화) ② 국민적 침투(확대화)로 표출된다는 마루야마 마사오丸山眞男의 논리를 인용하여 이해하고자 하였다. 이에 비춰볼 때 전봉준의 국가구상은 전자의 측면에서 두드러지는데, 그것이 바로 중개세력을 배제한 일군만민사상에 입각한 체제구상이라는 것이다. 그러나 '일군만민'이라는 규정과 그를 통한 정치력 집중화라는 이해는 기본적으로 봉건적 분권성과 할거성이 지배하던 일본과 서구의 경험에 입각한 것이라고 생각된다. 마루야마는 '중개세력의 자립적 존재가 국가와 국민의 내면적 결합의 질곡으로 작용'하고 있는 막부 말기 일본의 역사적 조건을 전제로 설명하고 있으며, 다이묘大名체제를 벗어난 중앙집권적 국가체제의 구상을 '일군만민'으로 표현하고 있다.[15]

---

14 배항섭, 「1894年東學農民戰爭の社會 · 土地改革論」, 『世界史なかの民衆運動』 5(東京: 青木書店, 2000).

15 마루야마 마사오丸山眞男 저, 김석근 역, 「국민주의의 전기적 형태」, 『日本政治思想史硏究』(한길사, 1995).

그러나 조선의 정치체제는 '중개세력의 자립적 존재'를 상정하기 어려울 정도로 중앙집권적이며 '일군만민'적인 체제였기 때문에 서구의 영주나 일본의 다이묘와 같이 일군과 만민의 대면과 결합을 방해할 만한 중개세력이 없었다. 따라서 농민군이 지향한 이상사회를, 중개세력을 배제한 "하정下情이 상달하고, 상택上澤이 하급下及"하는 일군만민체제 개념으로 설명하는 것은 조선의 정치체제에 비추어볼 때 지나치게 추상적이라고 생각된다.

6. 맺음말

이상으로 이 책의 주요 내용과 저자의 문제의식을 소개하고, 그에 대한 필자의 몇 가지 의문점을 지적하였다. 이 책은 농민전쟁에 대한 연구의 폭과 깊이를 더한 보기 드문 역작임에 틀림없다. 폭넓은 자료의 활용, 서구나 일본학계의 민중운동 연구성과를 수용한 새로운 접근방법만으로도 이 저서는 농민전쟁 연구의 수준을 한 단계 끌어올렸고, 앞으로 농민전쟁 연구를 진전시키는 데 중요한 디딤돌이 될 것이다.

이 책은 '등신대의 민중상'을 밝혀보려 한다는 저자의 의도에서도 알 수 있듯이 근대이행기 '민중운동의 자율성'이라는 관점에서 농민전쟁을 이해하고, 자율적 민중운동을 추진한 주체인 빈농·반프롤레타리아층·천민층 등 저변민중의 고유한 심성과 투쟁논리에 접근하였다. 이 점이 한국학계의 연구 방향과 큰 차이가 있고, 기존 연구에 대한 본격적인 문제제기이기도 하다. 또한 저자는 동서양 민중운동사 연구의 풍부한 성과를 바탕으로 근대이행기 민중상을 그려내고, 그것을 동아시아의 근대화라는 현재의 과제와 연결하여 고민하고자 하였다. 이러한 문제의식과 고민은 이 책의 곳곳에 스며들어 있다.

저자는 책의 전체를 통하여 그동안 한국학계의 주류적 견해가 세계사적으로 통용되기 어렵다는 점을 지적하였다. 최근에는 한국학계에서도 민중사연구에 대해 민족과 계급을 중심에 둔 시각에 근거하여 근대이행기의 구조적 조건과 역사적 과제를 설정한 후 민중을 그러한 과제를 수행하도록 운명지어진 수동적 주체로 그리고 있다는 비판이 제기되고 있다.[16] 이러한 비판이 비단 농민전쟁에만 국한되는 것은 아니지만, 이러한 문제 제기에 답하기 위해서는 무엇보다 인류학적 방법이나 비교사적 관점 등의 도입이 시급하다고 생각된다. 그와 아울러 민중의 일상생활과 생각을 좀 더 구체적으로 밝힐 수 있는 다양한 방법의 모색과 자료의 발굴 및 새로운 해석이 요청된다. 이 책은 우리에게 그러한 과제를 제기하는 것이기도 하다.

16 민족과 계급을 중심으로 한 민중사 연구가 가진 문제점에 대해서는 이용기, 「미군정기의 새로운 이해와 사회사적 접근의 모색」, 『역사와 현실』 제35호(역사비평사, 2000) ; 임지현, 「근대의 담 밖에서 역사 읽기」, 『한국사론』 제30집(국사편찬위원회, 2000)을 참소.

토론

김선경*

1. 민중을 자율적인 존재로 본다는 것

이 책을 처음 읽었던 때의 감회가 새삼스럽게 떠오른다. 저자는 누구보다도 계급 중심의 사유를 했던 분으로서, 자신의 생각을 크게 전환하여 민중에 대해 전혀 새로운 관점을 제기했다는 점이 경이롭게 다가왔다. 그가 민중을 자율적인 존재로 보고, 그들의 요구, 사상이 갖는 독자적 측면을 부각시켰다는 점은 매우 중요한 성과라고 생각한다.

하지만 우리가 민중을 보편적 역사발전 단계의 과제를 수행해가는 주체로 파악하여, '근대지향적'·'부르주아적'이라는 수식어를 덧붙여 그들의 행동과 사상의 의미 내용을 파악하는 것도 문제이지만, 그렇다고 민중을 역사적·사회적 맥락에서 분리되어 존재하는 고립된 영토 내의 순수한 존재로 파악하는 것도 올바르지는 않다고 본다.

농민전쟁은 '민란'·'동학운동'이라는 전사前史를 가지고 있다. 농민군은 그 전사와 농민전쟁 과정을 통해서 자신들의 요구, 활동 방식, 믿음, 가

* 金仙卿 연세대학교 국학연구원 연구교수.

치를 좀더 일반화하는 경험을 하게 되었을 것이다. 민중이 자율적이고 독자적인 세계를 가졌다 하더라도, 한 사회를 뒤흔들 만한 민중운동을 전개하려면 당해 사회나 사회 구성원에게 호소력 있는 사회적 표현을 획득해야 한다. 그 속에 시대의 역사성이 담겨지는 것은 아닐지.

그러므로 '근대적'인 것이 무엇인지가 문제이겠지만, 세계사적으로 보아 민중운동의 지향이 '반근대적'이었다는 저자의 지적에는 선뜻 동의하기가 어렵다.

2. 동학사상 내에서 정통과 이단을 나누는 방식

저자는 서장옥 · 전봉준 계열이 동학 내부에서 이단사상을 정립하고, 이 계열의 사상이 일정하게 농민전쟁의 사상으로 기능했다고 강조하였다. 그리고 동학 내의 정통과 이단의 구분선을 범신론적 천관과 인격화한 상제관, 내성주의와 타력 의뢰적으로 설정하였다. 이에 대해서 논평자도 지적하고 있지만, 이 부분에 대한 저자의 설득력 있는 분석이 매우 취약하다.

동학은 아직 신흥종교로서 이단, 정통의 경계 구분도 어렵거니와 개별 종교 지도자 또는 교도 하나하나까지도 어쩌면 나름대로 동학을 받아들였는지도 모르겠다. 나아가서 동학의 어떤 측면, 어떤 분파의 사상이 농민전쟁의 사상으로 기능했는가라고 질문한다면, 농민군 조직이 결코 일사불란하게 움직인 조직이 아니었다는 점, 폭발적인 농민군의 증가 속에서 조직 사상의 계보짓기(분파의 지도자—중간 간부—일반 농민군 또는 동학교도)가 그렇게 쉽지 않았으리라는 점을 간과해서는 안 될 것이다.

3. '이단'의 천관을 일군만민사상으로 풀어낸 점

논평자는 '이단'의 천관을 일군만민사상으로 풀어낸 이 책의 견해를 비판하였는데, 이 비판에 대해서는 기본적으로 동의한다. 그러나 영주나 다이묘 같은 중간지배층이 없었던 조선의 중앙집권적 정치체제에 비추어 이 시기에 새삼스레 일군만민사상의 의미 있는 역할이 존재하느냐라는 비판에 대해서는 동의하기 어렵다. 조선 역시 중간지배층이 존재했고 지역적·신분적 분할이 엄연히 존재하였기 때문이다. 오히려 비판할 점은 천관과 일군만민사상을 연결시키는 논리적 측면의 문제에 있다고 본다.

저자는 갑오농민전쟁을 이끈 사상이 정통동학과는 다른 동학 내의 이단인 남접의 사상이라고 규정하였다. 그는 전봉준이 말한 '수심경천守心敬天'에 주목하면서, 여기서의 천天은 최시형이 생각한 인간 자신을 포함한 범신론적 천이 아니라 인간계를 지배하는 인격적 천, 즉 상제라고 보았다. 그는 동학의 이단인 남접의 교리가 "사람들이 유일 절대의 인격적 천인 상제를 일심으로 경배하여 천의 힘을 빌린 행위성을 지님으로써 민중을 총체적으로 변혁의 주체로 파악하는 사상이 될 수 있었다"고 보았다. 하지만 상제라는 절대자를 상정함으로써 결국 이와 동일시되는 군주에 대한 환상을 여전히 버리지 못하고, 민중을 정치의 주체로 상정하지 못한 채 다만 백성이 국왕과 직접 통하는 일군만민의 체제를 꿈꾸었다고 보았다. 하지만 유교에서 천은 곧 군주가 아니다. 군주는 천명을 받은 존재, 곧 천의 대리자로서 백성을 다스리는 지위에 있게 된다. 제천의례는 천의 명을 받은 자(군주)와 천의 교섭 방식이었다. 사士 계층 역시 천리天理의 공변됨을 학문과 도덕 수양을 통해 체현할 수 있는 존재로서 '치인'을 담당하게 된다. 동학에서 일반 민중을 하느님을 직접 모시는 존재〔侍天主〕, 하느님이 강령하여 조화를 부릴 수 있는 존재, 하느님과의 교섭방식으로 제천의례를 행할 수 있는 존재로 본 것은, 그동안 일반 민중은 천명과 천리가 관철되는 대상일 뿐, 하늘과 적극적으로 교섭하면서 천명의 실행자나 천리의 체현자가 될 수 없었던 존재론적 주박綢縛을 풀어내는 일이라고 생각된다. 제천의례를 행한다는 점에서는 국왕이나 일반 백성이나 마찬가지인 것이다. 국왕이나 백성 모두 천과의 관계 속에서의 위치는 같은 자리다. 따라서 동학의 '경천敬天' · '시천주侍天主'의 교리가 또다시 민을 천, 곧 국왕을 섬기는 것을 당연하게 생각하는 존재로, 또 그의 지배를 당연하게 받아들이는 존재로 구속하는 사상이 되는 것은 아니라고 생각된다.

4. 근대이행기를 바라보는 시각

오늘날 서구적 근대 자체가 극복의 대상으로 떠오르면서, 서구적 근대와는 다른 노선, 다른 지향을 복원해보려는 움직임이 일정한 설득력을 얻고 있다. 하지만 근대성을 서구 근대와 등가물로 보고 우리 자신의 반봉건운동을 반근대적 또는 민중적 · 독자적 길을 추구하는 것으로 선을 댄다고 해서, 과연 그것으로부터 우리가 오늘 현재에 개입할 힘을 얻을 수 있을까? 현재와 단절된 전통을 되살려내는 데서 힘이 나오는가? 이는 서구 포스트모던의 자기반성에 기초한 '동양 참조하기'이지, 우리 자신의 관점이 되기는 힘들다고 생각한다.

우리의 근대 경험을 식민성, 서구 근대성으로 분해하여 해체한다면, 우리가 돌아갈 곳은 이미 우리에게마저도 이국적이고 낯설게 느껴지는 '전통'일 것이다. 포스트모더니즘의 문제의식은 '근대'를 반성하는 듯이 보이지만 어쩌면 '근대'에 '서구적'이라는 깃발을 꽂아 당연하게 그곳을 자기 영토로만 생각하는 속내로도 읽힌다.

인류의 문화에는 그 집단에 따른 차이만큼이나 깊은 공통성, 교류 가능성의 힘이 존재한다. 이는 각각의 문화집단 또는 사회가 교류를 주체적으로 실현할 수 있거나, 외부에서 자기가 필요한 것을 받아들이고 수용하며 자신들의 경험과 통합시킬 수 있는 힘을, 아니면 기존의 자신의 문화와 충돌하더라도 유효하게 배치할 만한 역량을 지닌 것으로 판단하기 때문이다.

Andre Schmid

Korea Between Empires, 1895~1919

New York: Columbia University Press
2002. 369 pp.

CONTENTS

한국민족주의의 기원과 형성 과정
—A. 슈미드, 『두 제국 사이의 한국』

반병률*

1. 머리말

오늘의 서평 대상은 앙드레 슈미드Andre Schmid의 *Korea Between Empires, 1895~1919*이다. 우선 이 책의 제목에서 '1919'는 '1910'의 잘못이 아닌가 생각된다. 저자의 문제의식은 물론, 책의 제목에 '1895년'이라는 시점始點을 표기한 점, 본문에서 다루고 있는 시기가 1910년에서 끝나고 있는 점 등 여러 가지 측면을 감안해보아도 '1919년'이 종점終點이 될 수 있는 최소한의 근거가 없기 때문이다. 저자의 뜻이나 인쇄상의 실수로 보기에는 너무 중대한 오류이기 때문에 논평자의 능력으로는 헤아릴 수 없다. 연세대 현대한국학연구소의 콜로키엄에서 지적된바 상업주의적 의도에서 비롯되었을 가능성도 없지 않다.

논평자는 저자가 남북한, 특히 한국사학계의 '주류'가 민족주의적이라는 전제하에서 한국학계의 지성사적 족보를 파헤치고 있다고 생각한다. 이 점에서 이러한 주류 한국사학계의 분위기에 젖어 있을 뿐만 아니라, 그

* **潘炳律** 한국외국어대학교 사학과 교수.

자양분을 취하는 데 안주하고 있는 논평자는 어디에 숨으려다가 잡혀 끌려나와 발가벗겨진 듯한 느낌이다. 더욱이 논평자는 저자가 근거하고 있는 최신 이론들에 대하여 깊이 이해하고 있지 못할 뿐만 아니라, 이 책의 비판대상이 되는 한국사학계의 경향을 따르고 특히 식민주의자들과의 대립적인 측면에만 지나치게 초점을 맞추고 있다고 지적되고 있는 독립운동사를 연구하고 있다는 점에서 그 당혹감은 더욱 크다.

2. 저자의 이론적 근거와 분석대상

이 책의 저자는 서구학계, 특히 미국의 한국사학자들의 연구에 큰 영향을 끼치고 있는 탈민족주의적, 탈근대주의적인 이론들을 적극 수용하고 있다. 이들 이론에 의하면, 역사에 관한 서술은 객관적 · 역사적 실체를 밝히는 것이 아니라, 역사가가 의식된 목적을 가지고 지적 담론을 구성하는 것에 불과하다. 서술된 역사에 역사적 진실 따위는 존재하지 않으며, 그것은 단지 지적인 문화적 노력의 산물일 뿐이라는 것이다.

저자는 19세기 말~20세기 초 한국을 비롯한 동아시아 지식인들의 담론들을 분석하면서, 에드워드 사이드Edward Said의 오리엔탈리즘론에서 활용되고 있는 '표상representation' 등의 개념을 활용하고 있다. 또한 저자는 '민족'과 관련된 여러 개념과 범주들이 일반대중을 결집 · 동원하기 위한 목적을 가진 소수의 엘리트들이 창출해내고 인쇄술의 발달에 힘입어 널리 퍼트린 인위적 산물이라는 베네딕트 앤더슨Benedict Anderson의 민족주의 형성에 관한 입론을 수용하고 있다. 이러한 이론적 배경 위에서 저자는 '민족역사nation history'를 만들어낸 한말 민족주의적 계몽운동가들의 담론, 또 거기에 연원을 두고 있다고 파악되는 남북 학계의 민족주의사학의 기본 전제들의 족보를 다분히 비판적으로 추적하고 있는데, 이러한 점에서 저자는 이른바 '수정주의적'인 입장에 서 있다고 할 수 있다.

독자들이 책의 제목만을 접하게 될 경우에는 충분히 오해할 수도 있겠지만 이 책은, 19세기 말에서 1910년 '합병'까지의 대한제국에 대한 연구가 아니며, 더구나 이 시기에 전개되었던 구국을 위한 민족주의적 항일운동에 관한 연구는 더더욱 아니다. 오히려 저자의 핵심적인 관심은 이들 민족주의적 계몽운동가들이 민족nation에 대한 지식을 어떻게 생산하였는가와, 그 배경에 깔려 있는 이들 논객들의 '문화적 전략strategy'(p.4)을 밝혀내는 것이다.

이 책의 분석대상은 민족주의적 개념과 내용을 '창출'해내려는 한말 언론들, 즉 『독립신문』·『황성신문』·『대한매일신문』·『공립신보』 등의 신문과 잡지, 교과서에 실린 계몽주의적 논객들의 글이다. 저자는 논객들이 창출해낸 담론을 '민족'과 관련된 여러 주제별로 분류하고 이들을 분석하는 서술형식을 취하고 있다. 때문에 저자의 논의는 한말 시기에만 머무르지 않는다. 저자는 한말 민족주의적인 논객들이 다루었던 민족과 관련된 주제들에 관하여 고대에서부터 현대까지 필요한 시기를 자유자재로 오가며 논의를 전개한다. 또한 저자는 한국뿐만 아니라 일본·중국의 연구성과와 관련자료까지도 광범위하게 검토하여 한국의 민족주의적 지식인들이 역사적·문화적·언어적 개념들을 형성하고 전파하기 위한 과정에서 얻은 지성적 성과들을 분석한다. 그러므로 이 책은 자본주의적 세계로 편입되고 있었던 동아시아, 즉 19세기 말~20세기 초의 한국은 물론, 일본과 중국을 분석대상으로 하고 있다는 점에서 19세기 말~20세기 초의 동아시아 지성사 연구라고도 할 수 있다.

저자는 한말의 민족주의적 계몽운동가들이 적대적인 민족주의적 개념들을 창출함으로써 일본 식민주의자들의 역사적 · 문화적 무기에 대항하려고 하였지만, 결국은 한국을 침략한 일본 식민주의자들과 함께 세계적 근대성 지향이라는 공통의 사상적 기반을 공유하고 있었다고 결론짓는다.

그럼에도 불구하고 한국의 민족주의운동 연구자들은 독립운동에 관심을 둔 결과, 외부의 제국주의 열강과 토착의 민족주의 운동세력 간에 명쾌한 경계를 그으려는 경향을 갖게 되었다고 지적한다. 그리하여 외부 제국주의 세력의 권력남용에 대한 저항에 초점을 맞추게 되었고, 그 결과 그에 못지않게 중요한 내적 · 외적인 세력 간의 상호작용을 애매하게 처리하는 경향이 생겨났다는 것이다.[1]

이들 내적 · 외적인 세력 간의 상호작용에 주목한 연구자들은 피식민자나 식민자들 간에 이루어진 상호작용의 다양한 방식들에 주목하고, '민족'이 외부 세력과의 문화적 교류 없이 독자적으로 형성되었다거나, 여러 세대에 걸쳐 개발되지 않은 상태로 있었던 지식의 깊은 원천에서 솟아나온 것으로 파악하는 입장을 받아들이지 않는다(p.4). 이들 한말의 민족주의자들에 의해 개발된 민족주의는 '의식적으로 세계화한 최초의 담론'인 것이다(pp.4~5).

3. 책의 주요 내용

제1장에서는 한말의 한국인 논객들이 신문 · 잡지 · 교과서를 통하여 '민족'이란 주제를 처음으로 공론의 대상으로 만드는 과정을 설명한다.

---

1 저자는 신기욱과 마이클 로빈슨Michael Robinson이 편집한 *Colonial Modernity in Korea*(Cambridge, Massachusetts: Harvard University Press, 1999)를 내부의 민족주의 세력과 외부의 식민주의 세력 간의 상호작용을 중시하는 시각에 선 대표적인 연구성과로 소개하고 있다.

저자는 앤더슨의 입론에 입각하여, 이들 논객들이 주도한 한말의 신문들은 단순한 지식의 배포물이 아니라 조선후기부터 내려온 개념적인 틀로부터 '민족'을 '재상상reimagining'하여 자본주의적 근대성의 세계적 이데올로기에 기초한 민족주의적 비전nationalist vision을 형성하게 한 주요한 근거라고 주장한다(p.54). 이 근거를 발판으로 하여 이들 논객들은 문명화된 서구사회의 여러 모습과 가치 그리고 한국사회보다 선진적 차별성을 강조함으로써 개혁과 문명화의 필요성을 역설하였다는 것이다. 이 과정에서 한말 논객들은 일본의 영향을 많이 받았으며, 일본의 역할에 주목하였음을 지적하고 있다.

제2장에서 저자는 한말의 민족주의적 논객들이 한국과 중국의 역사적 관계에 대한 재평가, 즉 '중화(중국)로부터의 이탈Decentering Middle Kingdom'을 추구하고, 새로이 부상하고 있던 일본의 중심적 역할에 눈을 돌리는 한편, 한국의 개혁에 대해 일본의 협력을 기대하였다는 점을 지적한다. 물론 러일전쟁 이후 이러한 태도에 변화가 생겼다고 한다. 저자는 서구의 다른 식민지들의 경우와 달리, 한국의 주권에 대한 일본과 러시아의 위협이 임박한 상황에서, 한국의 민족주의적 논객들이 중국의 역사에 대해 많은 관심을 기울였다는 점을 지적한다. 중화로부터 이탈하기 위해 민족주의적 논객들이 을지문덕 같은 영웅들을 예찬하고, 언문에서 국문으로 한글의 지위를 격상시키려고 한 노력들을 설명하고 있다.

제3장에서 저자는 한말의 민족주의와 일본의 식민주의 간의 상호작용, 특히 일본 식민주의자들의 영향을 분석한다. 즉, 이들 양자는 상호 적대적인 정치적 목적에도 불구하고, 자본주의적 근대성을 모두 인정하고 있었기 때문에 민족문화에 대한 역사적 이해나 접근방식에서 많은 공통점을 공유하고 있었다는 것이다. 양반에 대한 공통된 비판이나 타이완에 대한

일본의 통치를 찬양한 것 등을 예로 들고 있다. 그러나 러일전쟁 이후 한국의 민족주의적 논객들이 이러한 비판과 일본의 타이완 통치 찬양 등이 일본의 식민화작업을 강화시켜주는 결과를 가져올 수 있다는 점을 인식하게 되면서 회의적인 태도를 취하게 된다는 것이다.

제4장에서는 특히 러일전쟁 이후 한국의 민족주의자들과 일본 식민주의자들 간에 전개되었던 한국의 과거(역사)에 대한 해석을 둘러싼 경쟁적 논의들을 소개하고 있다. 김택영金澤榮 · 현채玄采 · 장지연張志淵 등이 쓴 역사서를 통하여 일본 역사서의 영향과 이에 대한 한국인 역사가들의 대응을 검토한다. 아울러 저자는 홍보선전물을 제작하고 외국인 교수, 여행가, 관리 등을 포섭하는 등 국제사회에서의 일본의 식민통치에 대한 우호적인 여론을 형성하기 위한 일본 식민주의자들의 다각적인 노력을 분석한다. 특히 한국의 민족주의자들이 문명의 이중적 성격에서 비롯한 논리적 딜레마로부터 벗어나기 위하여 '민족'의 정의definition를 계몽주의적 스타일의 진보관에 입각하지 않은 "별도의 영역에서 창출하려고" 노력하였고, 그 성과가 국혼國魂 · 국수國粹 · 국성國性 등의 정신적 성격의 저항적 민족개념임을 밝히고 있다.

제5장에서는 신채호의 역사서술을 집중적으로 분석하면서, 그가 어떻게 한국역사를 해석하면서 인종적 성격의 민족개념을 창출해냈는가를 밝히고 있다. 즉, 신채호는 사회진화론에 입각하여 인종적 민족의 계보를 작성하였는데, 기자箕子를 대신하여 단군을 한국 민족계보의 중심적 위치로 부상시켰다는 것이다. 저자는 신채호가 역사학에 남긴 기여를 두 제국帝國 사이에서 민족에 대한 자율적인 공간 창출로 보았다. 즉, 신채호는 국가 없이도 민족이 존속할 수 있다고 주장함으로써, 인종적 민족이 국가적 영역을 대치할 수 있게 하였다는 것이다. 그렇게 함으로써 한편으로는 과

거 중국 중심의 질서에서 한국을 벗어나게 하고, 다른 한편으로는 당시 일본에 저항할 수 있는 강력한 무기로서의 민족개념을 제시할 수 있었다는 것이다. 이 책의 제목은 바로 여기에서 나온 것으로 짐작된다.

제6장에서는 조선후기 영토에 관한 의식이 서구적인 주권개념(영토 · 국민 이전에 이미 발전되어 있었던 사실)에 있었음을 주목한다. 즉, 저자는 정약용의 『아방강역고我邦疆域考』나 이중환의 『택리지擇里志』 등을 언급하면서 늦어도 17세기 이후에는 조선사회에서 영토와 역사에 관한 연구가 이루어지고 있었던 점을 강조하고 있다. 이 점에서 근대적 서구의 영향을 받아 민족개념의 주요 부분을 이루는 공간개념(영토의식)이 형성 · 창출되었다고 판단하는 근대적 민족에 관한 대부분의 연구자들의 오류를 지적한다. 즉, "조선은 서구적인 공간개념을 기다리던 백지상태blank sheet가 아니었다"라는 것이다. 이러한 배경하에서 1903년에 장지연이 정약용의 『아방강역고』를 『대한강역고』로 출판하는 등 '민족'의 주요 부분으로서의 영토개념에 대한 신채호 등 민족주의자들의 글을 소개했던 것이다.

제7장에서는 한반도와 만주의 관계를 다루고 있는데, 신채호가 만주를 주체적인 굳건한 민족사를 건설하는 데 중요한 담론으로 활용하고 있음을 밝히고 있다. 즉 국토가 일본에 의해 빼앗길 상황에서 해외 이주민들의 역할을 문화 보존과 정체성 유지의 관점에서 강조한 신채호의 글을 분석하고 있다.

4. 문제 제기

저자는 해방 이후 남 · 북한의 역사학자들이 한말 민족주의적 계몽운동가들의 역사적 · 문화적 성과들을 다시 끄집어내어 그대로 답습해서 활용하고 있다는 점을 강조하고 있다. 즉 해방 이후, 구체적으로 1960년대 이후 남 · 북한의 역사학계가 정치적 목적은 다르지만, 모두 민족주의적 이념의 틀에 갇혀 있다는 점을 지적하고 있는 것이다. 남 · 북한의 역사학계가 21세기에 들어서서조차 여전히 식민주의사학과의 대항과 그로 인해 규정된 100년 전의 '민족역사' 담론에 머물러 있다는 것이다.

해방 후 반세기가 지난 후에도 식민주의사학은 여전히 한국 역사학의 근본적인 범주를 형성하는 데 중요한 요소이며, 이 점에서 민족사학과 식민주의사학은 상호 개념규정적 · 상호 의존적인 관계에 있다는 것이다. 바로 이 상호 의존적인 관계를 분석해내는 것이 이 책의 목표 가운데 하나이다.

신채호로부터 현재의 남 · 북한의 민족사학은 예외 없이 '민족'이라는 존재를 사람들이 알든 모르든 관계없이 어떤 정해진 기원(의 시점)으로부터 오늘날까지 존재하며 내려온 객관적인 실체로 간주한다. 수세기 동안 민족에 대한 의식은 없었지만, 그럼에도 살아남아 20세기 초에 민족주의 사상가들에 의해 인정되었다고 파악하고 있다. 이 점에서 저자는 '민족'에 관한 이해는 '선험적인 역사'로서 비역사적이기조차 한 것이라고 비판한다(p.270).

이 책에 나타난 저자의 연구결과는 미국의 한국사학계에서 널리 받아들여지고 있는 식민지성, 근대성에 관한 이론에 입각한 것이다. 이 책은 한국사학계에서 대체로 당연시되어왔던 '민족' 개념이 한말 자본주의 세계 질서에 편입되고 식민화되어가는 과정에서 '의도적으로 만들어진 것'이라는 민족주의사학의 근본적 틀에 대한 전면적인 문제 제기가 그동안의 이론적 차원에서가 아니라 구체적인 연구성과를 통해 제기되었다는 점에서 한국 역사학계가 근본적으로 자신을 되돌아볼 필요성이 있음을 깨우쳐

주고 있는 것이다. 이제 한국 역사학계는 이들 입론을 수용하든 안하든 간에 세계적인 담론들과의 교류와 대응을 피할 수 없게 된 셈이다.

이 책에 대한 논평자의 의견을 몇 가지 제시함으로써 글을 마무리하고자 한다. 첫째, 이 책은 고대에서 현대에 이르기까지 시간적인 구애 없이 담론을 전개하고 있으면서도, 한말 이전 시기의 민족문제와 관련한 역사가들이나 지식인들의 논의를 실증적으로 검토하고 있지 않다. 저자는 앤더슨의 이론이 동아시아에 적용하기 적합한지를 언급하면서 민족형성의 시기에 관한 문제 역시 의도적으로 회피하고 있다는 인상을 주고 있다(p.6). 이는 자신의 선험적 이론에 의하여 자신의 입론에 반할 수도 있는 실증적 검토작업을 포기한 것과 다름없다. 이러한 실증적 검토작업은 "'민족'과 관련한 중요한 개념들이 한말에 와서야 돌연히 일부 지식인들에 의해 외부로부터 주어졌다"라는 저자의 입론을 보강하기 위해서 반드시 필요한 작업이다. 이러한 필요성은 앞에서 소개한바, 저자가 17세기 후반 이후의 지리서들을 언급하면서 영토개념에 관한 인식이 서구적 주권개념이 들어오기 전에 이미 조선에 존재하고 있었다고 강조한 점에서도 뒷받침된다. 즉, 저자는 한민족의 형성에 대한 한국 역사학계에서의 학문적 성과는 물론이려니와 이들 성과들에서 다루어지고 있던 한말 이전 시기의 민족형성과 관련된 담론들을 실증적으로 검토할 필요가 있다는 것이다.

둘째, 저자는 자료 인용 시 자신에게 필요한 부분만을 논의에 동원하고 있다는 인상을 주고 있다. 해외이주민에 관한 해외언론의 주장을 분석하고 있는 부분이 그 좋은 예이다(p.250). 저자는 『신한민보』(사실은 『공립신보』이다)가 국내동포의 역할에 대한 비판을 하고 있는데, 이 비판기사에 앞서서 이 신문이 이민자들은 단기간 내에 고국으로 돌아와야 한다고 주장했다고 한다. 그런데 해외이민자들이 단기간에 고국으로 다시 돌아와야 한다고 한 기사(『공립신보』 1908년 7월 22일자)는 후에 국내동포 비판기사 셋(『공립신보』 1907년 6월 28일자, 1908년 3월 25일자, 1909년 2월 17일자) 가운데 둘보다 나중에 게재된 것이다. 이와 유사한 부주의는 본문에서 『공립신보』로 하여야 할 것이 모두 『신한민보』로 빈번하게 잘못 쓰고 있는 예에서도 되풀이된다(p.243 · 248 · 249 · 250). 또한 p.331의 주) 94 · 98 · 102 · 103의 『대한민보』는 『대한매일신보』로 수정되어야 한다. 광개토대왕의 재위기간을 '375~415년'(p.1)으로, 장지연의 생몰연도를 '1762~1836년'(p.202)으로 잘못 기술한 것도 그러한 부주의한 예이다.

셋째, 이 연구는 최근 한국에서 이루어지고 있는 연구성과들을 광범위하게 인용하고 있기는 하지만, 전체적으로 한국 역사학계가 민족주의적인 경향에 매몰되었다고 지나치게 단순화한 감이 없지 않다. '민족주의' · '민족' 문제와 관련한 국내학계의 이른바 '수정주의적' 논의들은 물론이려니와, 저자가 민족주의와 식민주의를 대립적인 이분법적인 구도로만 보고 있다고 평가한 한국 역사학계에도 이 양자 간의 공통적 기반에 주목하고 있는 연구성과들이라든가 민족 내부의 다양한 문제들에 주목하는 새로운 연구경향들이 있기 때문이다.

‖ 토론

정용화*

이 책은 현재의 한반도, 즉 남한과 북한 모두에서 보이는 '민족과잉' 현상과 한국 역사학계의 '민족주의사관'의 지배현상을 호기심 어린 외국인의 눈으로 바라보면서 그 기원을 따져본 연구의 결과물이라고 할 수 있다. 특히, 서구의 한국학계에서는 그동안 한국 내에서의 민족주의사관의 연구경향을 비판해왔으므로, 이 연구는 바로 그 기원과 전개과정을 정면으로 다룬 시도라고 할 수 있다. 저자의 궁극적인 의도는 한국 내의 민족주의사학을 상대화함으로써 그것을 비판하는 데 있다고 보인다.

저자는 현대 한국의 민족의식과 민족주의사학의 기원을 19세기 말~20세기 초, 특히 청일전쟁 직후부터 일제강점기 초기까지로 보고, 당시의 담론을 분석하고 있다. 분석틀은 민족과 민족주의 이론가인 베네딕트 앤더슨과 전통에 관해서는 에릭 홉스봄Eric Hobsbawm의 이론에 의존하고 있다. 즉, 민족이란 '상상의 공동체imagined communities'이고, 그것을 형성하는 주요 수단은 출판물 특히 신문이며, 민족에 관한 지식과 전통은 의식적으로 '창출invention'된다는 것이다. 그래서 당시의 신문 중 『독립신

* 鄭容和 연세대학교 국학연구원 연구교수.

문』·『황성신문』·『대한매일신보』와 개화기 학술잡지를 중심으로, 민족적 자아(정체성), 민족사, 민족전통, 민족의 공간 등 민족적 지식national knowledge이 창조되는 과정을 추적하고 있다.

먼저 논평자의 논평에 대해 토론을 하고, 다음으로 이 책에 대한 토론자의 의견을 몇 가지 덧붙이고자 한다. 논평자의 발제는 저자의 주장을 잘 요약하고 있으며, 적절한 논평으로 독자의 이해를 돕고 있다. 단, 그의 발제문에서 제대로 다루어지지 않은 저자의 중요한 포인트를 먼저 몇 가지 보충하고자 한다.

첫째, 토론자가 보기에 이 책의 장점이자 특징은 한국의 민족의식의 형성과정을 내재적 발전이나 한일 양국 간의 지배와 피지배관계에서가 아니라 한국, 일본, 중국 그리고 당시의 세계사적 무대에서 분석하고 있다는 점이다. 말하자면, 한국의 민족주의는 지구적 차원에서의 자본주의적 근대성의 형성, 동아시아 지역 차원에서의 지정학적 변화에 따른 탈脫중국과 접接일본·항抗일본으로의 지역적 정체성의 변화, 국가적(민족적) 차원에서의 정치적 동원을 위한 국민 동질성 확보 필요성 등의 복합적 결과라는 것이다. 그래서 한국의 민족주의는 단지 식민주의와의 상호관계뿐만이 아니라 자본주의적 근대성과 지역적 정체성의 변화라는 더 큰 맥락 위에서 파악해야 한다는 것이다. 이 책의 장점은 바로 한국 근대민족주의의 형성과정을 복합적 차원에서 거시적으로 조감하고 있다는 점이다.

둘째, 이것을 부연 설명하자면 세계적 차원에서의 자본주의적 근대성의 추구와 이에 대한 적응은 '문명개화'라는 용어로 집약되었는데, 그 내용에는 필연적으로 정치공동체를 국민국가 단위로 재편할 것을 요구하고 있었다는 것이다. 그 이전의 중화제국체제하의 일원으로나 동양이라는 지역적·인종적 단위보다 국민국가체제가 자본주의적 근대화에 더 적합하였다는 것이다. 사실 일본은 동양주의를 인종적 · 지역적 안보 목적보다도 일본의 국가적 이익을 추구하기 위한 전략적 수단으로 이용한 반면, 한국은 여전히 도의적 관점에서 인종적 · 지역적 안보 차원으로 이해하였고, 이것이 결국 19세기 말~20세기 초 한국 민족주의의 큰 실책이 되었다는 것은 최근의 연구에서 지적되고 있다.

다음으로 저자의 주장에 대하여 토론자의 문제 제기를 몇 가지 덧붙이고자 한다. 첫째, 한국의 민족주의나 일본의 식민주의가 발생계통상 쌍생아적이며, 따라서 일본의 식민주의가 극복되어야 되는 것과 마찬가지로 한국의 민족주의도 결국 극복되어야 한다는 저자의 주장에 일면 동의와 함께 일면 이의를 제기하고자 한다. 한국의 민족주의 과잉의 연구경향은 아직 식민주의적 역사관으로부터 자유롭지 못한, 우리 자신에 대한 콤플렉스의 반영이라는 점을 솔직히 인정할 필요가 있다. 게다가 더 큰 문제는 이 콤플렉스의 근저에는 서구 중심의 역사관('보편사관')이 자리 잡고 있다는 것이다. 서구의 역사발전을 보편으로 설정하고 이를 기준으로 한 변화를 발전으로 보는 것은 자본주의적 근대를 비판하는 마르크스주의 역사관에서도 반복되고 있으며, 현대의 근대화론에도 계속 이어지고 있다. 이러한 인식틀 안에서는 자신의 변화를 스스로 평가하지 못하고 항상 외부의 기준과 평가에 의존할 수밖에 없다. 식민주의는 지금도 계속되고 있는 것이다. 그러므로 한국을 포함한 비서구의 민족주의에 대한 비판은 서구 중심의 근대적 인식체계 자체와 더 나아가 문명개화가 닻을 내리고 있는 근대 서구문명 자체에 대한 비판이 함께 이루어지지 않으면, 비서구의 비정상성만을 문제 삼는 서구적 편견의 재생산에 동참하고 있는 것으로 비판받을 수 있다.

둘째, 근대의 민족적 자아인식은 대對서구인식, 대중국인식, 대일본인식의 복합적 결과라고 할 수 있는데, 이 책은 대서구인식에 대한 설명이 부족한 것으로 보인다. 문명개화의식은 중국 중심의 문명관에서 서구 중심의 문명관으로의 전환에서부터 비롯되었다. 근대 서구 문명관의 전유專有는 서구적 진보사관을 받아들이면서 조선의 처지를 스스로 야만 또는 반개半開로 보게 하였다. 그리고 서구문명을 성공적으로 수용하고 있는 일본을 '자기화' 하는 한편, 전통문명에서 쉽게 벗어나지 못하는 중국을 '타자화' 했다. 그러므로 한국인의 근대적 자아의식, 민족의식의 밑바탕에는 서구에 대한 콤플렉스가 무의식적으로 작용하고 있다. 이 책은 한국이 중국 중심에서 벗어나 일본에 대해 접근이든 저항이든 얽혀드는 과정을 깊이 있게 분석하고 있지만, 그 배경을 이루는 대서구인식을 충분히 다루고 있지 않아 아쉬움을 준다.

셋째, 문명개화와 애국계몽사상이 문화론에 치우쳐 정치에 소홀하게 된 배경을 충분히 분석하고 있지 않은 점이 아쉽다. 정치적 독립의 능력문제를 문화적 조건으로 파악하고, 그리하여 이른바 문화운동과 실력양성론으로 기울게 되는 것을 단지 '유치소박함naivité' 으로 분석하고 있다. 이 책은 문명개화론이 식민주의와 같은 문법을 사용하는 것을 '문명개화론의 이중성' 이라고 분석하고 있지만, 그 원인에 대한 근본적인 분석이 아쉽다. 이것은 문명개화론이 근거하고 있는 '계몽주의의 이중성' 에서 그 원인을 찾아볼 수 있을 것이다. 계몽주의는 긍정적인 역할에도 불구하고, 서구의 근대적 성취를 문화적인 요인에 의한 결정론으로 설명하고, 그렇지 못한 비서구를 문화적으로 열등하다고 분석하는 함정을 내포하고 있었다. 그런데 비서구에서 이를 전유한 결과 스스로의 지체 원인을 문화적으로 결핍된 어떤 것에서 찾고, 그 결핍을 메우려는 데 치중하게 되었다. 결국 계몽주의의 덫에 빠진 것이다. 한국 계몽사상의 문화주의적 태도는 이 외에 유교적 문화주의의 유산에도 영향을 미쳤을 것이다.

이 책은 이처럼 몇 가지 아쉬운 점이 있지만, 지금까지 나온 한국근대사상사 연구 중 가장 돋보이는 것 중의 하나라고 평가할 수 있을 것 같다. 한국의 근대정치사와 지성사를 세계적 수준에서 조감하는 데 필독서로 권할 만하다. 더구나 외국 한국학계의 연구수준이 이 정도라고 생각하니 한국의 연구자로서 긴장감을 갖게 된다.

宮嶋博史

『朝鮮土地調査事業史の研究』

東京: 東京大 東洋文化研究所

1991. 554 pp.

目次

토지소유제도의 연속과 단절

—미야지마 히로시, 『조선 토지조사사업사 연구』—

조석곤*

1. 머리말

한국근대사에서 식민지기가 어떤 역사적 의의를 갖는지에 관해 최근 논의가 활발하다. 이를 과감하게 요약한다면 '수탈과 저항' 혹은 '수탈과 개발'이라는 함축된 표현 간의 대립이라 할 수 있는데, 미야지마 히로시宮嶋博史의 이 책은 일제토지조사사업(이하 '사업') 연구사의 인식틀을 전자에서 후자로 바꾼 획기적인 것이다.

먼저 '사업'에 관한 '수탈과 저항'이라는 이미지는 김용섭·신용하 등의 연구에 의해 만들어졌다. 김용섭의 연구는 '사업'을 '수탈을 위한 측량'으로 규정하였고, 신용하는 '사업'의 약탈성을 집중적으로 논증했다. 김용섭은 광무양전사업을 '구본신참舊本新參'에 입각한 광무개혁의 일환으로 적극 평가하였으며, 한국역사연구회 토지대장연구반은 실증연구를 통해 이를 뒷받침하였다. 이는 내재적 발전론으로 표현되는 한국사에 대한 주류적 해석 방식이었다. 이에 대해 배영순·조석곤 등은 '사업'의 약

* **趙錫坤** 상지대학교 경제학과 교수.

탈성을 실증적으로 논박하였고, 이영훈은 광무양안光武量案의 근대성에 의문을 제기하였다.[1]

이러한 논쟁의 와중에 출간된 미야지마의 이 책은 당시 학계에 큰 논쟁을 불러일으켰다. 일제의 식민지화의 첫 작업이었던 '사업'을 일반적으로 수탈의 관점에서 파악하던 한국 학계의 분위기에서 '사업'을 조선토지제도사의 내재적 발전의 귀결점으로 본 저자의 논의는 당시로는 충격적이었다. 그는 조선시대의 토지제도를 수조권 분여에 기초한 국가의 토지지배로 규정하고, '사업'이 이것을 최종적으로 해체했다고 보았다.[2]

이 책의 최대 의의는 한국사의 내재적 발전이라는 관점에서 '사업'을 조선시대 토지소유제도 발전 과정의 최종 도달점으로 본 것이다. 이를 입증하기 위해 저자는 다음과 같은 방법을 사용하였다. 첫째, 일제가 '사업'을 입안하는 과정에서 조선의 토지제도에 대한 이해가 깊어짐에 따라 '사업'의 방침이 수정되어갔음을 구체적으로 추적하였다. 둘째, 토지와 관련된 장부체제를 분석하면서 그것이 토지소유권제도의 발전을 일정 정도 수

1 金容燮, 「收奪을 위한 測量-土地調査」, 『韓國現代史』(신구문화사, 1969) ; 金容燮, 「光武年間의 量田 · 地契事業」, 『韓國近代農業史研究』 下(一潮閣, 1984) ; 愼鏞廈, 『朝鮮土地調査事業研究』(지식산업사, 1982) ; 한국역사연구회 근대사분과 토지대장연구반, 『대한제국의 토지조사사업』(민음사, 1995) ; 裵英淳, 「韓末 · 日帝 初期의 土地調査와 地稅改正에 關한 研究」, 서울대학교 박사학위논문, 1988 ; 趙錫坤, 「朝鮮土地調査事業에 있어서 所有權調査過程에 관한 한 研究」, 『經濟史學』 제10호(경제사학회, 1986) ; 趙錫坤, 「조선토지조사사업에 있어서의 근대적 토지소유제도와 지세제도의 확립」, 서울대학교 박사학위논문, 1995 ; 李榮薰, 「光武量田에 있어서 '時主' 파악의 실상」, 『대한제국기의 토지제도』(민음사, 1990) ; 李榮薰, 「光武量田에 있어서 '時主' 파악의 실상(II)」, 『省谷論叢』 第23集(省谷學術文化財團, 1992).

2 이 책에 대한 매우 비판적이며 신랄한 서평으로는 박명규, 「낡은 논리의 새로운 형태」, 『한국사연구』 75(한국사연구회, 1991) ; 윤수종, 「토지조사사업연구와 '신판 근대화론'」, 『역사비평』 15(역사비평사, 1991) ; 한국역사연구회 근대사분과 토지대장연구반, 「'내재적 발전론'을 가장한 또 하나의 식민주의 역사인식」, 『역사와 현실』 제7호(역사비평사, 1992) 등을 들 수 있다. 반면 李榮薰, 「土地調査事業 연구에 있어서 몇 가지 理論的 · 實證的 문제들」, 『經濟史學』 제16호(경제사학회, 1992)는 긍정적인 평가를 내리고 있다.

용하는 방향으로 변모했음을 지적하고, 그러한 변화가 토지대장에서 최종적으로 완성되었다고 주장함으로써 양안과 토지대장의 역사적 의의를 분명히 하였다. 셋째, 조선시대의 토지제도를 수조권 분여에 기초한 국가의 토지지배로 규정하고, '사업'을 통해 국유와 민유를 구별하는 과정에서 이것이 최종적으로 해체되었다고 주장하였다.

토지제도와 관련된 핵심 쟁점이 광무양전사업의 근대성과 '사업'의 약탈성을 둘러싼 것[3]이라고 한다면, 저자는 '사업'의 약탈성을 부정하면서도 광무양전사업의 근대성을 인정하는 입장을 취하고 있다. 내재적 발전론의 관점에서 토지제도의 변화를 일관되게 파악하려는 저자의 입장을 반영한 것이다. 이는 저자가 '사업' 연구사를 정리하는 방식에서도 드러난다.

저자는 서편에서 '사업' 연구의 의의와 함께 연구사를 정리하고 있다. 저자는 '사업' 연구의 의의를 토지소유제도와 지세제도의 내용을 밝히는 과정에서 '사업' 이전의 토지 및 지세제도와 해방 이후의 북한과 남한의 토지제도에 대한 이해의 폭을 넓힐 수 있다는 데 두었다. 그는 '사업' 연구사를 세 시기로 구분했다. 제1기는 1930년대부터 이재무의 연구[4]까지로 조선은 스스로 근대적 토지개혁을 추진할 역량이 없었기 때문에 외래 권력인 일제가 '사업'을 추진했으며, 조선시대 수조권자의 소유권을 인정하였기 때문에 봉건적인 성격이 온존되었다고 보았다. 제2기는 1980년대 초반까지로 조선후기의 역사적 발전이 새롭게 조명되면서 '사업'이 조선사회 내부의 자생적인 토지변혁 시도를 압살한 반동적인 것이었음을 강조하였다. 제3기는 1980년대 중반 이후로 실증 사례연구를 통해 종래의 통설을 부정하고, '사업'이 지세개혁으로서 의의가 있음을 강조한

3 조석곤, 「수탈론과 근대화론을 넘어서」, 『창작과비평』 제96호(창작과비평사, 1997).
4 李在茂, 「朝鮮における'土地調査事業'の實體」, 『社會科學研究』 7-5, 1955.

시기이다.

제2기의 연구는 조선사회내 근대적 토지개혁의 움직임을 포착하였다는 점에서 제1기의 연구 수준을 뛰어넘었지만, 식민지 권력의 반동성을 부각시킴으로써 결국 "국가의 문제를 사상捨象해버린"(p.21) 문제가 있다. 제3기의 연구도 '사업'의 지세개혁으로서의 의의만을 인정했다는 점에서 한계가 있다. 그렇기 때문에 '사업' 연구의 과제는 "조선시대 국가의 토지파악 방식과 대비하여 '사업'의 역사적 의의를 밝히는 것"(p.25)이었고, 이러한 의도는 이 책의 집필 동기가 되었다. 국가의 토지파악 방식의 변화야말로 이 책 전체를 꿰뚫는 핵심 키워드이다.

미야지마 히로시는 1970년대 초반부터 한국사에 관한 유력한 연구성과를 제출하였다. 그의 연구방법 중 일관된 것은 한국사를 한국 내부의 변화와 일제에 의한 외압이라는 양면을 종합해서 파악하는 것인데, 이는 최근의 연구에까지 관철되고 있다.

1970년대의 연구는 주류 방법론인 내재적 발전론과 궤를 같이하였다. '사업'에 관한 일련의 연구에서 그는 '사업'이 자·소작 상농층에게 최종적인 타격을 가함으로써 조선에서 농민의 토지소유가 진전하는 것을 저지하였다고 주장하였고,[5] 또 다른 연구에서는 기존 '사업' 연구사를 정리한 후 추후 연구과제로 '사업'의 계급적·식민지적 성격을 밝히고, 그것을 총괄하는 의미에서 지주제의 역사적 성격을 구명할 필요가 있다고 제시하였다.[6] 이때 식민지성 문제는 '사업' 전후의 농민경영의 내용 변화와 국유지 창출문제를 염두에 두고 있었다. 그는 레닌이 말한 이른바 '두 가지 길

5 宮嶋博史, 「'土地調査事業'の歴史的前提條件の形成」, 『朝鮮史研究會論文集』 12, 1974.
6 宮嶋博史, 「'朝鮮土地調査事業'研究の新たな前進のために」, 『京都大 東洋史研究』 38-2, 1977.

이론'의 전통 속에서 '사업'의 의의를 서민지주층이 계층적 · 민족적인 적대자로 재편성되는 과정, 다시 말하면 내재적 발전의 부정적 전환가 이루어지는 과정으로 파악하였다.[7]

그런데 1980년대에 들어와서 그는 지금까지의 연구와는 달리 '사업'을 원축原蓄 과정으로 파악함으로써 단절보다는 연속의 측면을 강조하였다. 그는 한국사를 소유론(특히 나카무라 사토루中村哲의 소유론)에 입각하여 파악하면서 원축 과정의 분수령적 위치 부여가 필요하다고 주장했는데, 한국사에서는 '사업'에 의한 소유권 설정과 일련의 식민지 농정이 토지로부터 농민을 급속하게 분리시킨 계기가 되었다고 파악하였다. "조선에서처럼 농민 개인의 사적 토지소유가 사실상 성립되어 있는 사회에서는 전근대적인 폭력보다는 근대적인 법적 · 경제적 관계에 따르는 쪽이 토지에서 농민의 분리를 급속히 진행"[8]시킨다는 것이 그의 생각이었다. 또 그는 일본은 영국보다 후발국임에도 이집트에서보다 조선에서의 '사업'이 훨씬 근대적인 토지변혁의 성격을 지니고 있었다고 주장했다.[9] 그리고 이 책은 내재적 발전론을 견지하면서도 '사업' 이전과 이후를 연속적으로 파악하고자 하는 그의 입장을 총괄적으로 보여주고 있다.

2. 책의 구성과 요약

이 책은 조선시대 국가의 토지파악 방식과 지세제도의 변천을 분석한

7 宮嶋博史, 「朝鮮'土地調査事業'研究序說」, 『アジア經濟』 19-9, 1978,

8 宮嶋博史, 「'토지조사사업'의 역사적 전제조건의 형성」, 梶村秀樹 編, 『한국근대경제사 연구』(사계절, 1983), pp.40~41.

9 宮嶋博史, 「比較史的 視點에서 본 朝鮮土地調査事業」, 安秉直 外, 『近代朝鮮의 經濟構造』(비봉출판사, 1989).

전편과 '사업'의 입안과 실시 과정을 분석한 후편으로 구성되었다. '사업'이 주제이면서도 조선시대 토지제도에 관한 연구가 양적으로 더 많은데, '사업'을 조선사회의 내재적 발전 과정의 연장선에서 파악하고자 하는 저자의 입장이 반영된 것이다. 이 점은 이 책이 지닌 최대의 독창적인 의의라 할 수 있다. 책의 구성은 다음과 같다.

서편
전편 조선시대 국가의 토지파악
제1장 조선시대 양전과 그 성격
제2장 조선시대의 수조권적 토지지배의 전개 과정
제3장 조선시대 지조제도와 사적 토지소유의 전개
제4장 광무연간의 양전사업과 국유지 문제
후편 토지조사사업의 실시 과정
제5장 '보호국'기의 징세제도 개혁과 국유지 조사
제6장 토지조사사업의 정책입안 과정
제7장 토지조사사업의 실시
결론 토지조사사업의 역사적 의의

서편의 주요 내용은 앞의 머리말에서 소개하였으므로 여기서는 전편과 후편의 내용을 중심으로 요약한다. 제1장에서는 조선시대 양안의 성격을 분석하였다. 조선시대 양전사量田史를 살펴보면 조선초기의 약 1세기를 제외하면 20~30년에 한 번씩 양전을 실시한다는 규정이 유명무실했음을 알 수 있다. 따라서 그는 나머지 "4세기의 긴 시간을 문란의 시대라고 파악하는 것은 아무래도 비역사적"(p.46)이라며 규정이 사문화死文化된 구조적 요인을 찾으려 하였다. 양안의 분석을 통해 그가 찾아낸 것은 '수조권'이었는데, 결부제結負制는 수조권 분여의 단위였다. 수조권 분여는 이 책을 관통하는 핵심 개념의 하나이다.

광무양전 이전에 대규모로 실시된 마지막 양전인 경자양안庚子量案의 분석을 통해 그는 국가의 토지파악 방식의 특징으로 ① 전국적으로 획일적인 방법으로 양전을 실시했고, ② 양전 대상지역 내의 모든 경지를 포함했으며, ③ 기주起主·진주陳主의 신분에 관계없이 일반 민전은 일률적인 방식으로 파악했고, ④ '이적동세異積同稅'의 결부제라는 독특한 방식으로 토지를 파악했으며, ⑤ 그럼에도 불구하고 결부의 설정기준은 상당히 애매했고, ⑥ 토지의 소유관계에 대한 관심이 낮아 "양전 시점에서의 참된 토지 소유자를 양안에 등록하는 것 자체가 별로 의미 없는 것"(p.75)이었고, ⑦ 광범한 면조지免租地를 인정했으며, ⑧ 진전陳田도 양전 대상이었다는 점 등을 들었다.

그런데 이러한 특징은 조선시대 모든 양전에 적용된 것은 아니었다. 그는 경자양전 이전의 조선시대 양전사를 네 시기로 나누었다. 제1기는 1389년 기사양전己巳量田부터 1444년 전제개혁田制改革까지로, 전국에 걸쳐 공·사전을 구별하지 않고 일률적으로 양전하였다. 제2기는 전제개혁 이후부터 16세기 초두까지이다. 전제개혁은 조선시대 양전 방식의 골격을 결정하는 중요한 조치로 주척鑄尺을 기준으로 양전척을 정하였으며, 전품을 6등급으로 규정하였다. 이때까지는 양전을 규칙적으로 실시했으며, 특히 경기와 하삼도에서는 20~30년 간격으로 빈번하게 실시했다는 점에서 이후 시기와 달랐다. 제3기는 16세기로 규칙적인 양전은 1524년 전라도 양전이 마지막이었는데, 이는 직전법의 쇠퇴로 수조권 분여의 필요성이 감소하여 양전할 필요가 줄었기 때문이었다. 제4기는 17세기 초부터 경자양전까지로 이 시기는 다시 양전이 활발했던 시기이다. 수조권 분여가 필요 없음에도 양진이 활발했던 것은 전후 복구를 위해서였다. 결부제에 의해 전국을 동일한 방식으로 양전한다는 1 · 2기의 특징을 받아들였지만, 이제 자호字號는 수조권 분여 단위의 의미를 상실하였다.

경자양안 이후 19세기 초반 계획된 대규모 양전 방식을 규정한 「양전사목量田事目」을 보면 토지 자체와 토지 소유자를 정확히 파악하고 양전에 백성을 참여시키려는 의지를 보였는데, 이는 이전의 양전 방식과 달랐다. 특히 소유자를 엄격히 파악하고, 결부뿐만 아니라 두락斗落 수까지 파악한 것은 광무양안의 절대면적 파악 시도와 연결된다는 점에서 주목할 만한 것이었다.

이러한 분석을 기초로 저자는 조선시대 양안에 관해 독창적인 해석을 제시했다. 양전에서 결부제라는 독특한 토지파악이 행해지고 5결 단위의 자호를 부여한 것은 수조권 분여와 관계가 있다. 양전은 단순히 국가의 지조수취를 위한 사업이 아니라 수조권 분여를 위한 제도이며, 양반이나 정치적 기관 등에 대한 수조권 분여는 정치적 지배체제를 유지하는 수단이었다. 조선시대의 수조권 분여는 토지와 정치적 지배관계를 결합시킨 것이며, 이는 전근대적 토지소유의 기본적 특징이 발현된 것이다.

제2장에서는 조선시대 수조권적 토지지배의 전개 과정을 살펴보았다. "과전법체제하에서는 사적 토지소유권과 대항적으로 수조권적 토지지배가 존재하였으며, 이러한 대항관계는 조선후기 궁장토宮庄土 · 아문둔토衙門屯土에서도 재현되었고, 그 최종적인 해소가 '사업'에 의해 이루어졌다" (p.138)는 것이 전체적인 논지이다. 수조권적 토지지배가 소유권적 토지지배와 대립적으로 존재했다고 본 것은 기존 한국사의 연구성과를 수용한 것으로, 그는 조선전기와 후기의 토지제도는 그 성격이 변화하였지만 본질적으로는 동일한 원리가 관철되고 있다고 주장하였다.

조선전기, 특히 과전법 단계의 수조권 분여는 정기적인 양전과 밀접한 관련이 있었는데, 전주田主의 현실적 권리는 단순한 수조권 행사에 그치는 것이 아니라 전객佃客에 대한 인격적인 지배·예속관계의 성격도 지녔으므로 이를 수조권적 토지지배로 볼 수 있다는 것이다. 이러한 수조권적 토지지배는 직전제의 실시와 소멸 등의 흐름 속에서 약화되었는데, 근대적 토지변혁의 실시를 위해서는 매우 유리한 조건이었다.

그러나 17세기에 들어와 궁장토·아문둔토가 확대되면서 수조권 분여는 새로운 형태로 확대되었다. 원래 무주진전無主陳田이나 개간지에 설정하던 절수지折收地는 점차 민유지로 확대되었으며, 토지에 대한 수취가 강화되면서 민유지의 투탁投託 등이 나타났기 때문이다. 궁장토·아문둔토는 영작궁둔永作宮屯·유토면세有土免稅·무토면세無土免稅의 세 유형으로 나뉘었는데, 이 중 유토면세지의 소유권 귀속은 애매한 상태였으며 분쟁이 일어나기도 하였다.

제3장에서는 조선시대 사적 토지소유의 전개를 지세제도의 변화와 연관시켜 살펴보았다. 조선후기에 들어 소유권적 토지지배가 확장되고 있었는데, 그러한 경우에 수조권적 토지지배와 소유권적 토지지배의 대항관계가 어떻게 변했는지를 살펴보는 것이 이 장의 과제이다. 조선시대 지세액은 16세기를 통해 정액 고정화되었지만, 지세율은 양란 이후 점차 증가하여 총생산량의 1/6에 해당할 정도로 늘어났다. 그러나 양안은 장부의 특성상 지세수취를 위한 장부로는 부적당하였다. 실제로는 깃기〔衿記〕에 근거해 지세를 부과했으며 이 장부는 양안과 달리 향리층이 작성을 주도하였다. 즉 국가는 면의 구체적인 수취 과정에는 개입하지 않았으며, 면 내의 수취에는 광범한 재량이 인정되었다(p.184). 그렇지만 깃기는 기본적으로 양안에 기재된 필지별 결부 수에 따라 작성했으므로 양안이 안고 있는 결부제의 제약에서 완전히 자유로울 수는 없었다.

현존하는 조선시대의 문기文記는 사적 토지소유의 발전을 잘 보여주는데, 특히 18세기 이후의 문기는 두락 · 일경日耕 수와 결부 수를 병기한 경우가 많았다. 두락 · 일경으로 토지를 파악하는 것은 일반 지주의 토지뿐만 아니라, 역둔토 · 아문둔토에도 확대되었다. 문기에도 여전히 결부 수를 기재한 것은 양전에 기초한 결부제에 따른 토지파악이 사적 토지소유의 영역에 대해서도 규제력을 미쳤기 때문으로 저자는 해석하였다. 즉 조선후기 사적 토지소유가 발전함에 따라 수조권 분여에 기초한 토지지배는 대폭 축소되었으며, 두락 · 일경 수에 기초한 토지파악이 일반화되었다. 그러나 결부제로 상징되는 국가의 수조권적 토지지배는 때로는 절수에 의해 민전의 소유권을 침해했을 뿐만 아니라, 일반적으로는 결부에 기초한 지조수취에 의해 농업경영을 제약하는 요인으로 계속 남아 있었다.

제4장에서는 갑오개혁 이후의 지세제도 개혁과 광무양전을 다루었는데, 저자는 이 시기를 조선시대와 '사업'을 잇는 고리, 또는 '사업'의 직접적 전사前史로 생각하였다. 갑오개혁의 여러 조치 중 지세 및 토지제도와 관련하여 중요한 것은 조세금납화와 갑오승총甲午陞總이었다. 조세금납화는 단순히 조세의 납부형식을 바꾼 것이 아니라 종래에 다양한 명목으로 토지에 부과되던 세금을 지세로 단일화한 것이었다. 갑오승총은 궁장토 · 아문둔토에 허용했던 면세 특권을 폐지한 것으로, 이는 장기간 계속된 수조권 분여를 최종적으로 소멸시켰다는 점에서 조선 토지제도사상 획기적인 것이었다. 그러나 유토면세지有土免稅地 소유권 귀속에 관해서는 여전히 분란의 소지를 남겨놓았다. 광무정권은 국왕의 경제적 기반을 확대하기 위해 국유지 조사인 광무사검光武査檢을 실시했는데, 절수지나 심지어 무토無土까지도 강제로 국유지로 편입시켰기 때문에 소유권분쟁이 빈발하였다.

광무정권은 경자양안 이래 근 200여 년 만에 전국적인 양전인 광무양전을 실시하였다. 현존하는 광무양안은 크게 두 가지 형식인데, 그것은 대체로 양전담당기관의 차이(양지아문과 지계아문)에서 비롯된 것이었다. 저자는 광무양안이 구양안에 비해 토지를 정확하게 파악하려고 노력하였으며, "양전척量田尺 실적 수의 기재는 구양안과 다른 광무양안만의 최대의 특징"(p.269)이라고 주장하였다. 광무양안에서 결부는 이미 지세산출을 위한 의미밖에 없었다. 이렇듯 결부제에 기초한 토지파악과 양전척 실적 수에 기초한 토지파악이 병존한 것은 광무양안의 과도적 성격을 보여주는 것이라 해석하였다. 그러나 이러한 제도상의 획기성에도 불구하고 실제 양전에서는 이 원리가 관철되지 않았다. 왜냐하면 지방관과 서리층에 의존하여 양전을 실시하는 종래 방식을 답습하였기 때문이었다.

후편에서는 '사업'의 입안과 실시 과정을 세 시기로 나누어 살펴보고 있다. 제5장은 '보호국'기의 징세제도 개혁과 국유지 조사를 다루었다. '사업'에서는 지세 부과와 소유권 조사가 동시에 이루어졌지만, 등기제도 확립 이전까지는 종래 제도틀 내에서의 개혁에 그칠 수밖에 없었다. 징세제도 개혁은 새로운 징세조직 구축과 징세대장 정비를 의도한 것이었다. 징세조직 개편은 수령과 향리층 등 통상의 행정계통과는 별도의 독립된 징세기구를 만들고 재지의 부유층에게 징세사무를 맡기려 한 것이었다. 이러한 개편에서는 면장의 역할이 결정적으로 중요하였지만 현실적으로 실무능력이 뛰어나고 어느 정도 자산도 갖춘 이상적인 면장을 구하기란 결코 쉽지 않았다. 더 중요한 문제는 담당자의 '부정'을 낳게 한 재정구조가 개선되지 않았다는 것이었다. 이를 개선하기 위해서는 지방제도를 개선하고 징세대장을 정비해야 했다.

징세대장의 정비는 깃기를 대신할 새로운 징세대장인 결수연명부 작성사업으로 나타났다. 결수연명부는 종래 깃기 작성을 독점하던 서리층을 배제하고 국가가 과세 과정을 직접 장악하려는 것이었다. 그러나 서리층의 강력한 반발과 그들을 대신할 능력 있는 실무자를 구하지 못해 실효를 거둘 수 없었다. 그 대안으로 일제는 1908년 신고제를 도입하였다. 결수結數의 신고는 속지주의를 채택하였으며, 1909년의 결수연명부의 제작에는 구양안이 참고되었고, 1910년에는 지주가 직접 신고하도록 하였다. 결수연명부는 징세제도의 개혁에서 큰 의의를 차지하지만 여전히 결부제를 바탕으로 하고 있다는 점에서 한계가 있었다.

국유지문제가 큰 전기를 맞은 것은 임시제실유급국유재산조사국臨時帝室有及國有財産調査局이 설립되면서부터였다. 여기에서는 혼탈입지混奪入地의 환급, 도장권導掌權의 정리, 궁내부와 경선궁 소속 토지의 국유화 등 민유지와 국유지를 구분하는 중요한 결정을 내렸다. 국유로 확정된 토지에 대해서는 일반 민유지와 마찬가지로 소작료를 징수했기 때문에 국가는 국유지의 지주로서 일반 민유지의 지주와 하등 다를 것이 없었다. 일제는 국유지의 실태를 파악하기 위해 국유지 조사를 실시하였다. 이 조사는 농민의 반발로 실시하지 못한 지역이 있었음에도 불구하고, '사업'에 의한 소유권 확정의 대전제가 되었다는 점에서 중요한 의의가 있다. 그러나 국유·민유 구분이라는 '사업' 실시의 대전제는 이 시기에 결국 형성되지 않았다.

제6장에서는 '사업' 정책이 입안되는 과정을 살펴보았다. 1906년 토지에 관한 입법을 목적으로 만들어진 '부동산법조사회'는 외국인의 토지소유를 합법화한 「토지가옥증명규칙」을 제정하는 데 그쳤다. 토지 조사에 대해서는 '한국 시정개선에 관한 협의회'에서 논의하였는데, 1909년 홍업은행 차관으로 '사업'을 추진하기로 결정하였다.

'사업' 의 구체적 입안 과정을 알기 위해서는 가와카미 쓰네로川上常郎의 『토지조사요강土地調査要綱』이 중요하다. 이 책은 1909년 2월 탁지부장관에게 보고한 것으로 토지 조사의 구체적인 방법을 건의한 것이다. 이 책은 토지 조사의 정치적 · 경제적 의의를 분명히 밝히고 소유권 확정 방식으로 신고주의를 제시하였는데, 나중에 결정된 '사업' 의 초기방침은 대체로 이 책을 따랐다. 같은 해 '사업' 의 준비로서 전국적인 토지관계 구관조사와 부평군에서의 시험 조사가 실시되었다. 이 과정에서 일제의 조선 토지제도에 대한 인식이 심화되었으며, 신고주의에 의한 소유권 확정 방식이 혼란을 일으키지 않는다는 사실도 확인하였다.

제7장에서는 '사업' 의 실시 과정을 서술하고 있다. 이 장에서는 종래 연구사에서 거의 주목하지 않았던 「토지조사법」과 「토지조사령」의 변화 과정에서 '사업' 이 외래의 강압에 의해서만이 아니라 조선의 내부사정에 대응하여 실시되었다는 특징을 읽어내고 있다. 1910년 공포된 「토지조사법」은 2년 후 「토지조사령」으로 개정되었는데, 이 변화는 이후 계속된 일련의 방침 변경과 함께 사업의 실시체계를 크게 변화시켰다. 이 변화 중에 네 가지가 특히 중요했다. 첫째, 소유권 확정 시 토지신고서와 결수연명부를 대조한 것, 둘째, 국유지 신고의 주체를 명확히 하여 국유 · 민유 구분을 '사업' 을 통해 완성하고자 한 것, 셋째, 고등토지조사위원회의 권한을 명확히 한 것, 넷째, '사업' 의 조기 완료를 위한 체제정비가 도모된 것이다.

첫 번째 변경은 1912~1913년에 행해진 과세지견취도課稅地見取圖의 작성과 그에 따른 결수연명부의 공부화公簿化라는 변화를 전제로 한 것이었다. 과세지견취도가 작성됨으로써 결수연명부는 지적도적인 보완을 받을 뿐만 아니라 그 자체의 부정확성도 시정할 수 있었다. 1913년 토지신고서를 결수연명부에 의해 작성하고 양자를 대조하여 토지소유권을 확정한다는 방침이 수립된 이면에는 과세지견취도의 작성으로 신뢰도가 높아진 결수연명부의 공부화가 있었기 때문이다. 결수연명부에 의해 작성된 토지대장은 양안과는 완전히 다른 형식의 장부로서 조선시대 이래 발전해온 사적 토지소유 관계를 추인한 것이었다.

두 번째 변경은 일제가 1909년의 국유지 조사의 부정확성을 스스로 인정하였다는 전제에서 가능하였다. 그 배경에는 국유지를 둘러싼 분쟁이 다수 발생하였다는 사정이 있었다. '사업'의 총괄 실무자인 와다 이치로和田一郎의 국유지에 대한 인식은 제2종유토의 독자성을 파악하지 못한 점에서 약점이 있지만, 이전보다는 매우 심화되었고 민유지로 인정되는 토지도 크게 증가하였다. '사업'에 의해 국유 · 민유 구분이 최종적으로 확정되었다는 것은 정치적 토지지배가 최종적으로 해체되었음을 의미하며, 이 때문에 '사업'은 근대적 토지변혁으로서의 역사적 의의를 지니는 것이다.

세 번째 변경은 주로 외국인의 토지소유를 배려하기 위한 것인데, 「토지소유법」에 대한 미국과 영국의 우려 표명에 대한 대응이었다.

3. '사업'의 역사적 의의와 쟁점들

저자는 결론 부분에서 '사업'의 의의를 크게 세 가지로 요약하고 있다. 첫째는 조선의 근대적 토지소유제도와 지세제도를 확립한 것이다. 수조권적 토지지배가 해체됨으로써 토지에 대한 정치적 지배가 해체되었고, 지조수취에 내재된 정치적 속성도 해체됨으로써 근대적 지세제도가 확립되었다. 이러한 근대적 제도의 확립으로 토지의 상품화와 자본 전환이 현저하게 촉진되었고, 지세수입이 안정적으로 확보되었으며, 이후의 제 산업정책에 큰 영향을 주었다고 보았다. 둘째, '사업'은 외래 권력에 의해 강요된 것이 아니라 조선사회의 내재적 발전에 부응한 근대적 토지변혁으로서의 성격을 갖는다는 것이다. 이를 입증하기 위해 저자는 방대한 사료를 검토하여 장부양식의 계기적 발전이라는 특성을 검출하였다. 그 내용은 "토지신고서가 깃기에 연원한 결수연명부에 의거하여 작성되었다"(p.549)는 표현 속에 압축되어 있다. 셋째, 그러나 근대적 토지변혁으로서의 '사업'은 사회변동의 영향을 조절하고 완화시킬 통치기구가 없었다는 점에서 식민통치체제의 모순을 드러내는 기점이 되었다.

저자는 '사업'을 근대적 토지변혁을 향한 조선사회의 내재적 발전의 종착점으로 생각하였지만, 그것이 식민지지배하에서 이루어졌다는 점에서 역사적 발전이 왜곡될 수 있다는 한계를 지닌 것으로 보았다. 이하에서는 저자의 주장에 따라 밝혀낸 연구성과에 대한 연구사적 의의와 그와 관련된 쟁점들을 정리해본다.

(1) 근대적 토지제도에 관하여

'사업'을 둘러싼 논의에서 아마도 가장 큰 쟁점은 근대적 토지소유에 관한 부분일 것이다. 이 문제는 한국사의 역사인식에서 '근대'를 어떻게 볼 것인가 하는 문제와 관련되어 있기 때문에 그렇게 간단하지 않다. '사업'을 통하여 비로소 근대적 토지소유제도와 지세제도가 확립되었다는 주장에 대해 거부감을 느끼는 가장 큰 이유는 아마 그렇게 규정함으로써 우리 사회에서 근대가 일본제국주의로부터 주어진 것으로 이해하게 될 소지가 있기 때문일 것이다.[10]

10 '식민사관'을 극복하려는 한국 사학계의 노력의 결과, 한국역사 내의 자생적인 근대지향에 관한 많은 연구가 축적되었다. 그럼에도 불구하고 지구상에 자생적인 근대화를 경험

근대를 둘러싼 논의는 여기서 다룰 대상이 아니므로 근대적 토지소유와 관련된 내용으로 주제를 좁히면, 쟁점은 '사업'에 의해 형성된 토지제도의 근대성을 인정할 수 있을 것인가, 그리고 인정할 경우 근대성의 내용은 무엇인가이다. 먼저 근대적 토지소유에 대한 저자의 정의를 살펴보자.

> 근대적 토지소유는 단적으로 말하면 근대사회를 지배하는 상품경제의 논리가 토지소유에도 관철되는 것을 보장하는 토지소유제도이다. …… 토지소유자는 토지에 대한 포괄적인 소유권을 인정받음과 동시에 토지소유에는 어떠한 인격적인 관계도 존재하지 않는다. 한편 근대적 조세제도는 상품경제가 지배하는 사회에 대응하는 제도이다. …… 조세를 징수하는 것은 상품소유자가 결합된 사회=시민사회로부터 초월한, 공적인 존재로서의 국가뿐이고, 사적 소유자는 국가가 과세한 조세에 대한 승인권을 갖는다(근대의회의 성립). 근대적 지세제도는 이러한 근대적 조세제도의 일부를 구성한다. …… 전근대적 토지소유의 최대의 특징은 인격적인 지배예속관계와 토지소유가 불가분의 관계에 있다는 것이다. 즉 토지소유=경제와 정치가 분리되지 않은 상태에 있다고 말할 수 있다.

근대적 토지소유란 상품경제의 논리가 관철되는 토지소유이고, 정치로부터 독립된 토지소유이다. 저자는 상품경제 논리의 관철에 대해서는 상세하게 논의하고 있지 않지만, 토지와 토지생산물의 상품화가 진전되는 사회경제적 상황을 지칭한 것으로 보인다. 전근대적 토지소유의 특징으로 정치와 경제가 분리되지 않음에서 기인한 '경제외적 강제'의 존재를 드는 것이 일반적인데, 정치로부터 독립된 토지소유란 이에 대응하는 정의라 할 수 있다. 이하에서는 '상품경제의 논리가 관철되는 토지소유', '정치로부터 독립된 토지소유'의 내용을 검토한 후, 이러한 근대적 토지소유와 대

한 지역이 얼마나 있는지, 또 그 지역이 식민지로 전락한 사례가 있는지를 생각하면, 한국 학계의 '근대'에 대한 이해에 재고할 부분이 많이 있음을 알게 된다.

립되는 전근대적 토지소유로서의 수조권적 토지지배의 해체라는 저자의 주장에 대해 살펴본다.

먼저 '상품경제의 논리가 관철되는 토지소유'를 법률적으로 표현한다면 물건物件에 대한 개인의 권리가 배타적으로 보장되는 것인데, 일본민법이 준용準用됨으로써 토지에 관한 개인의 권리는 사용권, 수익권, 처분권 모두를 포괄하는 것이 되었다. 이러한 근대적 소유권이 토지소유에 대하여 확립되었다면 그것은 '근대적 토지소유'라 부를 수 있다. 한국에서는 '사업'의 결과로 토지에 대한 소유권이 지주에게 배타적이고 독점적으로 인정되었는데, 그런 의미에서 '사업'은 근대적 토지소유제도를 확립한 것으로 볼 수 있다.

그러나 원래 소유관계는 생산관계의 법률적 표현이므로 토지소유론도 일반적으로는 생산관계와 소유법관계의 통일로서 파악되어야 함에도 불구하고, 소유법관계의 수준에서만 논의되고 있고 생산관계 수준에서의 논의는 배제되었다는 비판이 가능하다.[11] 그는 근대적 토지소유의 개념을 생산관계의 차원에서 논의하기 위해서는 첫째, '사업'을 전후하여 지주소작관계의 실태에 어떠한 변화가 일어났으며 둘째, 자본과 토지소유의 자유로운 계약관계를 통해 적어도 토지소유에 대한 자본의 규정성이 관철되어 나가거나 그러한 전망이 가시화되었는지를 검토해야 하며 셋째, 조선의 지주제가 과연 자본주의 발전에 적합한 존재였는지를 살펴보아야 한다고 주장하였다.

토지소유론을 소유법관계뿐만 아니라 생산관계까지 고려하여 통일적으로 파악해야 한다는 주장에 대해서는 이의가 있을 수 없다. '사업'의 정책

11 장시원, 「조선토지조사사업 연구의 새로운 지평」, 『사회과학논평』 제18호(한국사회과학연구협의회, 1999).

사를 주 분석대상으로 한 이 책의 논점에 비추어볼 때 지주제와 그것에 미친 자본의 규정력에 대해 심층분석하는 것은 어려운 일이다. 그러나 생산관계에 대한 고려, 혹은 '사업'에 의해 성립된 토지소유제도의 자본주의 적합성에 대한 고려가 전혀 없었던 것은 아니다. 저자는 '사업'의 결과 토지의 상품화와 자본전환이 크게 촉진되었고, 이후 일제가 실시한 산업정책에 기초 자료를 제공하였음을 지적하였는데, 이는 '사업'의 자본주의 적합성을 염두에 둔 것이라 할 수 있다.[12]

다만 생산관계를 고려해야 한다는 주장이 "자본제 생산양식에 조응하는 근대 독자獨自의 토지소유 형태"에 대응하는 생산관계로는 3분할제가 유일하다는 논리에 기반하고 있다면 문제가 아닐 수 없다. 농업노동을 고용하는 대농경영뿐만 아니라 가족노동에 기초한 소농경영, 동태적 지주에 의한 소작경영도 근대적 토지소유와 얼마든지 양립할 수 있기 때문이다.

'사업' 이후 농촌의 지배적 생산관계였던 지주-소작관계가 자본-임노동관계에 주로 기초한 것도 아니며, 생산력상의 우위도 뚜렷하지 않다면 식민지하에 형성된 근대적 토지소유의 실질 내용은 매우 제한적이다. 이 점은 저자도 식민지지배하의 한계로 지적하고 있지만, 식민지지배하 지주의 존재양태와 성격규정, 대농과 소농의 생산력 우위를 둘러싼 논의 등과 맞물려 있으므로 추후 더 많은 논의가 필요한 부분이다.

다음으로 '정치로부터의 독립된 토지소유'라는 개념에 대해 살펴보자. 저자는 수조권 분여를 수조권적 토지지배로 파악하고, 이를 소유권적 토

12 '사업'의 자본주의 적합성이란 결국 농업이 자본주의 발전에 어느 정도 기여하였는지로 귀착될 것이다. 농업이 자본주의 발전에 기여할 수 있는 논리적 가능성은 자본축적, 노동력 공급, 상품시장, 외화절감 등 다양하지만, 실제로 자본주의화 과정에서 농업이 이러한 가능성을 모두 충족시킨 경우는 거의 없다. 더구나 이러한 엄격한 기준을 식민지기의 조선에 적용하여 '사업'의 근대성을 부정하는 것은 문제라 생각한다.

지지배와 대립하여 파악하는 논리를 구성하였다. 수조권적 토지지배는 정치와 경제가 분리되지 않은 전근대적 토지소유이며, 결부제에 의해 토지를 파악한다. 조선의 양전법은 수조권적 토지지배 및 그것의 분여와 운명을 함께하는 것으로, 수조권 분여의 쇠퇴와 함께 새로운 양전법의 발생은 필연적이었다. 새로운 양전법이란 두락제에 기초하여 토지를 파악하는 것으로 이는 소유권적 토지지배의 발전에 대응하는 것이었다. 결부제에서 필지筆地별 토지파악은 자의적이었던 반면, 두락제에 기초한 필지별 토지파악은 정확하다는 것이었다.

조선시대 토지소유를 수조권적 토지지배라는 개념으로 파악하고, 그 개념이 담고 있는 정치와 경제의 미분리라는 특질을 전근대적 토지소유와 연결시킨 것은 저자의 독창적인 이해 방식이며, 조선시대 토지제도에 대한 이 책의 연구사적 기여라 해도 좋을 것이다. 김태영은 과전법에서 수조권적 토지지배 개념을 파악하였고,[13] 이영훈은 궁방전·아문둔토의 확대라는 현상으로부터 국가적 토지소유라는 개념을 찾아냈는데,[14] 저자는 이 두 개념을 '수조권 분여로 표현되는 국가의 토지지배 양태'라는 특질로 통합하고 이를 수조권적 토지지배로 개념화한 것이다.

이를 매개로 저자는 조선전기의 양전量田과 조선후기의 절수折收를 새롭게 해석하였다. 조선전기 전국적인 양전이 규칙적으로 행해진 것은 양전이 수조권 분여를 위한 토지재할당 과정이었기 때문이며, 이것은 토지소유제도와 정치의 직접적인 결합을 보여주는 좋은 예였다. 과전법에서 직전제로의 변화와 과전법의 쇠퇴는 수조권적 토지지배를 약화시켰으며 양전의 필요성도 감소시켰다. 그러나 주의할 것은 조선말기까지도 수조권

13 김태영, 『조선전기토지제도사연구』(지식산업사, 1983).

14 李榮薰, 『朝鮮後期社會經濟史』(한길사, 1988).

적 토지지배가 완전히 소멸된 것은 아니었다. 절수는 토지에 대한 국가의 수조권적 토지지배가 여전히 살아 있음을 보여주는 것인데 저자는 "수조권적 토지지배 자체가 경제논리를 초월한 것으로서 본래적 속성을 지녔기 때문에 정치적 요인에 의해 그것이 새로 재생할 가능성은 항상 존재하였다"(p.171)라고 보았다.

이 해석 방식이 독창적이었던 만큼 비판도 제기되었는데, 이영훈은 조선전기 사전賜田의 재배치와 관련된 결정적 변화(경기 사전의 하삼도 이전 등)가 있었던 시점에 양전이 이루어지지 않았던 점을 어떻게 설명할 수 있는가 하는 의문을 제기하였고,[15] 무주한광지無主閑曠地의 절수는 오히려 소유권적 토지지배와 관련이 있는 것으로 해석할 수 있으며, 국가의 절수 조치를 단순하게 수조권적 토지지배라는 정치행위로만 볼 수는 없다고 비판하였다.[16]

필자의 생각으로는 결부제의 이해 방식에 더 큰 문제가 내재되어 있다. 결부제=수조권적 토지지배, 두락제=소유권적 토지지배라는 대비는 논리적으로 명쾌해 보인다. 그런데 양전의 성격이 조선전기와 후기가 달랐음에도 두 시기 양전이 모두 결부제라는 방식으로 파악되고 있다는 점에서 결부제의 해석을 둘러싼 난점이 존재한다. 양전이 토지재할당 과정이었다면 필지별 결부 수는 국가의 입장에서는 큰 관심이 아니었고, 조선후기 면단위 이하의 지세수취 과정에서 나타나는 결부제의 자의성도 이와 무관하지 않다는 것이 저자의 주장이다.

하지만 결부제의 자의성이라는 주장은 선뜻 받아들이기 어렵다. 제2장

15 李榮薰,「土地調査事業 연구에 있어서 몇 가지 理論的·實證的 문제들」,『經濟史學』제16호(경제사학회, 1992).

16 한국역사연구회 근대사분과 토지대장연구반, 앞의 책, 1995.

도입부에 인용한 "4세기의 긴 시간을 문란의 시대라고 파악하는 것은 아무래도 비역사적"(p.46)이라는 표현은 그대로 저자에게도 적용할 수 있다. 양전 과정에서 설정된 결부는 필지별로 산정되는 것이며, 그것이 자의적이라면 조선시대 양전은 그 자체가 무원칙한 것이어서, 그것을 기초로 한 국가의 토지지배 또한 무원칙할 수밖에 없다. 따라서 결부제의 자의성이란 결국 결부제 운영에서의 자의성을 의미할 것이다. 그러나 그것이 양안 작성 과정에서 결부가 자의적으로 설정되었다는 증거가 될 수는 없다.

그렇다면 수조권적 토지소유는 언제 해체되었을까? 이에 대해 명시적인 언급은 없지만 저자는 '사업'에 의해 국유·민유의 구분이 확정된 시점을 염두에 두고 있는 것으로 보인다. 당시까지 주류 학설은 '사업'에 의한 국유지의 창출을 약탈적인 것으로 파악하는 것이 일반적이었는데, 저자에 의해 국유지는 수조권적 토지지배의 잔존 형태로 새롭게 평가되었다. 이 책의 제4장과 제5장에서 국유지문제를 집중적으로 다룬 것은 '사업'에 의한 국유지의 창출을 조선사회의 내재적 발전과 관련시키려는 저자의 의도를 반영한 것이다. 이에 대해 박명규[17]는 조선의 국유지가 총독부의 소유지로 바뀐 사실 자체가 '약탈'이 아니냐는 더 근본적인 의문을 제기하였지만, 국유지의 창출이 약탈이 아니며 구조적인 문제였다는 주장은 이후 조석곤[18]의 분쟁지 연구에 큰 영향을 미쳤다.

그렇다면 저자는 국유·민유의 구분이 확정된 것이 언제라고 생각하였을까? 그는 보호국기의 대국유지정책이 '사업' 실시의 전제조건이기는 했지만 국유·민유 구분이 이 시기에 결국 형성되지 않은 것은 "이 단계에서 당국자의 국유지문제에 대한 인식수준이 낮기 때문이며, 동시에 국유

17 박명규, 앞의 글, 1991.
18 조석곤, 앞의 글, 1995.

지로부터의 소작료수입이 재정상으로도 무시할 수 없는 비중을 차지하였기 때문이었다”(p.350)라고 설명하였다.

물론 이 표현은 당시에 일제가 국유 · 민유를 구분하지 않았다는 뜻은 아니다. 당시 일제가 만든 국유 · 민유 구분이 ‘사업’ 시기에 와서 광범한 분쟁에 직면하자 일제는 분쟁지 조사를 위한 외업반을 편성하였고 분쟁지 문제에 적극 대처하는 방침의 변화가 있었다. 저자는 이 변화를 매우 중시하였는데 “당초에는 ‘사업’에 앞선 국유지 조사에 의해 국유 · 민유 구분이 분명하다는 전제하에서 사업이 진행되었지만, 이러한 당초의 전제가 분쟁의 다발에 의해 파산하였다는 것을 토지조사국 자체가 인정하였음을 의미하기 때문”(p.471)이었다. 또 이처럼 ‘사업’에서 국유지문제의 처분이 최종 확정된 것은 일본이나 타이완의 토지 조사에서는 볼 수 없는 조선 고유의 특질임을 강조하였다. ‘사업’의 방침 변화를 강조하는 것은 ‘사업’을 조선사의 내재적 발전 과정상에 위치시키려는 저자의 의도를 반영한 것이다.

그런데 이영훈은 수조권적 토지지배의 해체 시점에 대해 저자가 애매한 태도를 취하고 있다고 비판하고, “1905년 조선왕조의 사실상의 멸망과 더불어 수조권적 토지지배도 최종적으로 해체”[19]되었다고 보는 것이 타당하다고 주장하였다.

저자가 수조권적 토지지배의 해체 시점을 ‘사업’ 이후로 생각한 것은 국유지의 확정을 중시했기 때문인 것으로 보인다. 그러나 일제의 역둔토를 국유지화한다는 종래의 방침 자체가 바뀐 것은 아니었다. 국유 · 민유 구분방침의 확정과 개별 토지의 국유 · 민유 구분은 별개의 작업이며, 수

19 이영훈, 앞의 글, 1992, p.248.

조권적 토지지배는 국유 · 민유 구분방침의 확정과 함께 해체되었다고 보아야 한다.

조석곤은 임시제실유급국유재산조사국의 설립을 일제의 국유 · 민유 구분방침의 확정에 있어 중요한 분기점으로 제시하였다. 1908년 6월 조사국은 제실유帝室有와 국유國有를 구분하지 않고 통합하여 정리한다는 입장의 결정을 내리고 해산했는데, 이후 실무는 임시재산정리국에서 담당하였다.[20] 1908년 6월의 시점에서 다른 토지에 대한 국유 · 민유 구분에 대한 대강의 방침도 결정되었다. 「국유미간지이용법」(1907. 7)에 의해 미간지는 국유로 귀속되었다. 「삼림법」(1908. 1)에 의해 사유임을 입증하지 못하는 모든 삼림 · 산야는 국유로 한다는 방침이 정해졌다. 마지막으로 경지는 국유지와 민유지로 구별하였고, 이 과정에서 기존의 역둔토는 모두 국유지가 되었다.

이 시점에서 전국의 모든 토지는 국유지 아니면 민유지였다. 이들 각각에 대하여 국가는 별도의 수취체계를 규정하였다. 민유지는 '지세에 관한 건'으로, 국유지는 '역둔토 관리에 관한 건'으로 관리되었다. 일제는 전국의 모든 토지에 대해 통일된 형식의 수취와 관리체계를 확립한 것이었다. 남은 문제는 어느 토지가 국유지이고, 어느 토지가 민유지인지를 구분하는 일이었고, 이는 '사업'에 의해 최종적으로 확정되었다.

저자는 '사업'에서 분쟁이 많이 발생한 이유의 하나로 제2종유토의 존재를 인식하지 못한 임시재산정리국의 역둔토에 대한 이해 방식을 지적하였다. 정리국은 "역둔토의 민유지 존재 가능성을 전혀 인정하지 않았는데," "이 점에서는 갑오개혁 당시 결호화법세칙結戶貨法稅則이 아문면세결

20 조석곤, 앞의 글, 1995.

衙門免稅結 중 유토와 무토가 있다고 인식한 것보다 후퇴하였다"(p.343)라고 지적하였다. 이러한 소박한 인식은 '사업'의 국유지분쟁 해결 과정에서 정정되었던 분쟁지의 민유환급을 가능하게 했다고 보았다.

특히 저자는 1913년에서 1914년에 이르는 역둔토의 대규모 감소에 주목하였다. 그것은 국·민유 분쟁지에서 민유지로의 환급이 대규모로 이루어졌기 때문인데, 이러한 환급이 가능했던 것은 일제의 조선시대 토지제도에 대한 이해가 심화되었기 때문이며, '사업'의 방침 전환과 관련된 것으로 해석하고 있다. 그러나 역둔토 면적의 추이에 대한 1910년대 역둔토 면적의 추이는 민유로의 환급만 있는 것이 아니라 분쟁지의 국유편입이라는 경향도 존재하였음을 지적하고 있다. 이 점에서도 이 시기의 분쟁은 필지별로 국유·민유 구분을 조정하는 것이었지,[21] 방침의 전환으로 이해하기는 곤란하다.

'사업'의 분쟁지 처리 방식에 대해서도 다른 차원의 이해가 필요하다. '사업'의 실무자인 와다 이치로도 '사업' 과정에서 제2종유토는 사실상 무토임을 인정하였으며, 이는 임시재산정리국의 역둔토 이해 방식보다는 진일보한 것이었다. 그러나 문제는 어떤 유토가 제2종유토인지를 구분하는 일이 거의 불가능하다는 것이었다. 조석곤은 이때 일제가 택한 방식은 모든 유토를 국유지로 인정한 뒤 분쟁을 기다리는 것이었다고 주장하였다.[22] 이러한 국유지 설정 방식은 모든 국유지에 대하여 각각 소유권의 연원을 조사하고 현지의 상황을 고려하여 국유인지 민유인지를 판단하는 것보다는 매우 현실적인 방식이었다. 그러나 그것은 국유와 민유의 구분에서 민유지 소유자에 대해 소유권의 입증 책임을 일방적으로 부과한 편파

21 李榮薰, 「토지조사사업의 수탈성 재검토」, 『역사비평』 제22호(역사비평사, 1993).
22 조석곤, 앞의 글, 1995.

적인 조치이기도 했다.

(2) 장부의 기재양식에 대하여

이 책이 연구방법 면에서 연구사에 기여한 측면 중 하나는 장부체계에서 그 시대 토지제도의 특질을 해독해내는 방법을 개발하였다는 점이다. 이후 토지제도와 관련된 연구들[23]은 해당 시기의 장부를 적극적으로 활용하고 있다. 이는 해당 시기에 대한 탄탄한 이해와 철저한 사료비판이 없이는 불가능한 일이며, 이 책의 중요한 연구사적 기여의 하나이다. 그는 양안—광무양안—토지대장이라는 장부양식의 계기적 발전과는 별도로, 깃기—결수연명부—토지신고서라는 장부체제의 발전도 존재하였다고 보았다. "토지신고서가 깃기에 연원한 결수연명부에 의거하여 작성되었다"(p.549)는 주장은 이를 표현한 것이다. 이제 이 두 계열의 장부체제의 발전에 대해 각각 살펴보자.

조선시대와 '사업' 이후를 장부체계와 관련하여 살펴보면 토지에 관한 공부公簿가 양안에서 토지대장으로 변한 것인데, 저자는 두 가지가 다음과 같은 차이점을 보인다고 설명하고 있다. 첫째, 토지대장은 한 필의 토지를 한 장의 종이에 정리하고 있다. 이것은 토지에 대한 모든 변동을 토지대장에 정리하기 위한 것이다. 반면 양안은 이러한 교정이 인정되지 않았고 행심책行審冊에도 과세관련 사항이나 지주의 성명 외에는 변경하지 않았다. 이는 조선정부가 개개의 토지의 상황이나 그 변화를 정확하게 파악하려는 의지를 이념적으로만 가지고 있었음을 보여준다. 둘째, 토지대장에서는 명확하게 토지 소유자를 파악하고 있다. 수조권적 토지지배의 최종

23 조석곤, 앞의 글, 1995 ; 한국역사연구회 근대사분과 토지대장연구반, 앞의 책, 1995 ; 김홍식 외, 『조선토지조사사업의 연구』(민음사, 1997).

적인 해체와 그에 따른 민유지의 명실상부한 확정을 상징적으로 보여주는 것이 기주起主·시주時主에서 소유자로의 변화이다. 셋째, 토지대장에 소유자로 등록된 것은 민적부상의 이름으로 분록分錄·대록代錄과 무관하다. 넷째, 결부에 의한 토지파악에서 법정지가法定地價에 의한 토지파악으로 변화한 것이다. 이로써 지세수취는 완전히 국가통제하에 들어갔다. 반면 토지의 전당·매매·상속 등은 완전히 사적인 행위로, 사업의 완성과 함께 시행된 등기제도가 그것을 보장하였다. 이것은 토지제도에서 공법적인 영역과 사법적인 영역이 명확히 분리된 것을 의미하며, 공사의 분리가 불명확했던 조선시대의 장부체계와는 명확히 다른 것이다.

저자는 이렇게 이질적인 두 장부를 광무양안을 매개로 연결시켰고, '사업'의 장부체계를 조선시대 토지제도의 내재적 발전 과정에 위치시킬 수 있었다. 그가 광무양전과 그 결과로 작성된 광무양안에 대하여 상당한 의의를 부여한 것은 당연한 것이었다. 그는 광무양안과 경자양안의 차이점으로 광무양안에는 양전척 실적 수(지계아문양안의 두락·일경 수 기재)를 기재한 것과 기재형식에서 나타나는 토지를 정확하게 파악하려는 의도가 있었음을 강조하고 있다. 비록 이념적인 수준에 국한하고 있지만 그는 광무양안을 "개개의 토지에 관한 소유권의 소재와 지조액, 지조부담자를 확정하는 대장"(p.287)으로 평가했는데, 이는 이러한 이념을 실질적으로 구현하고 있는 '토지대장'이 '사업'을 통하여 작성된 것임을 염두에 둔 것이었다. 다만 광무양전의 이러한 이념적 지향은 현실적으로는 관철되지 않았는데, 저자는 그것을 "조선시대 양전 실시의 체제를 그대로 답습했기"(p.273) 때문이라고 보았다.

광무양전의 역사적 성격에 대한 평가는 이후 극단적으로 나뉜다. 한국역사연구회 근대사분과 토지대장연구반은 광무양안을 구체적으로 연구함으로써 광무양전 지계사업이 근대적 토지소유제도를 성립시킨 실질적인 토지조사사업이라는 주장을 전개하였다. 그들은 광무양안이 소유권의 최종 확정장부는 아니더라도, '실지實地조사부'의 성격을 갖는다고 보았다. 그 근거로 양전을 위한 실지 조사의 실시와 조사 내용의 정확한 기재, 소유자와 경작자에 관한 정확한 파악 등을 들고 있다. 이러한 인식은 저자와 크게 다를 바 없으나 광무양전 지계사업을 '사업'에 준하는 것으로 이해한 점이 저자의 계기적 발전론과 달랐다.[24]

그러나 토지파악의 종류가 늘어난 점, 실적 수를 기록한 점 등이 구양안과 광무양안을 질적으로 다른 것으로 규정할 수 있는 요인이 될 수 있는지는 의문스럽다. 만일 실지 조사를 했다는 사실이 광무양전의 근대성을 주장할 때 중요한 근거가 된다면, 이는 구양안이 실지 조사도 없었거나, 있었다 하더라도 부정확했다는 점이 전제되었을 것이다. 그러나 이 전제는 아무런 근거도 없다. 광무양전에서도 근대적 삼각측량법의 채택은 고사하고 어린도책魚鱗圖冊조차 만들지 않았는데, 이것으로 종래의 양전 방식과 질적인 차별성이 있다고 보기에는 미흡하다.

더구나 광무양안의 기재양식의 큰 틀은 경자양안과 다를 바 없다. 앞서 지적한 양안과 토지대장의 차이점에서 광무양안은 모든 면에서 양안의 형식을 취하고 있다. 광무양전의 이념이 현실성을 얻지 못한 것은 양전실시 체제를 답습했다는 이유 이전에 양안의 형식이 그러한 이념을 담기에 부적합했기 때문이다. 또 광무양전의 이념이 근대적 토지소유를 지향하고 있었는지도 의문이다.[25]

---

24 한국사연구회 근대사분과 토지대장연구반, 앞의 책, 1995.

25 이영훈, 「量案上의 主 規定과 主名 記載方式의 推移」, 『조선토지조사사업의 연구』(민음사, 1997).

앞의 논의가 토지에 관한 공부의 변화였다면, 저자는 이와 별도로 징세부徵稅簿에 해당하는 장부체계에서의 계기적 발전에 대해서도 검토하고 있다. '깃기—결수연명부—토지신고서(토지대장)'로 이어지는 장부체계의 발전이 그것이다. 여기서도 결수연명부는 조선시대와 '사업'을 이어주는 역할을 한다. 결수연명부는 양식에서 양안보다는 깃기의 전통을 잇고 있다. 깃기가 중앙정부와 별도로 지방의 향리층이 주도하여 작성한 장부임에 반해, 결수연명부는 중앙정부가 필지별로 토지를 파악한 장부라는 점에서 차이가 있고, 이는 이후 '사업'의 토지대장에 그대로 이어진다. 반면 결수연명부도 깃기와 마찬가지로 토지를 결부제에 기초하여 파악하고 있다는 점에서 한계를 지닌다고 보았다.

저자가 결수연명부를 깃기를 이어받은 것으로 파악한 것은 결수연명부가 단순히 징세의 편의를 위해 작성한 장부일 뿐만 아니라 양안 같은 토지공부로서의 성격은 부여받지 못한 것으로 이해하고 있기 때문이다. '사업' 단계에 들어와 과세지견취도사업에 의해 결수연명부가 보완되고 결수연명부와 토지신고서가 대조되면서 '결수연명부의 공부화公簿化'가 이루어졌다고 평가한 것도 이와 관련이 있다. "결수연명부 자체가 양안에 의거하여 작성된 것이 아닐뿐더러 '사업'에서 토지신고서도 양안과 대조하지 않았다"(p.467)는 표현에서 단적으로 나타나지만, 그는 결수연명부(또는 깃기)와 양안을 분리해서 파악하고 있다.

그러나 이러한 평가는 문제를 내포하고 있다. 우선 깃기와 결수연명부의 관계에 대해서 이영훈은 결수연명부가 깃기에서 연원하였다는 주장에 문제가 있음을 지적하고 있다. 양자가 징세부로서의 동일성은 가지고 있지만 실질적인 내용, 특히 토지소유자의 파악과 관련해서는 결수연명부가 깃기를 부정·극복하였다는 점에서 깃기에서 '연원'한다는 주장은 오류

라는 것이다.[26]

다음으로 양안과 결수연명부를 다른 것으로 파악하는 방식도 문제이다. 물론 두 장부는 서로 체계가 다르며, 깃기의 경우와 마찬가지로 양안의 소유자 파악 방식도 결수연명부와 다르다. 그렇다고 해서 두 장부체계를 전혀 무관한 것이라 할 수는 없다. 우선 결수연명부에 기록되는 결수와 자번호字番號는 양안에 근거한 것이다. 현재 번지에 의해 모든 토지가 식별되듯이 당시 조선에서는 자번호(물론 번호는 애매할 수도 있다)에 의해 토지를 식별하였고, 그 기준을 제시한 것이 바로 양안이었다. 가장 중요한 토지의 식별기준이 양안에 근거하고 있음에도 양안과 결수연명부가 무관하다는 주장은 받아들일 수 없다.

또한 깃기와 양안을 독립적인 장부인 것처럼 이해하는 것도 재고할 필요가 있다. 깃기의 필지별 기재내용이 양안과 차이가 있으며, 그 작성 주체가 서원층이라는 점에서 양안과 달리 임의적인 장부로 파악하는 것은 수긍할 수 있다. 그러나 서원층이 깃기를 작성할 때 양안의 토지파악으로부터 결코 자유롭지 않았으며, 그런 점에서 양안은 깃기를 규정하는 장부로 보는 것이 더 적합할 것이다.

저자가 공부와 징세장부를 구분하여 독립적으로 파악하려 했던 것은 광무양안에 대한 적극적 평가와 지세부과 과정에서의 향리층의 역할에 대한 높은 평가 등과 관련되어 있는 것으로 보인다. 그런데 전자는 내재적 발전론과의 관련에서 매우 중요한 논리적 고리를 제공하고 있지만, 후자는 저자의 논리구조 속에서 오히려 충돌되는 부분이 많지 않은가 생각된다. 결수연명부의 작성 과정에서 향리층을 배제하려 했넌 일세의 시도를 생각

26 이영훈, 앞의 글, 1992.

하면, 결수연명부는 깃기라고 하는 조선시대의 전통과는 단절된 측면이 더 크다. 장부체계의 연속성을 생각한다면 양안과 토지대장을 매개하는 것은 결수연명부이며, 장부양식의 계기적 발전체계는 "양안(및 깃기)—결수연명부—토지대장(및 지세명기장)"으로 보는 것이 정확할 것이다.

(3) 식민지성에 대하여

저자는 근대적인 토지소유제도와 지세제도를 수립하는 것을 과제로 한 근대적 토지변혁[27]에서는 전근대의 토지소유와 정치적 지배관계의 결합을 해체시키는 것이 가장 중요하다고 보았다. 그러나 식민지배하에서 일본인과 조선인 사이의 평등한 관계를 기대할 수 없었고, 국가의 징세에 대한 승인권, 즉 의회제도도 없었기 때문에 "결국 '사업'은 근대적 토지변혁으로서의 각인뿐 아니라 식민지적 토지변혁으로서의 각인도 동시에 지니고 있었다"(p.7)라고 보았다.

그러나 이러한 '사업'의 식민지성이 구체적으로 어떻게 발현되는지 이 책에서는 언급이 없다. 오히려 조선사회와 내재적 발전의 연관을 강조하는 설명 속에 파묻혀 드러나 있지 않다. 때문에 박명규는 "조선의 식민지화라는 역사적 제일조건을 사상한 채 형식적인 변화들만을 기술"[28]하였을 뿐이라고 비판하고 있다. 토지대장반 역시 "'사업'에 대한 일제의 규정성이 배제된 토지제도사 연구"[29]라는 유사한 비판을 가하고 있다. 아마도 이

---

27 저자는 이후의 한 연구에서 근대적 토지변혁은 근대적인 토지제도와 지세제도를 형성하기 위한 일련의 제도변혁을 포괄적으로 포현한 개념이라고 정의하였다. 그 내용은 근대적 토지소유제도의 확립, 지적제도의 확립, 토지등기제도의 확립, 근대적 지세제도의 확립 등이라고 설명하였다. 宮嶋博史, 「東アジアにおける近代的土地變革」, 中村哲 編, 『東アジア資本主義の形成』(東京: 青木書店, 1994), pp.162~164.

28 박명규, 앞의 글, 1991, pp.183~184.

29 한국역사연구회 근대사분과 토지대장연구반, 앞의 글, 1992, p.452.

것이 이 책의 가장 심각한 약점일 것이라고 생각되는데, 외래 권력에 의한 단절의 측면보다는 내재적 발전의 연장선이라는 측면에서 '사업'을 파악하고자 하는 저자의 방법론에 어느 정도는 예정되어 있었던 약점으로 보인다. 물론 그렇다고 해서 '사업'에 대한 약탈론적 인식이 복권되는 것은 아니다.

'사업'이 내포한 식민지성에 대해서는 추후 많은 연구가 필요하지만, 지금까지의 연구에 근거할 때 대략 다음과 같은 것들을 생각할 수 있다. 첫째, 소유권제도의 확립 과정에서 일본의 민법체제가 도입됨으로써 조선 특유의 소유관계가 법적으로 인정되지 못한 측면이 있다. 대표적인 것이 종중宗中재산 같은 총유적總有的 소유의 부정이다. 또한 조선후기 수취제도와 관련하여 각지에 자연발생적으로 형성된 공동소유지가 지방제도 개편과 함께 국유지로 흡수된 것도 무시할 수 없는 부분이다. 또 국유·민유의 구분이 모호한 토지에 대해서 일단 국유로 흡수한 후 분쟁을 기다려 단기간 내에 정리하고자 한 방식도 어찌 보면 식민지적 특성의 반영일 수 있다. 물론 이 과정에서 입증자료가 불충분하여 국유지로 휩쓸려간 토지도 있었을 것이다.

둘째, 지세율 책정에서의 식민지성이다. 지세액의 증가가 실질적으로 농민 대중에게 지세부담의 증가로 연결되었을 것이라는 주장은 실증적으로 믿기 어렵지만, 장시원의 주장처럼 지세율이 낮다는 사실은 수탈론을 부정하는 근거로만 해석할 것이 아니라, "지주계급의 회유라는 정치적 고려"가 반영된 것이므로 오히려 '사업'의 식민지적 특징을 반영하는 논거로 생각할 수 있다.[30] 일본에서 지세는 근대국가 형성에 중요한 역할을 수

30 장시원, 앞의 글, 1999.

행하였지만, 조선에서는 그렇지 않았다는 것이 '식민지성'의 반영으로 해석될 수 있다는 것이다.

셋째, '사업'을 통해 토지유동성이 증가하였음에도 불구하고, 그 효과가 토지자본이 비농업부문으로 이동하는 데 기여했다기보다 '식민지 지주제의 강화'라는 기형적 형태의 생산관계를 정착시킨 점 또한 결과적으로 '식민지성'의 한 측면이었다. 식량수요의 급증은 농업생산성을 증대시키려는 유인으로 작용하였지만, 그 과실은 생산자인 농민에게보다는 지주와 유통업자에게 귀속되었으며, 막대한 양의 미곡이 일본에 이출됨으로써 국내 소비자들 역시 생산성 증대의 효과를 충분히 누릴 수 없었다.

4. 맺음말

이 책은 방대한 분량만큼이나 한국사 연구자들에게 미친 영향이 상당하였다고 생각한다. 책의 출간과 함께 입장 변화에 대한 비난이 쏟아지기도 했고, 그와 반대로 연구사적 의의의 막중함을 평가받기도 했다. 그러나 내재적 발전론의 입장에서 '사업'을 조선시대와 연결시키려 한 저자의 의도는 초기의 비난에도 불구하고 일단 성공을 거둔 것이 아닌가 싶다. 이후의 연구는 '사업'을 조선시대와의 관계에서 단절적이고 약탈적인 것으로 이해했던 기존의 방법론을 부정하는 쪽으로 진행되었기 때문이다. 또 토지관련 장부들이 이후 연구의 사료로 광범하게 이용됨으로써 연구의 심화를 가져오기도 했다.

이 책이 불러일으킨 논쟁은 후속 연구들에 일종의 길잡이 역할을 한 것으로 보인다. 필자는 분쟁의 구체적 양상을 분석함으로써 저자의 주장을 보완하였고, 토지대장반은 광무양전에 대한 본격적인 분석을 통하여 저자의 주장을 비판하였다. 그러나 정책사에 입각한 이 책이 지니는 시각의 문제는 후속 연구에서도 그대로 답습되고 있다. 제도와 생산관계의 문제, 식민지성의 문제 등은 여전히 해명되지 않은 채 남아 있으며, 분쟁의 구체적 해결 양상에 대한 부분도 마찬가지이다. 저자가 머리말에 표명한 후반부의 작업, 즉 "토지조사사업을 전후한 토지소유관계의 변화"를 추적하는 작업 역시 빼놓을 수 없는 과제가 될 것이다.

토론

왕현종*

1. 비평의 관점과 '내재적 발전론'

미야지마 히로시의 이 책은 1991년에 출간되어 대단한 반향을 일으킨 바 있다. 많은 한국의 경제사연구자들로부터 '신판' 근대화론의 입장에서 조선사회의 토지소유권제도의 근대적 개혁 과정을 다루었으나, 일제의 토지조사사업을 옹호하고 합리화했다고 비판받았으며, 여러 가지 측면에서 오독과 오해를 불러일으켰다. 지난 10년간 토지조사사업과 토지소유권제도의 연구는 괄목할 만한 수준으로 올라가고 있다. 최원규·조석곤 등의 박사학위논문은 바로 이 책의 성과를 바탕으로 하면서도 정면으로 비판하였던 주목할 만한 글이다.

여기서 이 책과 더불어 논평자의 발제를 함께 검토하기 위해서는 우선 기본적으로 토지조사사업의 역사적 성격에 대해 어떠한 관점을 지녀야 하는가를 전제해두어야 한다. 논평자는 이 책이 "외래 권력에 의한 단절의 측면보다도 내재적 발전의 연장선이라는 측면에서 '사업'을 파악하고자"

* 王賢鍾 연세대학교 역사문화학과 교수.

한 것으로 간주하였다. 그러나 '내재적 발전의 연장선'이라는 표현이 과연 무엇을 말하는 것인지 분명치 않다. 조선사회의 내재적 발전이라는 관점은 조선봉건사회의 모순을 극복하고자 했던 반봉건 운동의 전개 과정에서 일종의 발전적 성과와 지향에 주목한다는 것이다. 내재적 발전론은 다시 말하자면 조선사회의 주체적 발전론으로 환치할 수 있다고 생각한다. 그렇다면 내재적 발전론의 입장에서 '일제'의 토지조사사업의 성격을 어떻게 평가할 것인지부터 재규정해야 할 것이다.

2. 이 책의 논쟁점

첫째, 조선의 근대적 토지소유권제도 확립 과정에서 '내재적 발전'의 반영이라는 문제는 무엇인가이다. 구체적으로 조선사회의 토지제도의 핵심이라고 간주하는 결부제적 토지파악인 '양전量田'의 변화를 어떻게 보고 있는가라는 점을 강조한다. 수조권적 토지지배의 변화는 16세기 직전제의 폐지를 통해 크게 변화하였다는 사실과, 그것의 일종인 '절수折收'를 통해 19세기 말까지 잔존하면서 규정력을 가지고 있었다고 결론지었다. 특히 16세기 중엽에 직전제가 폐지됨으로써 수조권 분여에 기초한 '수조권적 토지지배'는 원칙적으로 소멸되었다고 파악하였다.

이 논지에 의하면, 17세기 이후에는 경제와 정치가 분리되는 한편, 사적 토지소유가 발전하여 지주적 토지소유가 성립했다고 볼 수 있고, 그러면 지주와 농민 간에는 더 이상 인격적·신분적인 지배예속관계가 존재하지 않는다. 그것은 저자의 '근대적 토지소유제도'의 정의에 들어맞는 근대적 토지소유가 아닌가. 여기서 17세기 수조권적 토지지배의 유지를 결부제의 지속이나 민유와 국유의 구분이 정립되지 않았기 때문으로 규정하는 것은 과도한 규정이다.

둘째, 대한제국의 양전·지계사업에 대해 의도적인 평가절하가 보인다. 대한제국 시기의 사업은 객관적인 토지파악을 위한 두락제의 도입, 현실의 토지소유자로서 시주時主와 시작時作의 명기, 관계官契의 발급을 통한 매매문기제도의 개혁 등 구래의 양전과는 다른 모습을 보인다. 대한제국의 토지조사사업은 구래의 양전 방식에 기초하면서도 이를 극복하는 근대적 측량과 근대적 소유권제도의 수립을 지향하였으며, 더욱이 외국인 토지소유에 대한 제한을 시도함으로써 일제의 사업과는 대조된다. 대한제국의 근대적 토지제도의 수립 과정과 지향점은 분명히 하나의 사실로서 인정해야 하지 않겠는가.

셋째, 구래의 양안과 '사업'의 연관성 문제에 대해 '단절적'으로 파악하고 있는 점이다. 저자는 구래의 양전에 기초한 양안과 조세관련 장부체계와는 별도로, 현실의 농가사정을 반영하여 재작성된 깃기에 기초한 결수연명부와 토지신고서, 토지조사부와의 연속성을 강조하였다. 논평자가 지적한 것처럼, '깃기→결수연명부→토지대장'으로의 이행을 구래의 양안과 다른 계통으로 이해하는 것은 오류이다. 논평자도 이전 글에서 1720년의 '경자양전庚子量田'에 기초한 결수연명부가 종래의 토지파악 방식을 그대로 간직하고 있는 장부인데, 매우 철저하게 토지를 파악하고 있었다는 점을 강조했다. 즉 결수연명부의 성격을 둘러싸고 서로 강조점의 차이를 드러내고 있다. 이 점은 1912~1913년에 새롭게 작성되는 '과세지견취도'가 과연 어떠한 원칙과 내용을 갖고 있는가에 대한 연구에서 실마리를 찾을 수 있을 것이다.

넷째, 토지조사사업의 성격에 대해 종래 연구사에서 지적된 식민지적 토지제도의 수립과 '수탈성'에 대한 문제가 어떻게 다루어지고 있는가이다. 이 책에서는 일제의 토지조사사업이 식민지 수탈을 위해 수립된 주도면밀한 계획에서 이루어지고 있었다는 측면을 부정하고 있다. 그렇지만 이미 1871년 일본의 지조개정에 이어 타이완의 토지조사사업이 있었고, 이에 기초하여 '조선'에서 토지조사사업을 하고 있었다는 점에서 사전에 철저한 계획수립과 방식이 이미 전제되어 있었다고 하겠다. 다만 기왕의 조선의 토지법제와 관습에 대한 조사가 늦어졌다는 사정이 작용했을 뿐이다. 이 문제를 밝히기 위해서는 '사업'의 계획수립에 관한 일제 당국의 방침에 관한 자료를 검토할 필요가 있다. 특히 외국인 토지소유의 합법화와 임야조사사업에 대한 합리적인 설명이 포함되지 않으면, 토지소유의 약탈성에 대한 비판으로서는 미흡한 것으로 남게 된다.

다섯째, 근대적 토지소유제도의 확립이라는 문제는 과연 자본주의적 토지소유제도와 등치되는가, 토지소유의 계급적 성격을 탈각시키는 논점으로는 일제하 지주 소작제의 대립과 갈등을 해명할 수 있는가, 일제의 토지조사사업을 통해 정립된 '지주제'는 과연 근대적인 농업생산관계인가, 아니면 과도기적, 해체적 경향을 가진 전근대적 생산관계인가 하는 문제이다. 토지소유제도의 '근대성' 여부에 대한 저자와 논평자의 견해는 거의 일치하고 있다고 보여지면서도, 논평자는 '지주적 토지소유권' 자체를 근대적인 것으로 간주하는 관점을 보이고 있다. 1930년대 한국 학계에서 논의된 '사업과 식민지 지주제 논쟁'에서는 일제하 지주·소작제가 반봉건적 생산관계이고, 이는 곧 해체될 조짐이 있거나 아니면 해체시켜야 한다고 했다. 1945년 이후 토지개혁과 농지개혁이 미완의 근대적 토지제도를 완결시킨 것으로 볼 수 있다면, 일제의 '사업'은 또 다른 차원에서 근대적 토지제도의 수립을 저지하는 '식민지적 토지제도'의 수립으로 볼 수 있을 것이다.

3. 연구의 전망

지금까지 일제의 토지조사사업은 식민지 지배를 위한 기초작업으로 평가되었다. 이 책에서는 이를 근대사회의 수립과 발전을 위한 출발점으로 인식하고 있다는 비판이 제기된 것처럼, 사업의 목적과 경과, 즉 성과적 측면을 어떻게 파악할 것인가 하는 측면이 이론적으로나 실증적으로 해명되어야 한다. 실제 대한제국과 일제의 토지조사사업에 관한 사례연구는 별로 진척되지 않았다. 광무양전 지역 중에서 경기 용인군 이동면, 광주군 일부, 충남 한산군, 온양군 일부, 연산군 일부, 일제의 '사업' 지역에서 경남 김해군, 전북 옥구 등 전국적으로 극히 일부 지역의 사례만 학계에 보고된 것이다. 토지조사사업의 전 과정에 대한 연구는 앞으로 발굴될 '사업'의 정책결정 과정과 '사업'의 성과에 대한 보다 면밀한 조사를 통해 한 단계 진전될 수 있을 것이다. 이를 위해서도 역사학계와 경제학계 사이에 비판적 교류와 대화가 이루어져야 하겠다.

Gi-Wook Shin

Peasant Protest and Social Change in Colonial Korea

Seattle and London: University Of Washington Press
1996. 234 pp.

CONTENTS

한국 근현대 사회 변동의 역사적 기원

—신기욱, 『식민지 한국의 농민저항과 사회변동』—

이준식*

1. 머리말

『식민지 한국의 농민저항과 사회변동*Peasant Protest and Social Change in Colonial Korea*』의 저자 신기욱은 연세대학교 사회학과를 거쳐 1991년 미국 시애틀의 워싱턴대학에서 다니엘 시롯Daniel Chirot의 지도 아래 식민지 조선의 농민운동을 다룬 논문으로 박사학위를 받았다.[1] 아이오와대학(1991~1994)과 UCLA(1994~2001)에서 각각 교수로 재직했으며 현재는 스탠포드대학 사회학과 종신재직교수 겸 국제학연구소Institute for International Studies 선임연구위원, 아시아·태평양연구소Asia·Pacific Research Center 한국학 프로그램 책임자로 있는 사회학자이자 한국학자이다. 스탠포드대학 당국은 그를 임용하면서 "현대 한국을 전공한 젊은 사회과학자 가운데 가장 뛰어나고 장래가 촉망되는 한 사람"이라는 점을 강조한 바 있다. 그

* 李俊植 성균관대 동아시아학술원 연구교수.

1 원래 그의 석사학위논문은 세계 70여 개 국가의 정치체제와 경제발전과의 관계를 설명하는 모델에 관한 것이었으나 지나치게 일반론에 기울어진 사회학 연구에 회의를 느껴 역사사회학을 전공하게 된 것으로 알려져 있다.

리고 그가 스탠포드대학 최초의 한국인 종신재직교수로 부임하는 것이 결정되었을 때 그 사실은 국내 각 신문에 보도되었다. 이는 그가 미국뿐만 아니라 한국에서도 주목받는 존재라는 것을 보여준다.

그가 주목받는 이유는 두 가지라고 생각된다. 첫 번째는 40대 초반이라는 젊은(?) 나이에 미국 굴지의 명문대학인 스탠포드대학 역사상 최초의 한국인 종신재직교수이자, 같은 학교의 후버연구소Hoover Institute와 함께 미국정부의 정책에 상당한 정도의 영향력을 행사하는 국제학연구소의 선임연구위원에다 새롭게 설립된 한국학 프로그램의 책임자가 되었다는 현실적 위상에 따르는 객관적 영향력에 대한 기대이다. 그는 현재는 물론이고 앞으로도 미국학계 특히 한국학 연구분야에서 큰 영향력을 행사할 인물로 꼽히고 있다. 실제로 그는 한국학계와 긴밀한 관계를 유지하면서 미국과 한국의 학계를 잇는 중요한 역할을 하고 있다.[2]

2 그는 2002년 여름 스탠포드대학의 학생들을 인솔해 서울대학교와의 교환 프로그램에 참가하는가 하면 미국에서 한국의 학자들이 참여하는 학회를 여러 차례 개최하는 등 한국 학계와 활발한 교류활동을 벌이고 있다. 1998년 말 『월간 조선』과 당시 대통령자문정책기획위원장이던 최장집 교수 사이에서 이념논쟁이 벌어졌을 때 이 논쟁을 '학문과 지성의 자유에 대한 도전'으로 규정한 미국 내 한국학자 22인의 성명서 발표에 동참하는가 하면 한국의 신문에 냉전적 사상논쟁을 비판하는 글을 기고할 정도로 현실문제에 깊은 관심을 보인 것도 미국에서 활동하는 한국 학자로서의 신기욱의 관심과 현실적 위상을 이해하는 데 시사적이다. 참고로 이 글의 전문을 인용하면 다음과 같다. "지금 한국이 때아닌 사상논쟁으로 시끄럽다는 소식을 접하며 착잡한 마음이 든다. 우선 문제가 되는 최장집 교수의 저작들이 과연 '좌익적' 시각을 갖고 있는가? 역사사회학자로서 최 교수의 저작을 많이 접한 바 있는 필자의 입장에서는 『월간 조선』의 주장은 이해하기 어렵다. 오히려 최 교수의 저작들은 미국학자들의 중요한 견해로서 북한에 동정적으로 보일 수도 있는 '수정주의'에 대해 상당히 비판적 입장을 견지하고 있으며 만일 이것이 좌익이라면 좌익에 대한 정의부터 다시 내려야 할 것이다. 이처럼 낡고 소비적인 이념논쟁에서 벗어나질 못할 만큼 한국 지식층의 이념적 수준이 낮다는 말인가? 현재 진행되고 있는 사상 시비는 학문의 자유에 대한 중대한 도전인 동시에 그간 한국 사회과학계가 쌓아온 업적을 무너뜨릴 위험을 안고 있다. 세계는 빠르게 변화하고 있으며 대부분의 나라에서는 그동안 냉전으로 막혀 있던 이념적 지평을 넓히는 데 몰두하고 있다. 우리에게 익숙한 포스트모더니즘이나 글로벌리즘은 차치하고라도 앤서니 기든스가 주창한 '제3의 길'에서부터 새뮤얼 헌팅턴

그러나 그가 주목받는 더 중요한 이유는 그의 학문적 업적에 기인한다. 그는 여기서 논의하려고 하는 책을 통해 미국과 한국의 학계에서 높은 평가를 받았다. 그리고 『미국사회학평론*American Sociological Review*』과 더불어 미국 사회학계에서 가장 권위 있다고 인정되는 『미국사회학잡지*American Journal of Sociology*』에 두 편의 논문[3]을 발표한 바 있으며 이 밖에도 미국과 한국의 유수한 학술지와 학회에 논문 발표 및 단행본 출간 등을 통해 활발한 연구 활동을 벌이고 있다.[4]

의 '문명충돌론'에 이르기까지 그 주장하는 내용은 상이하지만 냉전시대에 제약되었던 사고의 틀을 확장하려는 시도라는 점에서 공통점을 갖고 있다. 이제 한국도 이러한 국제 시류에 발맞추어 새로운 이념 개발과 지적 논쟁에 참여해야 한다. 우리는 세기말이라는 역사의 전환점에 서 있으며 해묵은 사상논쟁은 한국의 지적, 이념적 빈곤만을 보여줄 뿐 다가오는 21세기를 준비하는 데 아무런 도움도 되지 못한다. 이제는 국제사회에서 한국의 위상에 걸맞은 이념적, 지적 토대를 만들 때가 되었으며 그럴 때에만 한국은 진정 국제사회에서 인정받는 '선진국' 대열에 설 수 있을 것이다." 신기욱, 「사상 논쟁은 지적 빈곤의 증거」, 『한겨레신문』, 1998년 11월 2일.

3 Gi-Wook Shin, "The Historical Making of Collective Action: The Korean Peasant Uprising of 1946," *American Journal of Sociology*, Vol. 99, No. 6(1994) ; "Agrarian Conflict and the Origins of Korean Capitalism," *American Journal of Sociology*, Vol. 103, No. 5(1998).

4 그의 대표적인 연구업적은 다음과 같다. 신기욱, 「농민과 농민운동—일제하 농민투쟁을 보는 시각에 대하여」, 『연세사회학』 제10 · 11호(연세대 사회학과, 1990) ; 「식민지 조선 연구의 동향—미국 학계의 동향을 중심으로」, 『한국사시민강좌』 제20집(일조각, 1997) ; 「농지개혁의 역사사회학적 고찰」, 홍성찬 편, 『농지개혁연구』(연세대학교출판부, 2001) ; 「1930년대 농촌진흥운동과 농촌사회 변화」, 방기중 편, 『일제파시즘 지배정책과 민중생활』(혜안, 2004) ; Gi-Wook Shin, "The Politics of Nationalism in U.S.-Korean Relations," *Asian Perspective*, Vol. 28, No. 4(1994) ; "South Korean Anti-Americanism: A Comparative Perspective," *Asian Survey*, 36(1996) ; "Agrarianism: A Critique of Colonial Modernity," *Comparative Studies in Society and History*, Vol. 41, No. 4(1999) ; Gi-Wook Shin and Michael Robinson, "Introduction: Rethinking Colonial Korea," Gi-Wook Shin and Michael Robinson, eds., *Colonial Modernity in Korea*(Cambridge, Massachusetts: Harvard University Asia Center, 1999) ; Gi-Wook Shin and Do-Hyun Han, "Colonial Corporatism: The Rural Revitalization Campaign, 1932~1940," Gi-Wook Shin and Michael Robinson, eds., 위의 책 ; Gi-Wook Shin, Jim Freda, Gihong Yi, "The Politics of Ethnic Nationalism in Divided

이러한 신기욱의 존재에 대해 국내학계도 일찍부터 깊은 관심을 기울여 왔다. 단적으로 한국사회학회가 2001년 6월에 주최한 해외 한국인 사회학자 초청 워크숍에 브리티시컬럼비아대학의 장윤식, UCLA의 유의영, 아이오와대학의 김재온, 사우스캐롤라이나대학의 신의항, 하와이대학의 구해근 같은 쟁쟁한 재미 사회학자와 함께 초청 대상이 된 것을 보면 알 수 있다. 이 워크숍에서 그는 자신의 학문세계를 스스로 정리한 글을 발표했고[5] 이에 대해 서울대학교의 박명규와 한림대학교의 전상인이 토론을 벌였다.[6]

2. 책의 구성과 내용

(1) 책의 개관

이 책은 워싱턴대학에 제출한 박사학위논문을 기초로 이후에 발표한 글을 덧붙여 워싱턴대학 출판부의 '헨리 잭슨Henry Jackson 한국학 시리즈'로 출간된 것이다.

이 책의 구성을 보면 알 수 있듯이 신기욱의 관심은 상당히 거시적이다. 즉 식민지 조선 농촌사회의 변동과 농민저항을 조선후기 및 해방 이후와의 연속선상에서 파악하고 있는 것이다. 여기에 이론적 밑바탕이 된 것은 서구학계에서 발전되어 온 사회학이론, 사회운동론, 농민사회론 등이다.

또한 방법론상으로는 사례연구에 대한 언급도 부분적으로 돋보이지만

Korea," *Nations and Nationalism*, Vol. 5, No. 4(1999).

5 신기욱, 「식민지의 사회운동과 역사변동」, 석현호 · 유석춘 편, 『현대 한국사회 성격논쟁: 식민지, 계급, 인격윤리』(전통과 현대, 2001a)

6 박명규, 「식민지 역사사회학의 시공간성에 대하여」, 석현호 · 유석춘 편, 위의 책 ; 전상인, 「근현대 한국사회의 농촌적 기원: 새로운 발상, 오래된 전통」, 석현호 · 유석춘 편, 위의 책.

무엇보다 논의에서 핵심이 되는 것은 양적 자료를 고도의 통계기법으로 정교하고 치밀하게 그리고 새롭게 분석함으로써 농민저항에 대한 통설과는 다른 결론을 내리고 있다는 점이다. 사실 양적 방법의 구사는 한국 역사학계에서는 보기 드문, 그의 책만이 지닌 중요한 장점이다. 특히 브루스 커밍스Bruce Cumings의 과격주의 지수를 조목조목 비판하면서 독립변수, 매개변수, 종속변수 등으로 해체하는 부분이라든지 분석기법의 측면에서 커밍스의 단순 상관관계 분석을 비판하고 다변량분석 방법, 로짓분석 등을 도입하는 부분이 자못 돋보인다(제9장).

한편 그의 관심이 단지 식민지 조선의 농민저항을 분석하는 데 그치지 않고 있다는 점도 주목된다. 이 책에는 서구 사회학계에서 논의된 사회운동론과 농민사회론의 토대가 된 중국, 베트남 등의 농민운동과 식민지 조선의 농민운동을 비교하려는 문제의식이 곳곳에 녹아 있다.

구체적으로 그가 주장하는 바를 몇 개의 주요 장을 중심으로 정리하면 다음과 같다.

먼저 제4장과 제7장은 소작쟁의를 다루고 있다. 여기서 논의의 초점이 되는 것은 소작농의 궁핍화pauperisation가 소작쟁의를 일으킨 주요 원인이며 소작빈농을 중심으로 한 농민운동이 반일민족운동 또는 농민혁명의 성격을 띤 것으로 보는 기존의 연구('궁핍화-혁명' 명제)에 대한 비판이다. 저자는 특히 소작쟁의에 참가한 농민의 계급적 이해관계의 차이와 시기별 차이에 주목하고 있다. 예를 들어 종래에는 구별하지 않고 분석되어온 1920~1932년의 소작쟁의도 그에 따르면 1920~1926년의 쟁의와 1927~1932년의 쟁의로 분명하게 구분된다는 것이다. 전자의 경우 쌀값이 상승하고 1인당 소비지출도 증가하는 등 사회경제적 여건이 비교적 유리한 시기로, 이러한 조건을 반영해 이 기간의 소작쟁의는 농민의 절대적 빈곤과 궁핍화로 인해 일어난 것이 아니라 더 나아진 여건을 자신에게 유리하게 활용하려고 한 농민들의 공세적 행동의 결과로 일어났다고 한다(p.63). 그리고 농민들이 소작쟁의를 통해 표방한 구호(소작료 인하 등)도 결코 혁명적인 것이 아니었으며 소작쟁의의 결과도 비교적 농민들에게 유리했다는 것이다(p.66). 반면 후자의 경우에는 불황기라는 사회경제적 여건이 반영되면서 소작쟁의 건당 참여인원은 줄어들었지만 건수는 급증했으며 주로 소작권 이동이 주요 쟁점이 되는 등 소작쟁의의 성격이 공격적인 것에서 방어적인 것으로 바뀌었다고 한다(p.71). 이러한 논의를 바탕으로 저자는 농민이 '자루 속의 감자'도, 민족해방을 추구하는 혁명가도 아닌, 주어진 사회경제적 변화의 여건 속에서 자신의 이해득실을 고려해 때로는 공격적으로(1920~1926년, 1933년 이후), 때로는 방어적으로(1927~1932년) 변하는 합리적인 주체임을 주장하고 있다. 아울러 소작쟁의는 소작료, 소작권, 지세 등을 두고 벌인 소작인의 대對지주투쟁으로 결코 혁명운동은 아니었지만, 결과적으로 일제로 하여금 사회정책적 입법화를 서두르게 함으로써 식민지 조선의 사회변동에 중요한 역할을 한 것으로 보고 있다.

제5장과 제6장은 적색농민조합운동(이하 적색농조운동)[7]을 다루고 있다.

---

7 신기욱은 1930년대의 농민조합운동을 가리켜 적색농조운동으로 부르고 있다. 실제로 일제는 농민조합운동을 표현할 때 '적색'이라는 용어를 썼다. 경찰기록과 법원판결문에도 적색이라는 용어가 흔히 쓰이고 있었다. 이는 기본적으로 일제가 식민지 조선의 사회주의운동을 탄압하기 위해 전가의 보도처럼 사용하고 있던 '악법 중의 악법'인 치안유지법을 농민조합운동에도 적용하려는 의도와 관련되어 있었다. 실제로 당시 농민운동의 주체세력이 과연 적색이라는 용어를 어느 정도 일반적으로 썼는가 하는 데 대해서는 의문의 여지가 있다. 특히 적어도 농민조합운동이 합법적으로 전개되고 있던 1930년대 초반만 하더라도 농민조합의 명칭에 적색이라는 수식어를 붙이는 경우는 보이지 않는다. 단, 합법적 농민조합운동이 일제의 탄압을 받은 후 농민조합 재건운동이 벌어질 때에는 '좌익'이라는 용어가 등장하기도 했다. 따라서 일제강점기의 농민조합운동을 규정하는 좀더 객관적인 용어로는 혁명적 농민조합운동이 적당하다고 생각되지만 이 글에서는 신기욱이 쓰고 있는 적색농조운동이라는 용어를 그대로 사용하기로 한다. 혁명적 농민조합운동에 대

저자는 적색농조운동에 대한 기존의 연구경향 즉 적색농조의 조직과 성격을 일제(그리고 농촌의 지배계급)에 의한 억압과 착취, 코민테른이나 조선공산당 재건운동과 결부시켜 파악하는 방식에 대해 통렬한 비판을 가하고 있다. 그에 따르면 적색농조운동은 외부와 연계된 운동이 아니라 농민들의 자발적인 운동이었으며, 철저하게 지역적 관심에서 출발한 경제운동이었다. 이 운동이 함경도 지방에 집중된 가장 중요한 이유로는, 대공황에 따른 농산물 가격의 폭락 때문에 각종 조세부과의 대상인 자작농과 자작 겸 소작농이 가장 큰 타격을 입었는데 지역적으로 함경도의 자작농가 비율이 상대적으로 높았기 때문이라는 점을 들고 있다. 이러한 의미에서 적색농조운동은 더 이상 잃을 것이 없는 빈농들이 공산주의자들의 민족해방운동에 동원된 것이라기보다는, 농산물 가격의 하락과 조세부담에 직면해 무엇인가 지켜야 할 것이 있는 중농이 주도한, 국가와 사회 간의 갈등이라는 것이다.

제8장은 전시체제 아래에서의 일상적 형태의 저항(식량공출 반대, 쌀농사 거부, 유언비어 유포 등)을 다루고 있다. 저자에 따르면 일상적 저항은 소작쟁의나 적색농조운동에 비해 상대적으로 비집합적, 방어적, 소극적 형태를 띠었지만 저항의 정신을 유지하고 해방 이후 농민항쟁과의 연속성을 유지했다는 점에서 중요한 의미를 갖는다. 또한 소작쟁의에서는 계급의 문제가, 적색농조운동에서는 식민지 국가권력의 문제가 중요했다면, 이 시기에 일어난 일상적 형태의 저항에서는 민족의 문제가 중요했던 것으로 보고 있다.

제9장은 식민지 조선의 농민저항이 해방 후 한국사회에 남긴 유산을

해서는 지수걸, 『일제하 농민조합운동 연구』(역사비평사, 1993) ; 이준식, 『농촌 사회 변동과 농민 운동』(민영사, 1993) 등을 참조.

1946년에 일어난 '10월항쟁'을 중심으로 논의하고 있다. 저자에 따르면 식민지 기간 농민저항의 역사적 경험이 10월항쟁의 중요한 요인이었다고 한다. 특히 정밀한 계량분석을 통해 소작쟁의가 활발하게 일어난 지역, 그리고 이를 통해 농민이 유리한 결과를 얻은 경험이 많은 지역에서 10월항쟁이 일어났다고 주장하고 있다. 그는 식민지 기간의 소작쟁의와 10월항쟁을 매개하는 변수로 인민위원회를 설정한다. 즉 1930년대 소작쟁의에서 성공한 경험이 1945년 이후 인민위원회의 조직화에 영향을 미쳤고 이는 10월항쟁의 조직적 기반을 마련하는 데 중요한 역할을 했다는 것이다. 또한 커밍스의 주장[8]과는 달리 10월항쟁과 적색농조운동 사이에는 아무런 통계적 연관성이 없다고 한다. 따라서 저자는 해방 후 남한의 농촌사회가 그다지 혁명적이지 않았으며 농민들이 혁명보다는 개혁(농지개혁)을 원했던 것으로 보고 있다.

(2) 책에서 제기한 주요 쟁점

1) 농민운동의 원인과 주체

신기욱은 농민저항을 둘러싼 이론적 쟁점을 다음의 세 가지로 요약하고 있다(pp.11~17).

① 토지 없는 농민 대 중농: 농민 저항의 주체는 중농인가 아니면 빈농인가?
② 도덕적 농민 대 합리적 농민: 농촌 외부로부터 주어진 사회경제적 변화, 이를테면 자본주의의 시장 침투와 농업의 상업화에 대해 농민은 방어적, 도덕적 행태를 보이는가 아니면 적극적, 합리적 행태를 보이는가?
③ 구조적 힘 대 개인 행위: 농민 저항이 일어나는 데 구조적 조건이 중요한가 아니면 주체적 요인이 중요한가?

---

8 브루스 커밍스, 김자동 옮김, 『한국전쟁의 기원』(일월서각, 1986).

이상의 쟁점에 대해 그는 어느 한쪽 견해를 일방적으로 지지하거나 기각하는 것이 아니라 두 입장을 모두 아우르는 통합적 입장integrated view을 제시하고 있다(pp.17~21). 이를테면 자본주의의 시장침투라는 문제와 관련해볼 때, 시장경제에의 참여가 활발한 부농의 경우는 시장친화적, 이윤추구적 대응을 하는 반면에(합리적 농민), 상대적으로 자급자족의 비중이 큰 빈농은 반反시장적이고 생계유지에 더 큰 관심을 기울인다는 것이다(도덕적 농민).[9] 또한 경기변동과 관련해서는 불황기의 농민들은 이윤추구보다는 생계유지에 더 많은 관심을 보이는 데 반해(도덕적 농민), 호경기의 농민들은 상대적으로 생계유지보다는 이윤획득에 더 많은 관심을 기울인다는 것이다(합리적 농민). 이처럼 계급이나 시기에 따라 농민의 태도가 달라지기 때문에 농민들이 농민저항에 참여하는 동기와 목표도 달라지게 된다는 것이 저자의 생각이다. 그러면서 그는 빈농이 수세적 · 방어적이라면 부농은 적극적 · 공격적인 행태를 보이며, 경기변동과 관련해서는 불황기일수록 방어적으로 되고 호황기에는 더 공격적으로 되기 쉬운 것으로 보고 있다. 또한 지배계급과 국가권력의 힘이 강한 경우에는 방어적 성격의 농민저항이 일어나는 반면, 농민조직의 힘이 상대적으로 강할 경우에는 공격적 성격의 농민저항이 일어난다는 것이다.

이처럼 농민저항의 성격을 파악할 때 그것을 일반화하기보다는 계급별, 시기별, 그리고 지주와 소작인 사이의 역학관계 및 국가권력과의 역학관계에 따라 농민저항의 형태와 성격이 어떻게 변하는지에 분석의 초점을

9 합리적 농민과 도덕적 농민에 대한 이론적 논의는 James C. Scott, *The Moral Economy of the Peasant: Rebellion and Subsistence in Southeast Asia*(New Haven: Yale University Press, 1976) ; Samuel L. Popkin, *The Rational Peasant: The Political Economy of Rural Society in Vietnam*(Berkeley: University of California Press, 1979) 등을 참조.

맞추어야 한다는 것이 저자가 제시한 통합적 입장의 핵심이다(p.20).

통합적 입장을 통해 저자가 강조하려는 것은 식민주의와 상업화가 종래의 주장처럼 농촌 계급구조를 양극화한 것이 아니라 오히려 다양화했다는 사실이다. 곧 지주와 빈농 외에 농촌에 광범위하게 존재하고 있던 중농에 주목하고 있는 것이다. 사실 어느 정도 잉여의 축적이 가능하던 농민층으로서의 중농의 존재와 농민저항을 연결시키는 것은 '식민주의-궁핍화-혁명' 명제에 대한 그의 비판에서 핵심을 이루는 부분이다. 곧 중농이 소작쟁의와 적색농조운동의 주체였다는 주장을 통해 빈농이 농민운동의 주체라는 점을 강조하는 '궁핍화 명제'를 반박하고 있는 것이다.

2) 농민저항이 사회변동에 미친 영향

"농민저항은 사회변동에 어떠한 영향을 미쳤는가?" 이는 사회학자로서 저자의 관심을 집약적으로 보여주고 있는 질문이다. 이와 관련해 그는 '국가-사회 갈등state-society conflict'(p.179)이라는 모델에 입각해 한국 근현대의 사회변동이 '사회운동→갈등의 제도화→사회변동'의 과정으로 진행된 것으로 보았다. 여기서 '국가'는 흔히 말하는 강한 국가를, 사회는 저항적 사회를 의미한다. 저자에 따르면 식민지 조선 특히 1930년대에 정립된 '강한 국가-투쟁적 사회'라는 구조적 틀이 이후 한국의 근현대사를 관통하는 방법이 되었다는 것이다. 여기서 핵심이 되는 것은 사회운동으로 구체화된 '투쟁적 사회'의 역할이다.

외국(주로 영어권)에서의 연구가 주로 국가와 세계체계의 문제에 초점을 맞추어 한국이 근대사회로 나아가는 과정(자본주의적 산업화)을 설명하는 데 비해 저자는 그동안 간과되어왔던 제3의 요인으로 사회세력(농민과 지주)과 시민사회(농민저항이라는 '투쟁적 사회')에 주목하고 있다. 그는 이러한 생각을 책의 결론 부분에서 "20세기 전반기 한국농민의 적극적 행동주의activism는 후반기의 사회와 정치에 큰 영향을 미쳤다"(p.174)라는 한마디로 집약하고 있다. 그에 따르면 식민지 조선의 농민저항은 북한은 물론이고 남한에서도 해방 후 농촌의 계급관계와 사회구조에 영향을 미쳤다는 것이다.

그는 역사 발전의 연속성과 단절성(식민지 조선과 해방 이후의 한국)이라는 명제에 대해 사회운동에 의한 사회변동이라는 측면에서 접근할 것을 제안한다. 곧 식민지와 해방 이후를 연속선상에서 파악해야 한다는 것이다. 특히 사회운동 가운데서도 그는 농민저항에 주목하였다. 그에 따르면 식민지 조선의 농민저항은 어느 정도의 농업잉여를 갖고 사회변동(시장의 침투와 상업화의 발전, 대공황에 따른 몰락 등)에 적극적이고도 합리적으로 대응하려고 한 농민층(주로 중농)이 주도했다고 한다. 이러한 농민저항이 일제강점기에는 물론 해방 이후에도 농촌사회에서 지주계급 권력의 약화나 농업잉여 착취의 제한을 초래했고 결과적으로는 토지자본을 상업 · 산업자본으로 전환시켰다는 점에서 궁극적으로는 한국자본주의 발전의 역사적 기원을 이루었다는 것이 한국 근현대 사회변동에 대한 그의 설명이다.

이와 관련해 그가 주목한 것은 농민저항의 사회적 효과이다. 그는 농민저항이 한국 근현대 사회변동의 핵심 요인이었다는 점을 강조하기 위해 농민저항의 사회적 효과 두 가지를 들고 있다. 하나는 소작쟁의가 일제의 식민지 농업정책에 중요한 변화(이를테면 1930년대의 조선소작조정령, 조선농지령 등 일련의 사회정책적 입법화)를 낳았고 다시 그것이 결과적으로는 지주계급의 약화와 토지자본의 상업 · 산업 자본으로의 전환을 초래했다는 점이다. 다른 하나는 소작쟁의의 역사적 경험 즉 농민저항을 통해 농민의 이익을 실현했다는 경험이 해방 이후 농민항쟁의 기반이 되었다는 점이다. 특히 저자는 농민항쟁이 토지개혁을 가져와 결과적으로 토지자본의 산업

자본화를 초래했다는 점에 주목하고 있다. 그에 따르면 이러한 전환은 결코 더 많은 이윤을 추구하는 자본가의 능동적 결정에 의한 것이 아니라 오히려 그것은 농민저항에 의해 농업부문에서 잉여를 획득하는 것이 어려워진 지주계급이 어쩔 수 없는 선택으로 받아들인 측면이 강하다는 것이다. '농민저항-지주계급의 약화(농업부문에서 잉여수취의 곤란)-토지자본의 상업·산업자본으로의 전환'으로 정리될 수 있는 도식을 저자는 '식민지 산업화'로 파악하고 있다. 이와 같이 자본가의 진보성을 강조한다는 점에서 이른바 '식민지 근대화론'의 입장에 서 있는 다른 연구자들과 일정한 차별성이 나타나기도 한다.[10] 결국 한국자본주의의 역사적 기원이 일제강점기의 농촌갈등으로 거슬러올라간다는 과감한 주장인 셈인데 이는 자본과 노동에 초점을 맞추어 한국자본주의의 기원을 설명하는 통상의 접근에 대한 하나의 대안이 될 수도 있을 것이다.

3) 역사인식에서 민족과 이데올로기의 문제

저자가 스스로 밝혔듯이 막스 베버Max Weber는 그의 학문의 출발점이었다.[11] 물론 베버의 사회이론에 대해서는 여러 측면에서 접근하는 것이 가능하겠지만 특히 베버의 비결정론적 사고로부터 큰 영향을 받은 것으로 보인다. 이는 저자가 역사(식민지 한국)연구는 계급결정론, 이데올로기결정론, 민족결정론 등의 여러 결정론에서 자유로워져야 한다는 점을 강조하는 데서 잘 드러난다.

그는 한국의 학자들이 특정 이데올로기(주로 민족주의)에 입각해 한국 근현대사를 이해하는 데 따르는 한계를 지적하고 그로부터 일정한 거리를

10 나중에 발표한 글에서 신기욱은 이를 '자본주의의 농촌갈등 이론agrarian conflict theory of capitalism'으로 명명했다. Gi-Wook Shin, 앞의 책(1998), p.1316.

11 신기욱, 앞의 글(2001a), p.8.

유지하는 탈민족주의post nationalism 역사인식의 필요성을 주장한다. 물론 그도 '민족사관' 자체를 100퍼센트 부정하지는 않는다. 그러나 그에 따르면 "민족 · 민족주의라는 개념만으로는 파악하기 어려운 식민지의 복잡한 양상을 보다 유연하게 분석하는 데 '정치이데올로기로서의 민족주의적 역사인식'은 역사연구에 장애물이 될 수도 있다"라는 것이다.[12]

이와 관련해 그는 일제강점기 농민운동에 대한 종전의 연구, 특히 한국역사학계의 연구가 일방적인 민족주의적 해석에 사로잡혀 역사적 실상을 제대로 포착하지 못한 것으로 보았다. 그가 볼 때 농민운동의 주체인 농민들은 궁극적으로 자신을 둘러싼 사회경제적 조건과 이해관계에 따라 움직이는 존재이다. 그리고 농민층 가운데 여건의 변화에 가장 능동적으로 대응할 수 있는 것은 주어진 기회를 활용할 수 있는 자원을 갖춘 농민층 곧 중농이며 이들이야말로 농민저항에서 사실상 주요 동력을 이루는 것으로 보았다.

그에 따르면 농민을 움직이는 것은 민족주의니 공산주의니 하는 이데올로기가 아니며 민족(해방)이라는 거창한 구호도 아니다. 이러한 맥락에서 그는 종래 민족해방운동으로 이해된 적색농조운동도 사실은 소작농가의 이익을 둘러싼 계급운동에 지나지 않았던 것으로 보고 있다. "농민들은 반식민주의, 민족주의 또는 사회주의 같은 이데올로기적 호소에 반응을 보이기도 했지만 그들의 주된 관심은 소작료 감액이나 안정적 소작 계약 같은 구체적이고도 경제적인 것이었다"라는 것이다(p.74). 또는 "1930년대 농촌갈등의 원천으로서의 민족에 대한 계급의 승리는 민족해방운동의 실패를 설명하는 데 중요한 의미를 갖는다. 식민지 기간 동안 민족해방운동의 대중적 기반의 결여는 지금까지 학계에서 흔히 강조해온 국가의 억

12 신기욱, 앞의 글(1997).

압이나 운동 지도층의 분파주의보다는 농민들의 관심을 흡수한 식민정책에 의해 더 잘 설명된다"라는 것이다(p.131).

4) '아래로부터의 역사'와 '농민의 농민운동'

저자는 이 책에서 한국사회의 발전을 '아래로부터의 역사History from Below'라는 역사사회학적 관점에서 설명하는 데 깊은 관심을 기울이고 있다. 이러한 관심은 그가 박사학위논문의 주제를 농민운동으로 잡은 데서 단적으로 드러난다.

그동안 사회학자들은 사회운동으로서의 농민운동에 대해서는 관심을 별로 기울이지 않았다. 농민에 대한 전통적인 연구시각은 주로 농민을 산업화와 도시화라는 거대한 사회변동의 과정 속에서 사라져가는 존재로 간주하는 것이었다. 따라서 농민들의 살아 있는 삶과 투쟁의 모습은 학문적 관심의 대상이 되지 못했다. 농민의 수동성, 순진무구함, 변동에 대한 저항 등과 관련된 신화들만이 이데올로기적으로 강화되어왔다. 그런데 이러한 생각의 본고장이라고 할 수 있는 미국에서 공부한 저자가 농민운동을 연구의 주제로 잡은 것 자체가 중요한 의미를 갖는다. 이는 그가 아래로부터의 역사라는 역사사회학의 새로운 입장에 서 있었기 때문에 가능한 일이었다.

주지하듯이 아래로부터의 역사를 강조하는 역사사회학은 민중을 역사의 주체로 간주한다는 점에서 기존의 사회학, 역사학과는 다르다. 예를 들어 역사적 격변기에 나타난 민중의 다양한 사회운동에 주목하는 것이 바로 그러한 차이를 잘 보여준다. 오랫동안 역사연구를 지배해온 '위에서부터의 역사'는 역사를 엘리트나 지배계급 중심으로 파악한다. 이에 비해 아래로부터의 역사는 기존의 역사서술에서는 잘 드러나지 않던 민중의 삶, 경험, 의식, 행위에 초점을 맞춤으로써 민중이 단순히 역사의 수동적 희생물이 아니라 스스로 역사를 만들어나가는 능동적 참여자였음을 강조하고 있다. 그리고 이러한 맥락에서 민중운동을 중시하고 있다. 나아가 계급관계란 항상 지배와 피지배, 투쟁과 적응을 수반하는 것이기 때문에 민중의 삶과 행위를 지배계급과 분리시켜 파악하는 것이 아니라 계급 대 계급의 역동적 관계 또는 계급대립이라는 관점에서 파악하고 있다. 아래로부터의 역사는 사회갈등보다는 사회질서를 우선시하고, 나아가 사회질서가 마치 규범적으로 용인된 것처럼 가정함으로써 민중운동을 일종의 일탈행위로 간주하는 전통적인 해석에 반대해 자본주의적 산업화라는 사회변동의 과정과 관련해서 민중운동이 왜, 어떻게 일어났는지를 구명하는 데 상당한 성과를 거둘 수 있었다. 저자가 식민지 조선의 농민저항을 연구의 주제로 삼은 것 자체가 이러한 문제의식과 무관하지 않다.

특히 그는 식민지 조선과 해방 후 한국의 농민운동을 설명하면서 '혁명적 엘리트나 혁명의 정치학에 초점을 맞추는' 이데올로기 중심의 기존 연구(주로 한국 역사학계의 연구)를 '엘리트주의 관점'(p.180)으로 보고 이를 거부하는 가운데 그 대안으로 '농민의 관점'(p.vii)에 초점을 맞추는 연구를 제시하고 있다. 이러한 그의 생각에 따르면 식민지 조선의 농민운동은 민족주의 농민운동이나 공산주의 농민운동이 아니라 "농민의 농민운동peasant's peasant movement"(p.7)으로 이해해야 한다는 것이다.

3. 신기욱의 논의에 대한 몇 가지 단상

(1) 양적 자료의 통계 분석만이 농민운동 연구의 방법론적 대안인가?

국내학계의 농민운동에 대한 연구가 주로 특정 지역 또는 개별 사건에 대한 사례연구를 바탕으로 하고 있는 데 비해 신기욱의 논의는 일상적 저항을 다룬 제8장을 제외하고는 전국을 대상으로 한 양적 자료를 통계적 기법으로 분석한 결과에 의존하고 있다는 점이 특이하다. 이는 그의 연구가 갖는 강점이자 동시에 한계이기도 하다.

양적 자료가 식민지 조선의 현실을 이해하는 데 중요한 의미를 갖는다는 사실 자체를 부정할 필요는 없다고 생각된다. 그리고 양적 자료를 통계적 기법으로 분석하는 것도 식민지 조선에 대한 이해를 높이는 데 큰 의미가 있다. 그러나 양적 자료와 통계적 기법만으로 식민지 조선의 실상을 모두 파악할 수 있는 것은 아니다.

이를테면 1920년대의 소작쟁의를 분석하는 데 양적 자료는 중요한 근거이다. 그런데 이 시기에는 세상을 떠들썩하게 한 소작쟁의가 상당히 많이 일어났다(1924년에 일어난 전라남도 무안군 암태도 소작쟁의, 1924년~1925년에 걸쳐 일어난 황해도 재령군 북률면 소작쟁의 등). 조선총독부의 권력을 등에 업은 지주에 맞서 수백 명에서 수천 명의 농민들이 투쟁을 벌였지만 실패로 끝나고 만 소작쟁의가 한두 건이 아니었다. 그러나 이들 소작쟁의도 양적 자료에서는 단지 하나의 소작쟁의로 파악될 뿐이다. 극단적으로 이야기하자면, 수천 명이 참가했지만 실패로 끝난 소작쟁의와 서너 명이 참가해 지주의 양보를 얻어내는 데 성공한 소작쟁의가 조선총독부의 소작쟁의 건수 자료에는 똑같이 한 건으로 기록되어 있다. 심지어 조선총독부 안의 어떤 부서가 조사했느냐에 따라 소작쟁의 발생 건수 자체가 엄청난 차이를 보이는 경우도 있었다. 이를테면 1930년의 경우 경무국의 조사에서는 93건(10,037명)인 데 비해 농림국의 조사에서는 726건(13,012명)이었다. 물론 두 자료가 갖는 의미는 전혀 다르게 해석될 수 있다.

한편 농민과 관련된 양적 자료를 이용하는 데 알아두어야 할 중요한 사실은 당시 일제가 농민층 범주를 부농·중농·빈농으로 구분한 것이 아니라 주로 자작과 소작을 기준으로 분류하고 있었다는 점이다. 따라서 중농이 식민지 조선 농민저항의 주체였다는 저자의 논의가 더 큰 설득력을 가지려면 과연 중농층의 기준이 무엇인지에 대한 논의가 있어야 할 것이다.

일제가 작성한 수많은 통계는 기본적으로 식민지 지배정책의 입안 또는 정책의 정당화를 목적으로 한 기초자료로서의 성격을 갖고 있다. 따라서 양적 자료에 담겨 있는 의미에 대한 이해가 선행되어야 한다. 통계자료를 이용할 때는 먼저 자료의 수집목적은 물론 수집과정이 안고 있는 한계를 제대로 인식할 필요가 있다. 사료비판이 전제되지 않은 통계를 단순히 인용만 하는 것은 오히려 잘못된 역사상으로 이어질 수도 있다. 농업관계 자료라고 해서 예외는 아니다. 따라서 관제통계를 이용할 수밖에 없는 상황이라면 통계에 담겨 있는 현실을 올바로 이해하기 위해 나름대로의 장치가 필요하다.[13] 그것은 통계자료를 상대로 끊임없이 조선인의 삶의 질은 어떠했는가를 질문하려고 노력하는 것이다.

예를 들어보자. 저자는 조선소작조정령(1932년)과 조선농지령(1934년)이 제정된 이후인 1933~1939년 사이에 소작쟁의의 발생 건수는 물론이고 소작농에게 유리하게 귀결된 소작쟁의 건수가 급증한 것을 소작농에게 유리해진 여건을 최대한 활용하려고 한 중농층의 적극적, 공격적 대응으로 해석하고 있다. 나아가 그 결과로 농촌사회 안에서의 지주계급의 사회적 힘이 약화되었을 뿐만 아니라 농민들이 민족적 이해관계보다는 자신의 경제적 이해관계에 따라 움직이게 됨으로써 적색농조의 대중적 기반이 약화되었다고 주장한다. 물론 두 법령은 외형상 이전보다 소작농에게 유리

13 일제강점기에 이미 이 문제를 지적한 바 있는 李如星 · 金世鎔, 『數字朝鮮硏究』(세광사, 1931~1935) ; 白南雲, 「'數字朝鮮硏究' 第5輯에 對한 讀後感」, 하일식 편, 『백남운 전집 4: 彙編』(이론과 실천, 1993) 등을 참조.

한 것이 사실이었다. 그러나 두 법령에서 쟁의로 규정된 소작쟁의와 1920년대의 소작쟁의는 그 규모와 성격이 다르다는 중요한 사실이 그의 논의에서 간과되고 있다. 또한 '혁명적' 성격을 띤 농민운동이 일제에 의해 상상을 뛰어넘는 가혹한 탄압을 받았다는 사실도 단 몇 줄의 서술로만 언급되어 있다. 지주계급에 대한 논의도 마찬가지이다. 그는 상대적으로 이전보다는 소작농에게 유리해진 법령 때문에 이전처럼 높은 농업잉여의 수취가 불가능해졌기 때문에 지주계급이 토지자본을 상업·산업자본으로 전환시켰다고 설명한다. 이러한 설명에 따르면 1930년대 식민지 조선의 지주는 이른바 '정태적情態的 지주'에 들어맞는 존재였다. 그러나 지주들이 자본가로의 전환을 모색한 것이 단지 농업부문에서의 잉여 수취가 어려워졌기 때문이었을까? 농민들이 더 많은 경제적 이익을 추구하는 존재였다면 지주도 마찬가지가 아니었을까?

(2) 일제강점기 농민운동의 주체는 과연 중농이었는가?

농민운동의 주체 문제, 곧 다양한 농민층 가운데 어떤 농민들이 운동의 중심을 이루었으며, 왜 그들이었는지 하는 문제는 농민운동 연구에서 가장 핵심적인 부분이라고 할 수 있다. 특히 자본주의적 산업화와 상업화가 일정하게 진행된(또는 진행되고 있는) 사회에서의 농민운동의 계급적 기초에 대해서는 두 가지 대립되는 견해가 있다. 그중 하나는 가장 몰락한 농업노동자와 빈농층을 중심으로 여기에 중농층(경우에 따라서는 부농층)이 가세해 농민운동의 주체를 이루었다고 보는 견해[14]이고 다른 하나는 어느 정도 영농기반을 갖추고 있는 중농층을 농민운동의 핵심으로 보는 견해[15]

---

14 대표적인 예로 지수걸, 앞의 책 ; 이준식, 앞의 책 등이 있다.

15 대표적인 예로 박명규, 「일제시대 농민운동의 세층석 성격—자작농층을 중심으로」, 서

이다. 이 문제에 대해 저자는 책의 제1장에서 시기별로 사회 · 경제적 여건의 변화에 따라 농민 내부의 다양한 층이 서로 다른 행태를 보인다는 점을 강조하면서 통합적 입장을 제시하고 있다. 그렇지만 그가 실제로 분석하고 있는 식민지 조선 농민저항의 주체는 주로 중농이다. 이와 관련해 소작쟁의는 물론이고 흔히 빈농중심의 운동으로 설명되어오던 적색농조운동에 대해서도 중농 모델이 맞다는 점을 강조한 것이 주목된다(p.179). 적색농조운동이 가장 활발한 지역은 지주 · 소작관계가 발달한, 그리하여 소작농의 비율이 높은 남부지방이 아니라 자작농의 비율이 높은 함경도라는 점이 그가 중농 모델을 주장하는 가장 중요한 근거이다.

저자는 기본적으로 중농을 자작농으로 파악하는 전제 아래 논의를 전개하고 있다. 곧 영농형태에 따른 농민층의 구분을 계급의 범주로 등치해[16] 함경도처럼 자작농이 많은 지역에서 농민운동이 활발했다는 것을 근거로 일제강점기 농민운동의 중농적 성격을 강조하는 것이다. 이 문제를 구체적 사례를 통해 좀더 자세히 검토해보기로 하자.[17] 저자 역시도 적색농조운동의 대표적 사례로 언급하고 있는 함경남도 정평농조의 경우 정평지방의 농민층 내부의 구성은 물론 조합원의 구성을 부분적으로 보여주는 자료가 유일하게 남아 있어서 큰 도움을 얻을 수 있다. 물론 이 자료는 농민조합운동

울대학교 사회학연구회 엮음, 『현대자본주의와 공동체이론』(한길사, 1987) ; 신기욱, 앞의 글(1990) 등이 있다.

16 그런데 이러한 구분 방식은 일제강점기 농민운동의 당사자들에 의해서도 이미 부정된 것이다. 예를 들어 함경북도 농민조합명천좌익중앙조직준비위원회(이른바 명천3차농민조합)는 1936년에 발간된 출판물에서 농촌의 계급구조를 자작농=부농, 자작 겸 소작농=중농, 소작농=빈농으로 등치하는 경향을 비판한 바 있다. 농민조합명천좌익 출판부, 「농민조합재건운동과 농민문제」, 신주백 엮음, 『1930년대 민족해방운동론 연구 Ⅰ』(새길, 1989).

17 이준식, 「일제 침략기 정평 지방의 농민 운동에 대한 연구」, 『한국사회사연구회논문집 제25집: 일제하의 사회운동과 농촌사회』(문학과지성사, 1990).

이 가장 활발하던 시기와 특정 지역의 자료라는 점에서 대표성에 한계가 있기는 하지만 적어도 1930년대 초 함경도지방의 농민조합에 가입한 일반 조합원의 구성이 어떠했는지에 대해서는 많은 시사점을 제공한다.

〈표 1〉 정평농민조합의 영농형태별 조합원 수와 조직률

	조합원(A)	농가 호수(B)	A/B	A/C
자작농	852	4,084	20.9%	20.5%
소작농	1,014	1,890	53.7%	24.5%
자작 겸 소작농	1,315	4,490	29.3%	31.7%
농업노동자	515	-	-	12.4%
자유노동자	95	-	-	2.3%
기타	356	-	-	8.6%
계	4,147(C)	10,464		

〈표 1〉에서 알 수 있듯이 정평농민조합의 영농형태별 조합원 수는 자작 겸 소작농, 소작농, 자작농, 농업노동자, 자유노동자의 순이지만 조직률에서는 소작농이 압도적으로 높고 그 다음에 자작 겸 소작농, 자작농의 순이었으며 농업노동자가 상당한 비중을 차지하고 있었다. 순소작농의 조직비율이 자작농이나 자작 겸 소작농의 조직비율보다 2배 정도 높다는 사실은 결코 무시할 수 없는 것이라고 생각된다.

〈표 2〉 재산소유별 정평농민조합 가입 실태

	문산면			선덕면		
	호수(A)	조합원(B)	B/A	호수(A)	조합원(B)	B/A
100원 이하	92	93	101.1%	98	33	33.7%
500원 이하	28	33	117.9%	32	18	56.3%
1,000원 이하	17	17	100.0%	15	11	73.3%
3,000원 이하	14	15	107.1%	2	2	100.0%
5,000원 이하	1	1	100.0%	6	4	66.7%
5,000원 이상	4	-	-	3	-	-

그리고 농민조합운동이 가장 활발하던 문산면의 2개 리와 부진하던 선

덕면의 2개 리를 표본으로 한 일제경찰 측의 조사를 정리한 〈표 2〉를 통해 몇 가지 흥미로운 사실을 발견할 수 있다.

첫째, 문산면의 경우 농민들 가운데 다수를 차지하고 있던 100원 이하 또는 500원 이하의 재산을 소유한 농민의 조직률이 매우 높아 평균 한 가구에 한 명 정도의 조합원이 있었다. 당시 중등지의 0.1정보당 가격이 논 74원, 밭 33원이었다는 점을 고려할 때 100원 이하의 재산을 소유한 농민층이란 전형적인 빈농이었을 것이다. 500원 이하의 재산을 소유한 농민 가운데 상당수도 평균 이하의 삶을 영위하고 있었을 것이다. 따라서 문산면의 경우 빈농의 조직률이 매우 높았음을 알 수 있다. 이에 반해 선덕면의 경우 100원 이하의 재산을 소유한 농민층의 조직률이 가장 낮았다. 곧 선덕면 전체 농가의 60퍼센트 이상을 차지하는 100원 이하의 재산을 소유한 농민층의 조직률이 낮은 것이 전체적으로 운동이 부진한 요인이었던 것이다.

둘째, 정평농민조합의 조합원 구성에는 100원 이하의 재산을 소유한 농민층에서부터 5,000원 이하의 재산을 소유한 농민층에 이르기까지 상당한 편차가 존재하고 있었다. 이는 빈농뿐만 아니라 다양한 층의 농민들이 농민조합운동에 참여하고 있었음을 의미한다. 실제로 1,000원 이하 또는 3,000원 이하의 재산을 소유한 농민층의 조직률이 높을 뿐만 아니라 재산 3,000원 이하 농가 16호와 5,000원 이하 농가 7호 가운데서도 각각 17명, 5명의 조합원이 있었다는 데 주목할 필요가 있다.[18] 이렇게 볼 때

18 당시 함경남도에서는 우량농가의 평균 농업용 이외의 재산이 468원(자작농 580원) 정도였고 농업용 재산 가운데 토지가 차지하는 비율이 69퍼센트(자작농 79퍼센트) 정도였다. 따라서 3,000원의 재산을 보유한 농가의 경우, 그를 자작농이라고 가정할 때 2,000원 정도의 토지(논으로는 3정보, 밭으로는 6정보)를 소유하고 있었던 것으로 보인다. 그러므로 3,000원 정도 또는 그 이상의 재산을 보유한 농가는 부농의 범주에 포함될 수 있을 것이다.

정평농민조합은 빈농은 물론이고 중농·부농까지 포함하고 있었음을 알 수 있다.

(3) 계급과 민족은 과연 분리된 것인가?

신기욱은 계급class과 민족nation을 이분화해 분절적으로 인식하고 있다. 신기욱이 일제강점기 농민저항을 분석하면서 초점을 맞춘 것은 어디까지나 계급이다. 제1장에서 농민저항에 대한 통합적 접근을 강조한 것에 비하면 계급과 민족이라는 두 변수를 통합적으로 다루려는 시도는 별로 이루어지지 않았다.

그에 따르면 식민지 조선의 농민저항에서 소작쟁의나 적색농조운동은 기본적으로 농민들이 자신들의 경제적 이익을 실현하기 위해 벌인 것이다. 곧 소작쟁의나 적색농조운동은 민족운동이 아니라 계급운동으로서의 성격을 띤다는 것이다. 이에 비해 유일하게 농민저항에서 민족적 성격이 드러난 것은 전시체제 아래 전개된 농민들의 일상적 저항이었다고 한다. 일상적 저항은 잠재되어 있던 농민들의 민족의식, 정치의식이 발현된 결과라는 것이다.

저자도 인정하듯이 이 시기 일상적 저항의 대표적인 예는 식량공출에 저항하는 것이었다. 그러나 그러한 저항은 농민들이 민족적 자각을 하게 되고 정치의식을 갖게 되어 식량공출에 저항했다기보다는 먹을거리를 빼앗기지 않기 위해 저항했다고 보는 것이 훨씬 자연스러운 것으로 보인다. 설사 일상적 저항이 민족의식의 발현이라는 점을 인정하더라도 그 이전까지는 잠재되어 있던 일제에 대한 민족의식이 갑자기 어떻게 발현될 수 있었는가 하는 문제에 대한 설명이 필요하다. 그러나 이 문제에 대해 그는 별다른 설명을 하지 않은 채 '잠재'와 '발현'이라는 두루뭉수리한 표현으로 넘어가고 있다.

일제강점기 농민운동은 민족운동으로서의 성격과 계급운동으로서의 성격을 동시에 갖고 있었다. 물론 시기에 따라, 더 정확하게는 농민을 둘러싼 사회·경제적 조건의 변화와 농민들의 주체적 조건의 변화에 따라 둘 가운데 어느 한 측면이 더 강하게 표출되는가 하면, 다른 한 측면은 약하게 표출되기도 하고 또는 둘이 밀접하게 결합되어 농민운동이 전개되기도 했다. 저자가 비판하는 것처럼 농민운동에 대한 '전통적' 설명에서 둘을 기계적으로 결합시켜 일제강점기 농민들의 모든 움직임이 민족적 성격을 띠고 있었다고 설명하는 것에는 문제가 있지만 그렇다고 농민들의 움직임이 가장 활발할 때는 민족적 성격이 나타나지 않다가 그렇지 않을 때에야 민족적 성격이 드러났다고 설명하는 것도 문제라고 생각된다. 민족적 요소를 과대평가하는 데 대한 비판이 민족적 요소에 대한 과소평가로 흘러버린 것이다.

이와 같이 민족문제를 경시하는 것은 기본적으로 저자가 식민지를 연구하는 데 제국주의라는 요소를 국가론의 차원에서 접근하는 것과 밀접하게 연관된 것으로 보인다. 그에 따르면 식민지의 최고 통치기구인 조선총독부는 물론이고 식민지 종주국의 일본정부도 하나의 근대국가로 파악된다. 그가 문제로 삼고 있는 것은 지배의 효율성과 합리성이라는 차원에서의 국가전략이다. 예를 들어 이 책에서 농민저항에 영향을 미친 요인으로 누누이 강조하고 있는 조선소작조정령, 조선농지령 등은 일본이 제국주의국가가 아니라 근대국가이기 때문에 도입할 수 있는 사회정책적 입법으로 해석된다. 따라서 국가의 주체가 같은 민족인가 다른 민족인가 하는 문제는 그다지 중요하지 않은 것으로 간주되고 있다.

여기서 '제국주의'를 뺀 '식민지' 연구가 가능한가라는 의문이 생긴다.

책의 제목에서 분명하게 드러나듯이 저자가 다루고 있는 농민저항은 식민지라는 조건 아래 일어난 것이었다. 따라서 이러한 조건이 농민저항에 미친 영향을 심도 있게 다루었을 것이라는 기대를 품게 되는 것은 단지 나 한 사람만이 아닐 것이다. 실제로 식민지 조선에 가장 강력한 규정력을 행사한 것은 바로 일본제국주의였다. 역사적으로 유례를 찾아보기 힘들다는 일본제국주의의 식민지 지배를 받고 있던 조선사회에서 민족문제란 남다른 의미를 갖고 있었다. 저자 스스로 인정하고 있듯이 오늘날의 한국사회에서 민족담론이 남다른 영향력을 행사하고 있는 현상도 그 역사적 연원을 찾자면 일제강점기로 거슬러 올라간다. 물론 '민족'의 과잉이 한국사회의 문제라는 필자의 지적에는 동의할 수 있다. 역사연구에서도 지나친 '민족주의적' 인식은 문제가 될 수 있다. 그러나 그렇다고 해서 일제강점기에 민족문제가 존재하지 않았다거나 존재했더라도 다른 것에 비해 큰 영향을 미치지 않았기 때문에 무시해도 좋다고 보는 데는 동의할 수 없다.

저자가 농민저항을 설명하기 위해 중시하는 계급이라는 변수는 일본제국주의의 식민지 지배와 무관한 것인가? 결코 그렇지 않다. 예를 들어 조선총독부가 추진한 각종 농업정책이나 만주사변에서 태평양전쟁에 이르는 일본의 침략전쟁 같은, 일제강점기를 산 농민들의 삶에 큰 영향을 미친 요인들은 모두 일본제국주의의 식민지 지배와 직결된 것이었다. 계급과 민족이란 연구자의 사후설명에서는 분리되는 것인지 모르지만 실제 일본제국주의의 식민지 지배를 몸으로 겪고 있던 농민들에게는 하나의 묶음으로 인식되었을 가능성이 더욱 크다. 따라서 제국주의의 식민지 지배라는 요인이 농민들의 삶과 의식에 어떤 영향을 미쳤으며 그것이 어떻게 농민저항으로 이어졌는지를 정교하고 치밀하게 분석해야만 신기욱의 계급중심적 분석이 더욱 설득력을 가질 수 있을 것이다.

(4) 농민운동에서 지도자와 이데올로기는 어떠한 역할을 하는가?

신기욱은 식민지 조선의 농민저항이 민족주의운동이나 공산주의운동과 무관하다는 점을 강조하기 위해 적색농조운동에 대한 급진적 민족주의자와 공산주의의 역할을 농민대중에 대한 '도움help'(p.75) 정도로 파악하고 있다. 이는 기본적으로 그가 농민저항을 이익추구라는 합리적 동기에 따라 움직이는 '농민의 농민운동'으로 보는 데 기인한다. 그에 따르면 이데올로기와 조직(외부의 지도층)의 문제는 의미가 없거나 부차적인 것으로 간주된다. 이는 그가 농민에 대한 통합적 시각을 설명하면서 통합의 대상으로 도덕경제론과 정치경제론을 든 데서 단적으로 드러난다. 전자의 시각을 견지하고 있는 스코트James C. Scott는 민중운동에서 일상적인 삶을 통해 얻어지는 경험의 중요성을 강조하는 톰슨E. P. Thompson[19]의 영향 아래 농민운동을 '최저생계윤리subsistence ethic'와 관련해 이해하고 있다.[20] 이들이 말하는 도덕경제의 중요한 내용은 과거로부터 전승되어 온 전통과 문화적 자원 등이다. 스코트에 따르면 농민운동의 이념적 기반은 농민 자신의 경험이지 외부로부터의 영향이 아니라는 것이다. 그는 농민운동의 이념적 기반과 활동방식도 전통적인 촌락사회에 이미 존재하고 있었던 것이 변용된 것으로 파악하고 있다.[21] 한편 후자의 시각을 견지하고 있는 폽킨Samuel L. Popkin은 농민들이 운동을 일으키는 데는 적극적인 이윤추구

19 E. P. Thompson, "The Moral Economy of the English Crowd in the Eighteenth Century," *Past and Present*, 50(1971).

20 그에 따르면 농민들의 투쟁은 사회구조를 변화시킴으로써 자신들의 경제적 지위를 적극적으로 향상시키기 위한 것이라기보다는 자본주의적 상업화가 초래한 위협, 곧 최저생계윤리의 위협에 대처하기 위한 것이라고 한다. James C. Scott, 앞의 책(1976).

21 James C. Scott, "Protest and Profanation; Agrarian Revolt and the Little Tradition," *Theory and Society*, Vol. 4, No. 1(1977) ; *Weapons of the Weak; Everyday Forms of Peasant Resistance*(New York: Yale University Press, 1985).

의 동기가 작용한다고 주장하고 있다.[22] 폽킨의 정치경제론은 농민들의 이해관계를 순수하게 경제적인 것으로만 국한하면서 외부로부터 도입된 이데올로기라든지 다른 요인이 농민들을 의식화하고 조직화하는 데 미치는 영향력은 무시하는 특징을 보인다. 곧 도덕경제론에서 도덕적 농민이나 정치경제론에서 말하는 합리적 농민은 모두 외부의 이데올로기와 일단은 단절된 존재라는 점에서 공통점을 갖고 있는 것이다. 그리고 통합적인 시각을 강조하면서도 실제로 저자는 농민저항을 농민의 합리적 행위로 해석한다는 점에서 후자에 더 기울어진 것으로 보인다.

물론 그가 적색농조운동에서 지도층의 역할을 완전히 무시하는 것은 아니다. 그러나 그에 따르면 적색농조운동의 지도층은 어디까지나 농민 출신이기 때문에 엘리트가 적색농조운동을 주도했다고 볼 수는 없다는 것이다. 이와 관련해 외부로부터 도입된 이데올로기(공산주의)가 적색농조운동의 전개에 영향을 미쳤다는 점도 극구 부정하고 있다. 실제 1920년대 말과 1930년대 초에 농민 출신의 농민운동 지도층이 새롭게 성장하고 있었다는 사실은 일찍부터 지적된 바 있다.[23] 그렇다면 이들 새로운 지도층은 과연 어떤 존재였을까? 일률적으로 이야기하기는 어렵지만 함경도의 경우 빈농 출신의 농민지식인이 상당수에 달했던 것으로 보인다. 물론 이들이 모두 공산주의이론에 정통하거나 공산주의사회의 필연적 도래에 대한 확고한 믿음을 갖고 있었다고 볼 수는 없을 것이다. 그러나 이들 가운데 다수는 자칭 타칭 '(공산)주의자' 였다.

일제는 1925년부터 치안유지법을 내세워 '국체의 변혁이나 사유재산의

22 Samuel L. Popkin, 앞의 책(1979).

23 이준식, 앞의 책 ; 「세계대공황기 혁명적 농민조합운동의 계급 · 계층적 성격」, 『역사와 현실』 제11호(역사비평사, 1995) 등을 참조.

부정을 목적으로 하는 일체의 행위를 금지' 했다.[24] 이 법의 목표는 조선에서 공산주의의 뿌리를 뽑아버리는 데 있었다. 치안유지법이 시행되면서 수많은 사상범이 양산되었다. 이를테면 1928~1938년 사이에만 무려 16,000여 명이 치안유지법 위반으로 경찰에 검거되었다. 이는 당시 전체 조선인 인구의 1,000분의 1에 해당한다. 즉 1,000명 가운데 한 사람이 사상범 혐의자였던 것이다. 물론 이들이 모두 농민조합운동 관련자는 아니었다. 그리고 이들 가운데는 일부이기는 하지만 민족주의자와 무정부주의자도 포함되어 있었다. 그러나 치안유지법 자체가 공산주의운동에 대한 탄압을 목표로 하고 있었던 데서도 알 수 있듯이 경찰에 의해 '국체의 변혁이나 사유재산 제도의 부정' 을 목적으로 하는 운동을 벌인 것으로 지목을 받은 공산주의 활동가들은 실로 엄청난 규모에 이르렀다. 그리고 그 가운데 가장 큰 비중을 차지한 것은 농민조합운동 관련자였다. 그렇다면 이들을 제외하고 식민지 조선의 농민저항을 이야기하는 것이 타당한 것일까?

또한 이와 관련해 농민저항을 단지 경제적 측면에서만 논의하는 것도 문제가 있다고 여겨진다. 이익을 추구하는 농민의 존재를 부각시키다 보니 문화나 이데올로기 같은 요인이 농민의 행동에 영향을 미칠 수 있다는 점은 간과하고 있는 것이다. 예를 들어 당시 농민운동에 참여한 농민들은 '토지는 농민의 것' 이라는, 오래 전부터 농촌사회에 전승되어오던 관습적 인식의 영향을 많이 받은 것으로 보인다. 이러한 생각은 외부에서 들어온 새로운 이데올로기, 즉 공산주의와 일정한 친화력을 갖고 있었고 그랬기 때문에 농민들이 궁극적으로는 토지혁명을 지향하는 농민조합운동에 쉽

24 치안유지법에 대해서는 장신, 「1920년대 민족해방운동과 치안유지법」, 『학림』 제19집(연세대학교 사학연구회, 1998) ; 水野直樹, 『植民地朝鮮・臺灣における治安維持法に關する研究』(京都大學人文科學研究所, 1999) 등을 참조.

게 참여할 수 있었을 것이다. 또한 농민조합 참가 여부를 결정한 요인에는 단지 농민들의 개별적 판단만이 작용한 것은 아니었다. 많은 경우 농민들은 같은 집안, 같은 마을 출신의 다른 농민들이 농민조합에 참가했기 때문에 농민조합원이 되었다. 따라서 농민조합에 참여하는 농민들의 동기를 여러 각도에서 분석하는 것이 필요할 것이다. 그러므로 저자가 이 책에서 강조하고 있는 경제적 이해관계 또는 합리성이란 다양한 동기 가운데 하나에 지나지 않는다.

4. 맺음말

이상에 언급한 몇 가지 단상에도 불구하고 이 책은 미국에서의 한국(특히 식민지 조선) 연구에 대한 이정표가 되기에 충분하다. 기존의 사회학이론, 사회운동론, 농민사회론을 두루 정리한 끝에 스스로 구축한 이론적 틀에 입각해 식민지 조선의 농민저항을 설명하고 더 나아가 그것이 해방 이후의 한국사회의 변화에 미친 영향을 해석한 부분은 매우 독창적이고 설명력도 있다.

미국에서 공부했고 현재도 미국에서 활동하는 저자의 학문 세계는 "대학시절 광주항쟁을 목격했고 민주화운동에도 참여했으나 훗날을 대비하는 것도 중요하다고 생각해 유학을 떠났다. 그러나 여전히 민주화운동을 하며 고생하는 친구나 선배들에게 마음의 빚을 진 느낌"[25]이라는 그의 고백에서도 알 수 있듯이 한국의 현실과 무관하지 않다. 미국학계에서는 결코 주류라고 할 수 없는 역사사회학, 농민운동의 분야에서 한국사회를 연구하는 것도 그가 갖고 있는 실천적 관심과 직결되어 있을 것이다.

25 『문화일보』, 2001년 11월 29일.

식민지 조선의 농민저항에 대한 저자의 접근이 미국은 물론 한국학계에서도 주목을 받은 것은 역사학과 사회학이라는 두 가지 학문에 대한 관심의 긴장을 유지하고 있기 때문에 가능한 일이었을 것이다. 그는 한국의 역사적 경험이라는 특수한 사례에 대한 설명과 보편적인 사회이론의 적용이라는, 어찌 보면 동시에 잡는 것이 결코 쉽지 않아 보이는 두 마리 토끼를 쫓는 역사사회학자이자 한국학자이다. 이 책은 한국 근현대사를 소재로 해 보편과 특수의 딜레마를 해결하려는, 그의 좀더 큰 연구 구상의 한 부분에 해당한다. 그리고 그의 작업은 현재도 차곡차곡 진행되고 있는 것으로 알고 있다.

마지막으로 사족 같지만 한 가지만 더 언급하자면, 이 책에는 한국에 대해 충분한 정보를 갖고 있지 못한 독자를 염두에 둘 때 나중에라도 반드시 고쳐야 몇 가지 옥에 티가 있다. 먼저 지명이나 인명 표기의 잘못을 들 수 있다. 예를 들어 경상북도 김천이 금천으로, 경상남도 합천이 협천으로, 함경남도 정평의 한성환이 황성환으로, 함경북도 경성의 김귀남이 김규남으로 각각 잘못 기록되어 있다. 또한 역사적 사실을 잘못 서술한 부분도 있다. 예를 들어 적색농조운동의 대표적 사례 가운데 하나인 함경남도 홍원농민조합운동에 대해 서술하는 가운데 홍원농민조합이 벌인 '호세연납戶稅延納 투쟁'을 호세의 증액에 반대하는 운동으로 묘사하고 있는데(p.76) '연납'이라는 이름에서도 알 수 있듯이 이 운동은 전황錢荒상태에 놓여 세금을 낼 능력이 없던 농민들이 세금납부를 연기해달라는 요구를 내걸고 벌인 것이었다.[26] 이는 적색농조운동의 주체가 상대적으로 여력이 있는 중농층이라는 점을 강조하는 데만 사로잡힌 결과로 추후에라도 반드시 수정되어야 할 것이다.

26 이에 대해서는 이준식, 앞의 책, pp.392~395.

‖토론

이철우*

『식민지 한국의 농민저항과 사회변동*Peasant Protest and Social Change in Colonial Korea*』은 한국근대사에 대한 새로운 해석과 설명들을 제공해 줄 뿐 아니라 한국을 소재로 농민사회와 집합행동에 대한 세계학계의 논의에 일조한다는 의미를 갖는다. 스코트James C. Scott, 폽킨Samuel L. Popkin, 페이지Jefferey Paige, 미그달Joel Migdal, 울프Eric Wolf, 기어츠Clifford Geertz 등의 농민사회와 농민의 행위에 대한 대표적 논의들을 통해 제시된 쟁점과 개념을 적절히 소개하고 구사하면서 일제하 한국의 농촌사회를 이론과 관점의 시험장으로 삼은 저자의 서술은 매우 돋보이며 한국학의 이론적 지평을 넓히는 데 기여하였다고 평가된다.

저자는 스코트[1]의 도덕경제moral economy 테제와 폽킨[2]의 정치경제political economy 테제를 아우르는, 상황에 따라 다른 전략을 구사한 합리적 농민의 개념을 설정하고 그러한 관점에서 한국 농민들의 행위를 해석했다.

---

* 李喆雨 성균관대학교 법과대학 교수.

1 James C. Scott, *The Moral Economy of the Peasant: Rebellion and Subsistence in Southeast Asia*(New Haven: Yale University Press, 1976).

2 Samuel L. Popkin, *The Rational Peasant: The Political Economy of Rural Society in Vietnam*(Berkeley and Los Angeles: University of California Press, 1979).

그렇다면 합리적 동기에 따라 움직이는 한국의 농민들은 어떤 경위에서, 누구를 중심으로, 어떤 방식으로, 어떤 목표를 향해 집단적 행동에 나섰는가? 여기에서 저자는 궁핍화가 자동적으로 혁명운동을 촉발시킨다는 가설을 기각했다. 그리고 일제하 한국의 농민운동을 다양한 계층의 농민, 특히 중농의 이익추구와 수호의 운동으로 보았다. 이 점에서 그는 종래의 '궁핍화-혁명 가설' 대신에 중농의 개량주의운동으로 1920년대와 1930년대 일본의 농민운동을 설명한 스메서스트Richard J. Smethurst[3]와 유사성을 보인다.

저자는 해방 전 농민운동을 세 시기, 네 유형으로 구분하였다. 첫 번째 기간은 1920~1932년으로서 이 기간에는 상업적 농업의 진전에 따라 다른 이해관계를 가지게 된 여러 부류의 농민들이 개량주의적 목표를 가지고 쟁의를 일으켰다고 본다. 그리고 이 기간을 다시 1920~1926년과 1927~1932년으로 구분했는데 전자의 시기에는 소작료 인하를 목표로 한 공세적 이익추구의 전략이 중심을 이루었고, 후자의 시기에는 소작권 보호를 목표로 한 방어적 이익수호의 전략이 중심을 이루었다고 해석했다.

두 번째 기간은 1933~1939년으로, 이 시기에는 전투적인 적색농민조합 중심으로 운동이 전개되었으며 운동은 주로 함경도 지방에서 벌어졌다고 본다. 저자는 이 운동이 공황의 충격을 가장 현저히 받은 자작농이 지세 등 국가로부터의 부담에 대항하여 자기방어에 나선 것으로서 코민테른 12월테제에 규정된 공산주의자들의 조직적 운동이 아니었음을 강조한다. 1933~1939년의 기간에는 조선소작조정령과 조선농지령에 의한 제도 변화에 힘입어 소작쟁의가 개별적이고 구체적인 이익추구의 양상을 띠는 한편 지주의 힘은 현저히 약화되었다고 해석한다.

---

3 Richard J. Smethurst, *Agricultural Development and Tenancy Disputes in Japan, 1870~1940*(Princeton: Princeton University Press, 1986).

마지막으로 1940~1944년의 기간에는 지주-소작관계보다는 공출을 둘러싼 국가-농민의 대립구도가 전면에 부각되고 농민항쟁은 국가를 상대로 한 '일상적 저항' 형태를 취하였다고 보았다.

그는 이러한 해방 전 농민운동의 동향들을 변수화하고 그것들과 해방 후 급진적 운동 간의 인과관계를 밝히고자 했다. 그는 결론으로서 해방 후 농민의 급진적 행동이 일제하의 운동을 통한 의식의 제고에 따른 것이었다는 점, 일제하의 운동 중 1930년대의 개량주의적 소작쟁의 경험이 해방 후 급진주의에 상당한 영향을 준 데 반해 적색농조운동의 경험은 큰 영향을 주지 않았다는 점, 소작지의 비율이 높을수록 급진주의가 저해되었다는 점, 상업적 농업이 발달한 곳일수록 직업적 분화가 진전되어 인민위원회의 운영이 실질화되었다는 점을 적시하면서 해방 후 농민항쟁 역시 커밍스Bruce Cumings의 해석과는 달리 혁명이 아닌 개혁을 바라는 것이었다고 말한다.

이상과 같은 저자의 작업에 대해 논평자(이준식)는 다음과 같은 의문을 제기한다. 첫째, 신기욱은 로짓분석 등 세련된 통계기법을 활용하여 변수들 간의 상관관계를 분석하고 있는데 그러한 양적 연구만으로는 많은 중요한 모습을 놓칠 수 있다는 것이다. 양적 연구의 일반적인 한계에 대해서는 새삼 강조할 필요가 없다. 저자가 활용한 일제의 통계자료가 주는 정보의 제한은 많은 쟁점에 대해 추측을 요구한다. 예를 들어, 미곡생산이 차지하는 비중만으로 상업적 농업의 진전도를 파악하는 한편 상업적 농업이 직업적 분화를 가져옴으로써 노동자, 학생, 지식인의 인민위원회 참여가 손쉬웠을 것이라 가정하고 있다. 이러한 한계에도 불구하고 저자가 전국을 대상으로 한 양적 연구를 시도한 것은 전국에 산재되어 있는 사례들을 부분적으로만 언급하여 일정한 결론에 맞추는 기존의 '부조적浮彫的 수법'을 피하고 좀더 과학적인 형식을 갖추고자 한 노력의 표현으로 평가된다.

한편 논평자는 정평농민조합 가입자의 영농형태별 분포를 제시함으로써 저자의 연구가 지방 농민운동사에 대한 깊이 있는 연구들로 보완될 필요가 있음을 보여준다. 한 지방에 대한 통시적 분석을 하게 되면 적색농조운동에 대해서도 다른 의문과 새로운 관심을 갖게 될 것이다. 사실 적색농조운동은 많은 지역에서 시도되었다.[4] 다만 함경도 지역에서처럼 격렬하게 전개되지 않았을 뿐이다. 저자는 적색농조운동의 꽤 광범한 시도를 인정하면서도 왜 다른 지역의 운동이 실패했는지에 대해서는 큰 주의를 기울이고 있지 않다. 합법 농민운동에서 비합법 적색농조운동으로의 전환은 단지 농민운동의 중심 지역 전환만은 아니었다. 모든 지역에서 그렇다고는 할 수 없지만 많은 개별 지역의 농민운동에서도 어느 정도 나타나는, 상황으로 인해 조건지어진 노선상의 변화라고 볼 수 있다.

적색농조운동이 어느 정도 성공했는지를 떠나 그것의 광범한 전개는 지역적 자발성 못지않게 전국적인 지도력과 방향성의 존재에 대한 관심을 불러일으킨다. 논평자는 저자가 공산주의 이념으로 무장한 지도층의 존재와 역할을 지나치게 무시하고 있음을 지적한다. 논평자는 그의 저서에서 스코트와 폽킨이 외부로부터 오는 이념과 전망의 영향을 고려하지 않았다고 비판한 바 있다.[5]

이에 더하여, 필자는 '농민의 관점에서 본 농민운동'을 재구성하려는 저자의 노력을 높이 평가하면서도 농민의 관점만으로 운동의 성격을 규정할 수 있는 것인지에 대해 의문을 제기한다. 한 농민운동이 어느 정도의 혁명성을 가지고 있었는지는 무엇을 기준으로 평가되는가? "혁명은 기존의 권력구조, 법, 국가, 심지어는 지주까지도 무성하시 않는 농민들에 의

4 지수걸, 『일제하 농민조합운동 연구』(역사비평사, 1993).
5 이준식, 『농촌사회변동과 농민운동 일제침략기 한경남도의 경우』(민영사, 1994).

해 사실상 도래할 수도 있다"라는 홉스봄의 말[6]을 되새겨볼 필요가 있다. 농민들의 실용적인 주장과 혁명이 양립 불가능한 것도 아니다.[7] 한편 질적 연구를 통해 농민운동을 미시적으로 접근하면 어느 하나로 환원될 수 없는 다양한 동기들을 읽어낼 수 있다. 즉 어떤 농민의 어떤 관점으로 운동을 설명할 것인가라는 문제에 부딪힌다. 저자가 누누이 지적하듯이 농민은 동질적이지 않다. 그렇다면 엘리트의 관점에 대비되는 농민의 관점 또한 있을 수 없다. 무수히 많은 관점들만이 있을 뿐이다. 그러나 무수히 많은 관점이 그냥 평면에 산재해 있는 것은 아니다. 농민들의 의식은 경험과 정보를 바탕으로 여러 개의 층위layers로 구성되어 있으며 농민들은 상황과 조건의 변화에 따라 자신이 가진 지식의 재고stock of knowledge로부터 논리적 자원을 불러내어 활용한다고 볼 수 있다. 농민 의식의 한 층위에는 상당히 이론적인 지식이 자리 잡고 있었을지 모른다.

논평자는 저자의 서술에서 제국주의가 사라져 있음을 지적한다. 저자가 자주 접하는 비판이다.[8] 일제하 국가의 성격과 기능의 변화, 특히 일제하의 국가가 사회에 행사하는 장악력에 주목한다는 점에서 나는 저자와 문제의식을 공유해왔으며 그가 주도한 작업에 참여하기도 했다.[9] 그러나 이 책에서 저자는 국가의 전략과 역할의 변화에 초점을 맞추다 보니 그 국가

6 Eric J. Hobsbawm, "Peasant and Politics," *Journal of Peasant Studies* 1(1973), pp.3 ~22.

7 중국공산당이 연안에 포진하던 시절 화북지방의 농민들을 유도하기 위해 실용적인 전술을 개발하는 데 얼마나 많은 노력과 시간을 보내야 했는지를 다룬 Thaxton의 글을 참조. Ralph Thaxton, "The Peasants of Yaocun: Memories of Exploitation, Injustice, and Liberation in a Chinese Village," *Journal of Peasant Studies* 9(1982), pp.3~46.

8 박명규, 「식민지 역사사회학의 시공간성에 대하여」, 석현호 · 유석춘 편, 『현대 한국사회 성격논쟁: 식민지, 계급, 인격윤리』(전통과 현대, 2001).

9 Shin, Gi-Wook and Michael Robinson, eds., *Colonial Modernity in Korea*(Cambridge, Massachusetts: Harvard University Asia Center, 1999).

의 제국주의적 본질에 대한 고려가 부족하다는 비판을 받게 된다.

함께 고민하자는 차원에서 저자를 비판한다면, 그가 국가의 억압적 성격에 대해 상대적으로 주의를 덜 기울이고 있다는 느낌을 준다는 점을 지적할 수 있다. 그는 1920~1932년까지의 시기를 다시 1926년을 기준으로 두 시기로 나누고 있는데 그 구분의 기준은 경제적 상황의 변화이다. 그런데 같은 시기에 당국의 대응이 변화하고 있었음에 더 많은 주의를 기울일 필요가 있다. 예컨대 1920년대 중반에 가장 왕성한 활동을 한 전라남도 동부와 경상남도 서부, 즉 순천과 진주의 운동은 1925년부터 시작된 당국의 형사적 탄압과 제2차 조선공산당사건으로 크게 위축되었다. 1920년대 후반부터의 농민운동은 치안유지법을 무기로 한 강력한 탄압이라는 조건을 전제로 설명하지 않으면 안 된다.

저자는 급진적 농민운동 실패의 원인을 억압으로 돌리는 기존 연구를 비판하면서 국가가 농민을 체제 내로 편입시키는 데 어느 정도 성공했음을 강조한다. 필자는 1930년대 신농정의 성격과 성과에 대한 그의 평가에 공감한다. 조선소작조정령에 의해 도입된 조정제도와 조선농지령이 가져온 실체법적 변화가 소작권을 상당히 안정시켰다는 점은 부정할 수 없다. 동시에 그러한 안정이 농민의 권리의식을 향상시켜 결국은 지주제 자체를 약화시켰다는 지적에도 공감한다. 하지만 그 배후에서 작용하는 일제의 폭력에 대한 인식은 두드러지게 나타나지 않는다. 저자는 일제의 억압 못지않게 헤게모니의 측면도 보아야 함을 강조한다. 그러나 필자는 이에 공감하면서도 억압과 헤게모니가 서로 다른 국면을 구성하는 것은 아니라는 점을 강조하고 싶다. 헤게모니는 억압 속에 있는 것이다. 헤게모니를 수용하는 농민의 의식은 앞에서 말한 대로 여러 층위 중 한 층위의 것이며, 억압의 힘이 약화 또는 제거되면 헤게모니 역시 사라지게 된다. 일제 권력이 퇴거하자마자 어떤 상황이 전개되었는지를 살펴본다면, 일제하에서 확보된 질서가 어떤 것이었는지를 알 수 있다.

지주-소작의 대항관계가 국가-농민의 대립으로 전환되었다는 점, 모든 사회운동이 사라진 것으로 보이는 일제 말기에 벌어진 '일상적 저항'에 기울인 저자의 관심은 높이 평가할 만하다. 그런데 일상적 저항을 한 시기의 운동만을 특징짓는 현상으로 볼 수는 없을 것이다. 일상적 저항은 늘 있어 왔다. 그리고 그 저항의 형태에는 상당한 연속성이 있다. 조선 말부터 일제 말에 이르는 시기까지 연속된 일상적 저항의 모습들을 그려내는 미시적인 연구가 필요하다. 생산과정이 개별화되어 있는 농민들에게 일상적 저항이 주는 효용 그리고 그것이 축적되면 "배를 뒤집을 만한……정치적·경제적 암초를 형성한다"[10]라는 점을 생각하면 어떤 저항의 경험을 어떻게 평가할 것인지는 점점 어려운 문제가 된다.

이상과 같이 농민들의 다양한 조건과 동기, 다양한 형태의 저항을 발견하게 되면 다양한 국면에서 일어난 운동의 성격을 하나로 규정하는 것이 허망하다는 것을 느낄 수 있다. 저자는 결론에서 "농민항쟁과 저항의 배후에 있는 동기와 이익의 다양성은 농민들이 도덕적이었는지 합리적이었는지, 항쟁이 방어적이었는지 공세적이었는지, 혁명적이었는지 개량주의적이었는지를 논하는 것의 부적절함을 시사한다."고 했다. 서론에서 저자가 제시한 방향과 모순될지 모르지만 공감을 주는 솔직한 고백이다.

신기욱은 이 저서가 출간된 1996년, 한도현과 함께 농촌진흥운동에 관한 연구를 발표했다.[11] 그런데 이 책에는 농촌진흥운동에 대한 언급이 전

10 James C. Scott, "Resistance Without Protest and Without Organization: Peasant Opposition to the Islamic Zakat and Christian Tithe," *Comparative Studies in Society and History* 29, 1987, pp.417~452.

11 Shin, Gi-Wook and Do-Hyun Han, "Colonial Corporatism: The Rural Revitalization

혀 없다. 저자가 저서를 보완하거나 다시 집필한다면 반드시 포함해야 할 대목이다. 농촌진흥운동은 농민운동의 체제 내적 편입의 중요한 계기였다. 지방에 따라서는 1920년대 농민운동 참여자와 농촌진흥운동에서 역할을 담당하는 사람들 가운데 어느 정도 연속성이 발견되기도 한다.

마지막으로 번역의 문제를 지적하고자 한다. 신기욱이 세계학계에서 차지하는 영향력을 감안해 볼때 역사적 사건이나 기구, 제도명에 대한 그의 번역이 표준이 될 가능성이 높다. 그는 그동안 사용해온 일관성 없고 촌스러운 번역들을 대체하는 좋은 번역어를 제시하여 한국학의 세계화에 기여하였다. 저서에서 나타나는 번역과 관련하여 한 가지만 지적해 보자면, '조선소작조정령'을 'Tenant Arbitration Ordinance'로 번역하기보다는 'Tenancy Conciliation Ordinance'로 번역하는 것이 법학의 어법에도 부합하고 일본근대사에서 일반적으로 통용되는 번역(1924년 소작조정법=Tenancy Conciliation Law)과도 호흡을 같이하는 이점이 있을 것이다.

신기욱은 논평자(이준식)가 지적하듯이 "한국학계와 긴밀한 관계를 유지하면서 미국과 한국의 학계를 잇는 중요한 역할을 하고 있다." 그는 단지 미국 내 한국학 연구자들 가운데 가장 촉망되는 사람의 하나에 그치지 않는다. 미국의 학계가 그에 대해 부여하는 높은 점수와는 별개로 한국학계에서는 그에게 특별한 기대를 가지고 있다.

그는 북한에서 월남한 기독교인이자 기독교 계통의 농민운동가의 가정에서 태어났다. 그는 그러한 생활환경 덕분에 농민의 의식세계를 이해하게 되었음을 자랑스럽게 말하며, 작고한 그의 부친과 함께 생활했던 농민들에세

Campaign, 1932~1940," in Gi-Wook Shin and Michael Robinson, eds., *Colonial Modernity in Korea*(Cambridge, Massachusetts: Harvard University Asia Center, 1999).

자신의 저서를 바치고 있다. 또 전상인[12]이 지적한 대로 그는 "'80년대식' 문제의식을 갖고 있는 소장학자"이다. 그는 오늘날 한국의 학계를 이끌어 가고 있는 많은 학자들과 같은 문제의식을 가지고 고민했으며 그것을 짊어지고 미국 유학길에 올랐다. 1980년대 국내의 비판적 사회과학도들에 의해 번역되고 널리 읽혀진 저서의 저자인 다니엘 시롯의 제자가 되었다는 점에서부터 박사학위논문을 통해 일제하의 농민항쟁으로부터 한국현대사의 실마리를 찾고자 했다는 점에 이르기까지, 학자로 성장해간 그의 도정에는 1980년대 한국의 비판적 사회과학으로부터 받은 영향이 배어 있다. 이러한 가정적, 교육적 배경을 가진 그이기에 통념을 깨는 주장과 한국학계에 대한 비판은 그만큼 더 생생하게 그리고 따갑게 들려온다. 또 그러한 그이기에 그에게 거는 국내학계의 기대는 남다르다. 그것은 슬프게도 "자신을 대변할 수 없고 누군가에 의해 대변되어야 하는" 마르크스의 농민처럼 취급되는 한국사에 대한 국내의 연구가 편견 없이 세계에 전달될 수 있도록 역할을 해달라는 기대이다. 현재 세계의 한국사 연구자들 사이에서는 한국사의 연구방법론과 관점을 둘러싸고 많은 논의가 전개되고 있다. 그 과정에서 종래의 한국사 서술이 지닌 이데올로기적 또는 민족주의적 편향성이 비판되었다. 그러한 비판을 달게 받아들여야 한다. 또한 1980년대 이래 많은 실증적 연구 업적을 축적한 국내 연구성과들이 해외의 연구자들에 의해 간과되거나 무시되고 있다는 불만도 없지 않다. 필자는 저자에게 국내외 학계 간에 존재하는 이 같은 의사소통의 괴리를 메워줄 것이라는 기대를 하고 있으며, 그의 저서에 대한 일제하 농민운동사의 전문가인 논평자의 충실한 실증에 바탕을 둔 비평을 통해 그러한 기대를 다시 확신하게 되었다.

---

12 전상인, 「근현대 한국사회의 농촌적 기원: 새로운 발상, 오래된 전통」, 석현호 · 유석춘 엮음, 『현대 한국사회 성격논쟁: 식민지, 계급, 인격윤리』(전통과 현대, 2001).

Charles K. Armstrong

The North Korean Revolution, 1945~1950

Ithaca and New York: Cornell University Press

2003. 265 pp.

CONTENTS

북한의 국가형성

—C. K. 암스트롱, 『북한혁명, 1945～1950』—

김연철*

1. 이 책의 의미: 정치사와 사회사의 결합

이 책은 북한의 초기 국가형성에 관한 연구이다. 1945년 8월 해방 이후부터 1950년 6월 한국전쟁의 발발 시기까지 정권형성기의 북한의 정치적·사회적·문화적 변화를 다루고 있다. 그동안 북한의 국가형성에 대한 연구는 시대적 변화, 자료의 해제解除, 연구방법론의 발전에 따라 변화해 왔다. 하지만 그러한 변화 속에서도 일관된 하나의 중요한 쟁점은 국가형성 과정에서의 외인外因과 내인內因의 관계라고 볼 수 있다. 전통적인 시각에서는 주로 외재적 영향을 강조했다. 대표적인 시각은 '소비에트화 테제'로 요약할 수 있는데, 이것은 북한의 국내적 행위자보다는 외적 규정력, 특히 소련의 대북한 정책에 초점을 맞춘 것으로 냉전 시기 남북한의 정통성 경쟁을 반영한다. 그러나 1980년대 후반 이후 탈냉전적 시각이 부각되면서 시각과 역사적 사실의 분리, 다양한 변수들 간의 상호 관계에 주목하는 연구들이 주류를 이루었다. 이러한 탈냉전적 연구 시각들은 소련

* 金鍊鐵 고려대학교 아세아문제연구소 연구교수.

의 영향, 북한의 리더십, 아래로부터의 변화 욕구 사이의 상호 역동성에 주목했다. 그렇다면 찰스 암스트롱Charles K. Armstrong의 책 『북한혁명, 1945~1950*The North Korean Revolution, 1945~1950*』은 기존의 연구와 어떻게 다른가?

첫째, 북한혁명의 외부적 규정력보다는 내부적 역동성을 더욱 강조하고 있다. 저자는 소련의 영향과 지지가 주요 변수이긴 했지만, 북한혁명은 '한반도적 특성'이 두드러진 토착적 성격을 띤 혁명이라는 점을 강조한다. 농업이 차지하는 비중이 높은 산업구조하에서 나타난 북한혁명의 '농민혁명적 성격'은 동유럽의 국가형성 과정에서 나타난 그것과는 다르고 또 물질적 조건보다 사상의식을 강조하는 조선식 이데올로기 전통의 영향 역시 북한체제의 특수성을 설명하는 배경이 되었다. 다시 말해 저자는 북한의 국가형성 과정에서 소련의 역할을 과대평가해서는 안 되며, 북한혁명은 이식된 것이 아니라 위에서부터의 공산주의 기획과 아래로부터의 지역적 조건이 결합된 것이라고 주장한다. 사실 최근의 많은 연구들이 전통적인 소비에트테제를 인정하지는 않지만, 대체로 소련의 영향변수를 강조해왔다는 점을 생각하면, 북한혁명이 '소련군-북한 리더십 동맹'에 의해 수행되었다는 기존 연구[1]와 저자의 연구에는 명백한 강조점의 차이가 있다.

둘째, 연구방법론에서 저자는 정치사와 사회사 혹은 위에서부터의 시각과 아래로부터의 시각을 결합하고 있다. 북한의 국가형성을 다룬 기존 연

1 박명림은 북한혁명을 설명하기 위해 소련, 혁명적 리더십, 농민이라는 세 행위자 간의 관계에 주목하고, 여기서 소련군은 미군과 마찬가지로 '질서의 주도자'이며, 북한혁명은 위에서부터의 혁명과 아래로부터의 혁명의 전형적인 결합이지만, 그 형태는 "농민의 요구를 수용하는 방식이면서도 위에서부터의 방식이었으며, 수용 주체는 소련"이라고 주장한다. 박명림, 『한국전쟁의 발발과 기원』 I · II(나남출판, 1996).

구들의 대부분은 주로 '상층 리더십'에 주목해왔다. 대표적인 연구자들로 평가받고 있는 이종석[2] · 서동만[3] · 백학순[4] 등의 연구 대부분이 정치사로 분류되는 데 반해 저자는 정치와 경제체제의 형성뿐 아니라, 문학 · 예술 · 교육 · 여성 등 북한 문화의 형성에도 주목하고 있다. '민족적 · 보수적인 문화'가 특수한 북한 국가형성에 중요한 영향을 미쳤다는 것이다. 그는 특히 문화적 전통의 영향을 강조했는데, 국가성격과 관련해서 현대와 전통의 결합에 대한 이러한 서술은 새로운 북한 연구 방법론으로 평가할 수 있다. 특히 문화적 전통과 이데올로기적 상징을 중심으로 북한의 국가성격이 조선시대의 신유교적 군주제에서 일제 식민주의 그리고 스탈린적 체제로 연속적으로 이행했다고 주장하는 부분은 향후 상당한 논쟁의 대상이 될 수 있다.

셋째, 자료의 측면에서 저자는 주로 미군 측의 정보자료나 노획문서를 활용했지만, 한국 내의 분야별 연구성과까지도 충분히 소화하고 있다. 항일무장투쟁 초기 정치사와 관련해서는 와다 하루키和田春樹 · 이종석 · 신주백 · 류길재, 토지개혁 과정과 농업문제에 대해서는 김성보, 문학 분야에서는 김재용 등[5] 대표적인 국내의 연구성과들을 적극 인용했다. 따라서

---

2 이종석, 『조선로동당 연구』(역사비평사, 1995).

3 徐東晚, 『北朝鮮における社會主義體制の成立 1945~1961』(東京大 博士學位論文, 1995).

4 정치사적 차원에서 북한의 국가형성을 다룬 대표적인 논문으로는 백학순을 들 수 있다. 그는 북한의 국가형성이란 규칙을 설정하고, 자원을 장악하고 있던 소련의 점령이라는 기회구조 속에서 국가건설자로서 김일성집단이 국가를 건설해나가는 과정을 강조했다. 물론 여기서 소련과 북한 국가건설가들 간의 관계는 '순응성'으로 설명될 수 있다고 해석했다. Hak Soon, Paik, "North Korean State Formation 1945~1950" (University of Pennsylvania Ph. D., 1993).

5 와다 하루키 저, 이종석 역, 『김일성과 만주항일전쟁』(창작과비평사, 1992) ; 이종석, 앞의 책 ; 신주백, 『만주지역 한인의 민족운동사 1920~1945—민족주의 운동 및 사회주의

이 책은 북한을 다룬 영어권 문헌 중에서 한국의 최신 연구성과들을 가장 적극적으로 인정하고, 소개하고 있다는 측면에서 높이 평가할 만하다.

이 책은 먼저 서론에서 저자의 핵심 테제들에 대해 설명했다. 제1장에서는 항일무장투쟁의 역사적 경험을 다루었고, 제2장에서는 해방과 소련의 점령정책을 평가했다. 제3장에서는 토지개혁을 비롯한 민주개혁과 노동자, 농민, 여성 단체의 형성을, 제4장에서는 조선로동당과 우당友黨(천도교 청우당, 조선민주당 등)의 관계와 통일전선에 대해 살펴보았다. 제5장에서는 계획경제의 성립을, 제6장에서는 문화건설, 제7장에서는 경찰제도와 사법제도 등을 고찰하고, 제8장에서는 국가형성에 대해 총괄적으로 평가했다.

2. 주요 연구내용

이 책은 일종의 총체사를 지향하고 있기 때문에 다양한 분야에 대한 역사적 사실과 저자의 평가를 포함하고 있다. 논평자는 이 중에서 특히 쟁점이 될 수 있는 부분을 부각해서 이 책의 기본 논지를 정리하고자 한다.

(1) 정치체제의 형성과 소련군정에 대한 평가

만주 항일무장투쟁을 다룬 제1장과 해방과 소련군 점령을 다룬 제2장, 통일전선을 다룬 제4장은 새로운 사실을 밝히기보다는 기존 연구성과를 토대로 전체적인 맥락을 강조하고 있다. 특히 북한의 국가형성 과정을 동

운동 계열의 대립과 연대를 중심으로』(아세아문화사, 1999) ; 류길재, 「북한의 국가건설과 인민위원회의 역할 1945~1947」(고려대학교 정치외교학과 박사학위논문, 1995) ; 김성보, 『남북한 경제구조의 기원과 전개—북한농업체제의 형성을 중심으로』(역사비평사, 2000) ; 김재용, 『북한 문학의 역사적 이해』(문학과지성사, 1994).

유럽과 남한, 미군정의 경험과 비교하는 상대적 평가가 서술의 특징이다.

저자는 먼저 김일성 중심의 만주 항일무장투쟁이 북한의 국가형성에 미친 영향을 적극적으로 평가하고 있다. 만주에서의 경험을 북미와 러시아, 상해의 독립운동과는 비교할 수 없다는 점을 강조하면서, 이를 접경지역에서 일어난 투쟁이라는 점에서 국내적 투쟁의 연장으로 보고 있다(p.21). 구체적으로는 동북항일연군의 성격, 민생단사건, 보천보전투가 국내에 미친 영향, 소련지역에서의 퇴각과 조선공작단의 구성 등에 대해 주관적 시각보다는 역사적 사실을 확증하는 객관적 분석을 하고 있다. 이미 북한 연구에서 항일무장투쟁에 대한 연구는 냉전과 북한의 '신화화'와는 일정한 거리가 있다. 저자 역시 와다 하루키 · 이종석 · 주백 · 한홍구 등이 1980년대 후반 이후 중국과 러시아 측 자료 해제를 바탕으로 시도한 객관적 연구 성과들을 충분히 소화하고 있다. 이러한 역사적 사실 분석을 토대로 저자는 만주에서의 항일무장투쟁 경험이 김일성을 비롯한 북한 지도부의 세계관 형성에 소련의 지도보다 더 큰 영향력을 끼쳤다고 평가하고 있다(p.24). 또한 동북항일연군 교도려教導旅(일명 88독립여단)에서 조선공작단이 만들어지고 단장으로 김일성이 선택되었지만, 1945년 10월까지 김일성은 소련의 선택이 아니었다는 점을 강조한다(p.39). 특히 해방구에서의 토지개혁 경험이 해방 이후 토지문제 해결에 중요한 영향을 끼쳤다는 저자의 평가(p.34)는 탈냉전적 연구 경향과 맥을 같이 하는 부분으로 보인다.

둘째, 소련의 점령정책에 대한 평가다. 에릭 반 리Erik Van Ree 등은 1945~1947년 사이에 소련의 북한 점령정책이 동유럽보다 독재적이라고 평가했지만, 저자는 이러한 평가에 동의하지 않는다. 그 근거로 당시 북한은 개혁을 지지하는 수준이 높았고, 반대파가 대부분 남하했기 때문에 광범위한 저항이 없었다는 점을 들고 있다(p.56). 또한 소련이 북한 점령정책에 대한 구체적인 준비가 없었고, 점령정책의 초기 계획은 주로 소련 극동군 25군의 즉흥적인 결정으로 이루어졌다는 점을 강조한다. 그동안 전통적 시각에서 가장 주목했던 초기 소련군의 행패에 대해 저자는 그것은 주로 독일전선에서 온 병사들 때문에 생긴 일로 해석하고(p.43), 1945년 10월 이후부터 소련군의 폭력 행위는 감소하기 시작했으며, 11월이 되면 군정의 행정 관료들의 구성에서 여자가 20퍼센트까지 증가하는 현상에 주목했다. 경제적으로도 소련의 북한에 대한 경제잉여 수탈이 초기 북한의 경제위기의 원인이었다는 전통적 설명에 동의하지 않는다. 저자가 보기에 경제혼란은 소련의 수탈 때문이라기보다는 해방 직후 일본 경영자와 기술자의 공백과 남북 분단 때문이었다(p.45). 저자는 소련의 북한 점령정책의 특정부분을 강조하기보다는 전체적인 맥락과 동유럽 등과의 비교연구를 통해 상대적인 의미를 평가하고 있다. 이러한 시각은 초기 국가건설 과정에서 소련 점령정책의 부정적 효과를 강조하는 연구[6]와 차별성을 보인다. 또한 저자는 남한에서는 미군정이 인민위원회를 해체했지만, 북한에서는 소련이 인민위원회의 권위를 인정했다는 점과 북한의 국가형성 초기 과정은 아래로부터의 자발적인 형성이었음을 강조하고 있다(p.49).

셋째, 조선로동당에서 김일성의 지도력 형성 과정을 대중노선의 형성과 연관지어 설명하고 있다. 오기섭을 비롯한 국내파 공산주의자들의 계급정당 주장과는 달리 김일성은 대중노선과 포괄정당의 필요성을 강조했다는 것이다. 특히 1945년 11월 23일 신의주사건을 수습하는 과정에서 김일성의 지도적 역할이 부각되었고, 이 사건 이후 지도노선이 전보다 포괄

6 전현수는 "소련 정부가 북한 주둔 소련군 유지비를 공급하기 위해 아무런 지불 보증 없이 발행하여 유통시킨 소련군 사령부 군표가 화폐개혁 결과 북한 주민들의 경제적 부담으로 전환되었다는 사실" 등을 지적한 바 있다. 전현수, 「1947년 12월 북한의 화폐개혁」, 『역사와 현실』 제19호(역사비평사, 1996), p.177

적이고 대중적으로 변했다고 평가한다. 그 근거로 공산주의적 용어가 사라지고, 공산주의청년동맹이 민주청년동맹으로 명칭을 바꾼 점 등을 들고 있다.[7]

넷째, 저자는 조선로동당의 성격을 대중적 포괄정당으로 규정하고 있다. 당원 구성비율에서 노동자보다 농민의 비중이 훨씬 높고, 지식인, 사무원 등이 포함되었다는 점에서 다른 동아시아 공산당보다 범위가 더 넓다는 특징을 가진다는 것이다(p.111).

이 밖에도 우당을 설명하면서, 유사한 사회적 기반을 갖고 있는 공산당과 천도교의 토지개혁을 둘러싼 입장 차이와 이에 비해 기독교세력이 주축이 된 조선민주당의 계급적 기반 차이로 인해 발생한 충돌, 일제 말기 조만식의 친일(출군出軍 호소) 경험이 비판의 명분을 제공해 조만식에서 최용건으로의 조선민주당 지도부가 교체되었다는 점, 조선민주당이 초기에 3·7제를 거부한 것은 지주계급의 이해를 대변했기 때문이라는 설명 역시 주목할 만하다.

(2) 토지개혁과 계획경제

제3장에서는 토지개혁과 농민, 노동자, 여성, 청년 등의 외곽단체가 형성되는 과정을 다루고 있으며, 제5장에서는 계획경제의 형성에 대해 살펴보고 있다.

저자는 먼저 토지개혁을 비롯한 사회개혁을 중앙정부와 지방정부 사이의 지속적인 상호 관계의 산물로 보고 있다. 북한혁명의 성격을 파악하는 데 있어 토지개혁의 성격은 매우 중요한 의미를 지닌다. 토지개혁이 이는

7 저자는 또한 신의주사건을 남한에서의 여수폭동과 제주 4·3사건과 비교해보았을 때, 상대적으로 적은 사상자가 발생했다는 점을 강조하고 있다(p.63).

정도의 개혁적 성격을 지녔는지가 북한혁명의 성격을 판단하는 기준이 되고, 남북한 비교에서도 쟁점이 되는 부분이기 때문이다. 이런 점에서 저자가 북한의 토지개혁을 역사상 가장 급진적이고 철저하면서도 폭력이 거의 없었던 사례라고 평가하고 있는 점은 주목된다(p.77). 토지개혁안 결정 역시 저자는 소련정부, 군정, 북한지도부, 아래로부터의 개혁 요구 등의 역동적 상호 관계의 산물로 보고 있다.[8] 물론 농업현물세 분석에서 원칙적으로는 전체 생산량 중 농업현물세의 비율이 25퍼센트였으나 현실에서는 중앙계획 기준량이 더 높았고, 가장 질이 좋은 상품을 기준으로 했기 때문에 실제로는 50퍼센트가 넘는 경우도 있었다고 지적한다. 여기에는 소련군의 주둔비와 식량도 포함되었으며, 소련으로의 쌀 반출도 있었다고 인정한다. 또한 잉여 곡물의 시장 판매를 엄격히 제한해서 농민들의 생산물에 대한 처분권을 제약했다는 점도 지적한다. 하지만 저자는 토지개혁의 이러한 몇 가지 오류에도 불구하고, 전반적으로 이 조치가 다수 농민들의 지지에 기반했다는 점을 강조하고 있다. 전반적으로 빈농의 생활수준은 토지개혁으로 인해 개선되었고(p.148), 이러한 상황은 남한에서의 식량폭동과 비교된다. 기근과 보릿고개가 사라졌고, 농민들에게 교육기회가 주어졌으며, 이러한 다양한 개혁의 효과가 농민에게 정권의 정당성을 높이는 결과를 낳았다고 설명하고 있다(p.149).

둘째, 계급문제에 대해 저자는 신전통주의적 설명을 하고 있다. 먼저 자본가와 부농은 타파되었지만, 출신성분이라는 새로운 사회적 위계가 등장했다는 점을 강조하고(p.73), 여성문제와 관련해서도 북한은 성평등을 강조했지만 가족에 대해서는 대단히 보수적 접근을 하고 있는 점에 주목했

8 저자는 토지개혁 과정에서의 다양한 입장 차이와 국내논의의 맥락 등에 이 분야의 가장 대표적인 연구성과인 김성보의 논의를 반영하고 있다(김성보, 앞의 책).

다. 조선여성의 순수성이나 모성애가 강조되고 있는 점 등을 북한사회가 대단히 전통적인 특성을 반영하고 있다는 주장의 근거로 들고 있다.

셋째, 북한과 소련의 경제관계에 대해서는, 북한 국가형성 초기에 소련식 경제발전 전략이 영향을 미쳤지만 그것을 단순한 모방으로는 볼 수 없다고 주장한다. 북한식 산업화 전략은 사회주의의 본원적 축적이라는 소련식 경제발전 전략의 경로를 따랐으며(p.136), 배급제를 비롯한 소비억제는 이러한 정책의 산물이었다. 소련은 북한에 대해 각종 지원과 기술유학 등의 기회를 제공했고, 초기 국가형성 과정에서 북한은 중국의 동북, 소련의 극동과 경제통합체로서 기능했다. 특히 무역 분야에서 소련과 북한의 관계는 원자재와 최종품의 불균등 교환이라는 식민지적 무역관계의 특성이 있다고 지적한다(p.154). 하지만 저자는 북한의 경제계획에는 전반적으로 민족적 관점이 중시되었고, 전쟁 이전 북한의 대소 의존은 소련의 정치적 영향력이 확대되는 배경이었으나, 북한의 민족경제에 대한 열망을 무시해서는 안 된다고 주장한다(p.164). 저자는 인민 생활의 측면에서 계획경제의 결과로 경제 사정이 나아졌다고 평가한다.

(3) 문화 건설

앞서 지적했지만, 이 책이 기존의 북한 연구와 차별성을 보이고 있는 부분은 바로 북한의 국가형성 과정에서 문화의 역할을 강조하고 있다는 점이다. 국가형성 초기 국면에 문화가 부각된 이유로 저자는 소련의 문화 지원이—남한의 미군정보다— 많았고, 사회주의 자체가 규범적 측면을 강조하는 경향이 있으며, 재정적 보상이 제한되었기 때문에 도덕적 호소와 애국심, 민족애를 강조할 수밖에 없는 상황인 점 등을 지적한다.

이 책에서 저자는 기본적으로 북한의 문화적 성격이 정치에 종속되었다는 점을 강조한다. 사회주의 리얼리즘이 중요 양식으로 강조되었고, 검열을 비롯한 예술적 자유의 한계도 있었다. 또 모든 문학은 당 정책을 선전해야만 했다. 하지만 저자는 그러한 제약에도 불구하고 북한의 문화형성에서 나타난 민족주의에 주목하고 있다. 즉 사회주의적 형태에도 불구하고 그 내용은 민족주의였다는 것이다(p.169). 영화예술에서 일제 잔재는 거부되었고, 민족적 내용이 추구되었다. 1947년 이후의 북한문학을 김재용은 '혁명적 낭만주의'라고 규정했지만, 저자는 여기에 '혁명적 · 민족주의적' 성격을 첨부해야 한다고 주장한다(p.183).

저자가 북한의 첫 장편영화 〈내 고향〉을 소개하면서, 항일 조선혁명군의 활동상과 계급을 넘어서 민족을 강조하는 부분에 주목하는 이유도 같은 맥락이다. 이러한 사례 분석을 토대로 저자는 국가형성 과정에서 소련식 사회주의의 영향보다는 민족주의적 요소가 더욱 강하게 영향을 미쳤다고 주장한다. 1945~1950년 동안의 '민족적 표현양식'의 발전이 전쟁 이후 북한이 소련으로부터의 자율성과 독특성을 갖게 만든 요인이었으며(p.190), 이러한 북한혁명의 특성이 전쟁 이후 우리식 혹은 주체사회주의로 발전했고, 이것이 북한체제의 생존 능력을 설명하는 중요 변수라고 주장하는 부분은 대단히 논쟁적인 주장이라고 볼 수 있다.

(4) 경찰과 사법제도의 형성

저자는 북한의 국가형성 과정에서 만들어진 법과 제도들이 미군 당국에게는 개인의 자유를 제한하는 것으로 비춰졌다는 점을 인정한다(p.191). 하지만 북한의 보안기구들이 일제의 식민지적 전통과 결합되어 있다고 보았던 미군의 분석에 대해 북한의 법과 제도들은 무자비하지 않았고, 미군 당국만큼이나 현대적 성격을 갖고 있다는 점에서 인정하지 않는다. 저자는 북한의 경찰제도와 사법제도의 형성은 일제의 식민지적 전통과 소련의 영향이 결합된 것으로 보아야 한다고 주장한다(p.192). 또한 국가의 사회로의 침투, 일상의 규제 등은 푸코가 지적한 국가의 행정화로 평가하고 있다(p.193). 다른 한편으로 사법과 경찰제도의 성립 과정에서 문제가 되었던 부분은 식민지청산문제와 전문가 부족인데, 이러한 부분은 민중 참여를 통해 어느 정도 보완되었다고 주장한다. 중요한 것은 저자가 북한의 사법제도가 전적으로 소련의 영향이라는 전통적 주장에 동의하지 않는다는 점이다. 1948년 북한 헌법이 1936년 스탈린 헌법에서 빌려온 것이기는 했지만, 단순한 모방은 아니라는 것이다. 인민재판의 개념 역시 소련에서 빌려온 것이지만, 이미 소련군 점령 이전에 인민경찰(민경대)이 구성되어 있었다는 점을 강조한다.

(5) 북한의 국가성격

저자는 북한 국가성격이 전체주의는 아니더라도 토머스 리그비Thomas H. Rigby의 '유일조직론적 특징'[9]을 포함하고 있다고 분석한다. 이처럼 사회주의 일반의 국가성격을 공유하고 있다는 점은 인정하지만, 저자는 다음과 같은 세 가지 점에서 북한 국가의 특수성을 강조하고 있다.

---

9 리그비의 유일조직론적 사회mono-organizational society란 개념은 전체 사회가 유일 조직a single organization으로 구성되어 있어서 모든 사회적 행위들이 단일 명령의 방향에서 위계에 의해 이루어진다는 것을 의미한다. 여기서 리그비가 강조하고 있는 것은 이러한 사회의 특성이 발생하는 '은폐된 정치crypto-politics'의 존재이다. 은폐된 정치란 '전문화된 정치제도'를 통해 공개적으로 드러나는 것이 아니라, 위계적 조직 내에서 각 행위자들이 자신의 이익을 관철하기 위해 갈등을 은밀하게 처리하는 수단이나 방편을 의미한다. 리그비는 "유일사회monolithic society란 개념은 스탈린의 선전 담당자들이 만들어 낸 것"이라고 지적한다. Thomas H. Rigby, *The Changing Soviet System: Mono-Organizational Socialism from its Origins to Gorbachev's Restructuring*(Vermont: Edward Elgar Pub. Co., 1990), pp.6~7.

첫째는 북한혁명을 북한의 소비에트화가 아니라 소련식 공산주의가 조선화한 것으로 보아야 한다는 점이다. 이러한 현상을 이해하는 데 가장 중요한 열쇠는 민족주의다. 저자는 1950년대 후반, 북한의 탈소련화 이전에 이미 김일성이 공식적으로 북한경제의 대소 종속을 비판한 점과 빨치산적 전통이 민족주의적 정권으로 발전하는 과정에 주목한다. 즉 주체, 자주, 김일성주의는 민족주의의 일종으로 일제 식민지와 미국 제국주의에 대한 저항 과정에서 진화해갔다는 주장이다.

둘째, 조선로동당의 포괄적 특성이다. 동유럽 국가와 비교했을 때, 조선로동당의 구성은 농민의 비중이 높고 노동자의 비중이 낮다는 점에서 농민정당의 전통을 갖고 있다고 할 수 있다. 저자는 이러한 포괄정당의 성격이 숙청을 비롯한 혁명 과정에서 다른 사회주의 국가와 비교했을 때, 전환의 고통이 크지 않았던 배경이 되었다고 주장한다.

셋째는 개인숭배의 문화적 전통이다. 저자는 김일성 개인숭배가 다른 사례(이오시프 스탈린Iosif V. Stalin · 마오쩌둥毛澤東 · 아돌프 히틀러Adolf Hitler)와 근본적으로 다르다는 근거로, 지배정당의 관료적 권위에 반대하거나 혹은 분리되어서 나타난 것이 아니고 또 위기에 대한 일시적 반응도 아닌, 일상화된 것으로 제국주의적 위협에 대한 방어적 측면에서 정당화된 측면이 있다고 주장한다. 나아가 김일성 가족이 민족화된 조상숭배의 유일한 정당화 대상이 되었다는 점도 주목했는데, 특히 지도자의 가족숭배가 이미 전쟁 이전에 시작되었다는 점을 지적한다. 개인숭배의 이데올로기가 효성과 충성이라는 유교적 가족주의와 민족의 태양과 같은 일본 식민지 점령자의 이미지를 반전시킨 것으로 보고 있다(p.223). 즉 개인숭배의 이미지와 방법론에 역사적 연속성이 있다는 것이다. 이것이 북한체제가 중국이나 소련보다 안정적으로 장기 지속한 이유이며, 북한체제가 공산주의 사회에서 가장 보수적이라는 점에서, 앞으로도 북한체제는 장기 지속할 것이라는 저자의 전망은 주목할 만하다.

3. 몇 가지 쟁점

논평자는 암스트롱의 책을 북한의 국가형성에 관한 연구의 새로운 균형이라고 생각한다. 한국전쟁을 포함한 북한의 국가형성에 대한 연구는 그동안 전통주의적 시각, 수정주의적 시각 그리고 이에 대한 비판적 시각으로 발전해왔다. 연구의 진화에서 문제가 되었던 부분은 과도한 반비판의 퇴행성이었다. 특히 수정주의적 시각에서 반수정주의적 시각으로 전환한 최근의 연구들은 전통주의의 이데올로기적 시각과 현대적 관점에서의 역사 해석이라는 오류를 포함하고 있다. '역사의 재해석'이라는 역사학의 상식을 수용한다면, 모든 역사서술은 수정주의다. 수정주의에 대한 비판이 '수정주의의 수정'을 의미한다면, 최근의 몇몇 연구들이 과연 수정주의의 '발전적 측면'을 수용하고 있는지 의문이다.

이런 점에서 논평자는 암스트롱의 책을 '수정주의를 비판하는 반수정주의적 시각'을 수정하는 연구성과라고 평가하고 싶다. 특히 그의 당대적 시각에서의 총체적 평가 방식은 현대적 관점에서의 시도와 일정한 차이를 보인다. 남북한의 분단 현실에서 제3의 시각 변화를 가질 수 있는 거리 두기의 긍정적 효과로 볼 수 있다.

암스트롱의 책은 여러 부분에서 논쟁을 야기하고 있다. 그중 가장 중요한 것은 그의 방법론인 '신전통주의'에 대한 것이다. 신전통주의[10]는 사회

10 사회주의 연구에서 대표적인 신전통주의적 연구는 루마니아의 차우셰스쿠Nicolae Ceauşescu체제의 민족주의적 성격을 규명한 켄 조위트Ken Jowitt의 *New World Dis-*

주의 연구에서 문화, 혹은 (신)제도의 측면에서 '전통의 현대적 형태'에 주목한다. 여기서 중요한 것은 '문화적 전통'의 지속 그 자체가 아니라, 그러한 전통이 현대적 형태로 발현하는 구조다. 즉 문화적 지속성과 단절성의 구조적 조건을 설명해야 하는 것이다. 북한 연구에서 '유교적 전통의 공명'에 대해서는 이미 지적된 바 있다.[11] 물론 암스트롱의 책은 실질적으로 문학, 예술을 비롯한 이데올로기의 영역과 상징의 지속성을 분석하고 있기 때문에, 공식 담론의 이데올로기적 전통성을 지적하는 스즈키 마사유키鈴木昌之 등의 연구보다는 발전해 있다. 하지만 여전히 중요한 것은 문화적 전통을 지속시키는 제도론적 구조와의 관계다. 어떠한 제도적 맥락이 민족주의적 담론과 개인숭배 그리고 '사회적 보수성'을 유지하고, 정착시켰는가? 항일무장투쟁의 역사적 경험과 분단 과정에서의 반제국주의적 요구 때문인가, 아니면 가부장적 담론구조를 재생산하는 정치체제의 필요 때문인가? 암스트롱은 주로 문화적 전통의 장기 지속을 강조하고 있기 때문에 현대 북한의 생존을 전망하고 있다. '보수적 근대화'의 전통 때문에 북한체제가 변화에 보수적이라는 주장이다. 하지만 이데올로기 영역이 정치적 의지와 경제적 현실보다 후차적이라면, 논의는 달라질 수 있다. 다시 말해서 국가형성 과정에서의 이데올로기 재생산구조를 주목한다면, 문화적 전통의 지속성만큼 단절성이 부각될 수 있다. 민족주의 담론의 재생산은 전통의 지속이라기보다, 새로운 리더십(정치뿐만 아니라, 문화적 리더십을 포함하는)의 적극적 의지라는 측면을 무시할 수 없기 때문이다.

---

order: The Leninist Extinction(Berkerly: University of California Press, 1992)과 중국의 공장체제에서 가부장적 관계를 연구한 앤드루 월더Andrew G. Walderd의 *Communist Neo-Traditionalism: Work and Authority in Chinese Industry* (Berkeley · Los Angeles · London: University of California Press, 1986)를 들 수 있다

11 스즈키 마사유키 지, 유영구 역, 『김정일과 수령제 사회주의』(중앙일보사, 1994).

이와 같은 문제 제기는 초기 국가형성체제에서 이미 나타났던 대중노선, 개인숭배, 한국전쟁 이후 민족주의적 요소의 지속 여부(북한체제의 기원 논쟁), 신전통주의적 시각에서의 문화와 (신)제도의 관계 등과 함께 북한 연구에서 중요한 논쟁의 계기가 될 것으로 보인다.

‖ 토론

이완범*

1. 머리말: 북한현대사 연구

한국에서의 북한현대사 연구는 1960년대에 김창순과 한재덕 등의 체험에 근거한 저서에서부터 시작되었다. 김창순의 『북한 15년사』(지문각, 1961)와 한재덕의 『김일성을 고발한다』(내외문화사, 1965) 등이 그것이다. 조만식의 측근으로 있다가 월남한 오영진 · 한근조 · 김병연 · 홍성준 등의 기록도 특기할 만한 자료이다. 이러한 저작류는 자료(회고록)와 연구물로서의 성격을 모두 가지고 있다. 학문적인 연구물로는 양호민 · 서대숙 · 로버트 스칼라피노Robert A. Scalapino · 이정식 · 김갑철 · 김학준 등의 저작이 있다.

일본인의 연구로는 와다 하루키和田春樹의 논문이 가히 독보적인데 국내에도 1983년에 번역되었다.[1] 냉전적 인식이 지배적이었던 상황에서 1980

* 李完範 한국학중앙연구원 교수.

1 국내에 번역된 와다 하루키의 논문으로는 「소련의 對北韓政策」, 『분단전후의 現代史』(일월서각, 1983) ; 「북한에서의 소련군정과 공산주의자」, 『한국현대사와 미군정』(한림대학교 아시아문화연구소, 1991) 등이 있다. 또한 사쿠라이 히로시櫻井浩가 편찬한 『解放と革命: 朝鮮民主主義人民共和國の成立過程』(東京: アジア經濟出版會, 1990)도 참고할 만하다.

년대에 한국현대사 연구 붐이 일었고, 와다의 논문이 국내에 소개되다가 1980년대 말 이후 국내에서 민간 북한연구자 그룹이 만들어졌다. 이 그룹의 리더 격인 김남식이 주도하여 『해방전후사의 인식』 5(한길사, 1989)을 출간하였고, 김일평 외, 『북한체제의 수립과정, 1945~1948』(경남대학교 극동문제연구소, 1991) 등도 기획되었다.[2] 또한 북한정권 창립에 역할을 하였던 재소 인사〔니콜라이 레베데프Nikolai G. Lebedev: 제25군 군사회의(일명 정치사령부) 사령관, 소장 · 그리고리 메클레르Grigory K. Mekler: 로마넨코 사령부 정치담당관, 중좌 · 박길룡 · 정상진 · 강상호 등〕들의 인터뷰를 1991년 발굴하였던 『중앙일보』는 『비록 조선민주주의인민공화국』 1 · 2권(중앙일보사, 1992~1993)을 간행하였다. 1990년대 중반에는 이종석, 서동만, 백학순, 류길재 등이 독창적인 북한현대사 연구를 수행하였다.

1990년대 후반 소련의 자료 공개 이후 러시아어 원자료에 토대를 두고 다국 사료 교차분석에 입각한 연구들이 양산되었는데, 전현수[3] · 김성보[4] ·

2 1992년 한림대학교 아시아문화연구소는 기관지 『아시아문화』 8호에 서대숙, 「소련군정: 개설」 ; 여인곤, 「소련의 대한반도 정책, 1945~1948년: Post-revisionism의 관점에서」 ; 강원식, 「해방직후 소련의 한반도 정책구상」 등을 실었다. 이 밖에 권혁범, 「북한정권의 수립 및 전개과정」(한국국제정치학회 연례학술회의 발표문, 1994년 12월 9~10일) ; 구대열, 「2차대전 종전시 소련의 한국문제 개입에 대한 재검토」(한국국제정치학회 연례학술회의 발표문, 1994년 12월 9~10일) 등이 발표되었는데, 후자는 증보되어 구대열, 『한국 국제관계사 연구 2: 해방과 분단』(역사비평사, 1995)의 제5장 「소련과 한반도: 소련의 한국문제 개입에 대한 재평가」로 발표되었다.

3 전현수, 「소련군의 북한 진주와 대북한정책」, 『한국독립운동사연구』 제9집(독립기념관 독립운동사연구소, 1995) ; 「'쉬띠꼬프일기'가 말하는 북한정권의 성립과정」, 『역사비평』 제30호(역사비평사, 1995) ; 「해방 직후 북한사 연구의 몇 가지 문제에 대하여」, 『역사와 현실』 제10호(역사비평사, 1993) ; 「해방직후 북한의 사회경제개혁, 1945~1948년: 러시아자료를 중심으로」(한국사회사학회 제90회 월례발표회, 1999년 4월 24일).

4 김성보, 「북한의 토지개혁과 농업협동화」(연세대학교 사학과 박사학위논문, 1996) ; 『남북한 경제구조의 기원과 전개: 북한 농업체제의 형성을 중심으로』(역사비평사, 2000). 뒤의 저서는 앞의 논문을 증보한 것이다. 이 밖에 본 주제와 관련해서는 김성보, 「소련의 대한정책과 북한에서의 분단질서 형성, 1945~1946」, 역사문제연구소 편, 『분단 50년과 통

강인구[5] · 정성임[6] · 기광서[7] · 김광운[8] · 이미경[9] 등의 저작이 대표적인 연구성과이다.[10]

한편 미국에서는 정부기관인 국무부가 *North Korea: A Case Study in the Techniques of Takeover*를 1961년에 간행하였다. 여기에서는 전형적인 소비에트화의 도식에 따라서 화차정권baggage-train government이 북한에 이식되었다는 것을 증명하고자 하였다. 이 밖에 브루스 커밍스 Bruce Cumings의 『한국전쟁의 기원*The Origins of the Korean War*』 1 · 2권에 당시의 북한 정치가 부분적으로 언급되어 있고,[11] 시드니 세일러Sydney A. Seiler의 *Kim Il-Sŏng 1941～1948: The Creation of a Legend, The Building of a Regime*(Lanham, MD: University Press of America, 1994)에는 북한에서 김일성이 권력을 잡기까지의 과정이 기술되어 있다. 또 에릭 반

일시대의 과제』(역사비평사, 1995), pp.49～94가 있다.

5 강인구, 「해방직후 북한의 교육—문화 실태 연구: 소련의 대북한 문화정책을 중심으로」, 『북한실태 III』(통일원, 1997).

6 정성임, 「소련의 대북한 점령정책에 대한 연구: 1945. 8～1948」(이화여자대학교 정치외교학과 박사학위논문, 1999).

7 기광서, 「소련의 대한반도—북한정책 관련기구 및 인물 분석: 해방—1948. 12」, 『현대북한연구』 1(지식공작소, 1998), pp.105～149.

8 김광운, 「소련의 대북한정책과 공산당 중앙지도기관의 결성」, 『역사와 현실』 제22호(역사비평사, 1996), pp.175～210 ; 「북한 권력구조의 형성과 간부 충원, 1945. 8～1947. 3」(한양대학교 사학과 박사학위논문, 1999).

9 이미경, 「전후 소련의 한반도 정책과 분단체제 형성」, 『한국정치외교사논총』 제23집 1호(한국정치외교사학회, 2001).

10 『북한의 역사학』 1(국사편찬위원회, 2002). 이 밖에 시기는 다르지만 김연철의 「北韓의 産業化 過程과 工場管理의 政治(1953～1970): '수령제' 政治體制의 社會經濟的 起源」(성균관대학교 정치외교학과 박사학위논문, 1996) ; 『북한의 산업화와 경제정책』(역사비평사, 2001)이 특기할 만하다.

11 Bruce Cumings, *The Origins of the Korean War: Liberation and the Emergence of Separate Regimes, 1945～1947*(Princeton: Princeton University Press, 1981) ; *The Origins of the Korean War, vol. II: The Roaring of Cataract, 1947～1950*(Princeton: Princeton University Press, 1990).

리[12]의 저서는 소련의 비밀자료 공개 전에 소련 측의 공간자료를 광범위하게 활용한 연구로 주목할 만하다. 컬럼비아대학Columbia University의 역사학과 교수인 찰스 암스트롱Charles K. Armstrong은 시카고대학University of Chicago 박사학위논문을 근거로 한 저서 *The North Korean Revolution, 1945~1950*을 2003년에 미국 코넬대학 출판부Cornell University Press에서 출간하였다.

2. 암스트롱은 누구인가?

한국현대사, 동아시아사, 세계사를 전공한 암스트롱은 현재 컬럼비아대학 부교수로 있다. 예일대학Yale University에서 1984년 학사학위를 받았고 1994년에 시카고대학에서 박사학위를 받았다. *The North Korean Revolution, 1945~1950*(Cornell University Press, 2003)가 최초의 저서이고, *Korean Society: Civil Society, Democracy, and the State*(Routledge, 2002)를 공편하기도 하였다. 또한 주요 논문으로는 "The Cultural Cold War in Korea," *Journal of Asian Studies*(February 2003), "America's Korea, Korea's Vietnam," *Critical Asian Studies*(December 2001), "The Origins of North Korean Cinema," *Acta Koreana*(January 2002) 등이 있다. 또한 그는 2002년 6월 21일에 국사편찬위원회에서 주최한 한국사국제학술회의('한국사 연구방법론과 방향모색')에서 「북한에서의 현대사 연구」를 발표하기도 하였다.

저서 『북한혁명, 1945~1950*The North Korean Revolution, 1945~1950*』

12 Erik Van Ree, *Socialism in One Zone: Stalin's Policy in Korea, 1945~1947*(Oxford: Berg, 1989).

에서는 시카고대학 지도교수 커밍스를 가장 먼저 언급하고 있다. 이 책의 주된 자료는 북한 노획문서이지만, 한국 내의 최근 연구성과도 반영되어 있어 한국과 미국의 연구 성과를 종합하는 데 노력한 듯한 느낌을 준다.

3. 사료에 대한 개괄과 북한 노획문서의 중요성

자신들의 현재 상태를 합리화하기 위해 역사적 사실을 이용하고 끊임없이 재해석하는 북한에서는 비자주적 측면이 있는 소련군 점령 시기의 중요 문건은 거의 접근이 불가능하다. 한편 소련 역시 1970년대 이후 정책적인 고려에 의해 발간된 자료집[13]과 회고록[14] 그리고 몇 권의 통사 등[15]의 자료밖에 없었으나, 1990년대 중반 이후부터는 자료를 공개하고 있다.[16]

---

13 소련방 과학아카데미 동양학연구소 편, ***ОТНОШЕНИЯ СОВЕТСКОГО СОЮЗА С НАРОДНОЙ КОРЕИ**: 1945~1980*(Москва: НАУКА, 1981) ; 국토통일원 역, 『소련과 북한과의 관계, 1945~1980: 문헌 및 자료』(국토통일원, 1987).

14 1976년 소련과학아카데미가 간행한 소련인 11명의 회고담 묶음 ***Освобождение КОРЕИ : ВОСПОМИНАНИЯ И СТАТЬИ***(Москва: НАУКА, 1976)이 국토통일원 역, 『조선의 해방』(국토통일원, 1988) ; 『레닌그라드로부터 평양까지』(함성, 1989) 등으로 국내에서 번역되어 출간되었다. 이 중에서 소련군의 정치방침을 좌우한 레베데프 소장의 회고록이 중요한 자료인데 이에 의존한 연구로는 와다 하루키의 논문〔「소련의 대북한정책: 1945~1946」, 『분단전후의 현대사』(일월서각, 1983), p.235〕이 있다.

15 1985년에 소련과학아카데미에서 간행한 『조선민주주의 인민공화국』이 『북한의 정치경제』(국토통일원, 1988)라는 제목으로 번역되어 발간되었다.

16 러시아연방 대외정책문서보관소 소장의 『주북한 소련민정국 3개년 사업총결보고: 1945년 8월~1948년 11월』, 문서군 0480, 목록 4, 문서함 14, 문서철 46 등이 중요한 자료집이다. 이러한 류의 소련의 문서자료를 비롯한 고문서 자료는 전현수 등에 의해 소개되었다. 전현수, 「해방 직후 북한사연구의 몇 가지 문제에 대하여」, 『역사와 현실』 제10호(역사비평사, 1993) ; 「해방 직후 북한의 사회경제개혁, 1945~1948년: 러시아 자료를 중심으로」(한국사회사학회 제90회 월례발표회, 1999년 4월 24일) ; 유리 바닌Yuri V. Vanin, 「러시아대외정책문서보관소 소장 해방 직후 한국관계 자료들」, 『역사비평』 제25호(역사비평사, 1994) ; 「소련의 조선임시정부 수립 구상: 미소공동위원회에 보낸 훈령과 조선임시정부 각료 후보」, 『역사비평』 제25호(역사비평사, 1994) ; 유리 바닌 지, 기광서 역, 『러

소련의 자료 공개의 이면에는 김일성의 역사해석에 대한 미묘한 견제심리라는 의도가 숨어 있으므로, 이러한 숨은 의도를 탈각시킬 수 있는 사료비판이 필수적이다.

남한에 소장되어 있는 북한 측 일부 문건[17]과 남한 측 간행물[18]은 구득求得이 쉬운 편이어서 활용도가 높다. 일본 측 자료로는 유일하게 일본군이 항복하면서 수집한 증언 등을 토대로 전 총독부 관리 모리타 요시오森田芳夫가 편집한 『朝鮮終戰の記錄』이 있다. 그런데 일본인이 모은 자료에도 역시 일본인 특유의 자기중심성과 부정확성이 개재되어 있으므로 사료비판을 가해야만 한다.

한편 미국 측 자료에는 비교적 가치 있는 것들이 많다. 미군정 정보담당부서(G-2)에서 수집한 정보의 요약으로 'Intelligence Summary, North Korea'가 1945년 12월부터 1951년까지 격주간으로 발간되었다.[19] 또한 북한을 위시한 세계 어느 곳에서도 볼 수 없었던 북한 연구자료의 보고라 할 수 있는 '한국전쟁 당시 미군이 노획한 문서Records Seized by U.S. Military Forces in Korea'가 주목할 만하다. 메릴랜드Maryland주 수틀랜드

시아의 한국연구: 한국인식의 역사적 발전과 현재적 구조』(풀빛, 1999) ; 유리 바닌 외, 『한국: 분단, 전쟁, 통일』(모스크바, 1995) ; 稻葉千晴 · D. B. パヴロフ, 「ロシアにおける軍事 · 外交資料の公開状況」, 『國際問題』 第392号(1992년 11월), pp.42~57. 소련 비밀자료에 의거한 연구로는 전현수 · 김성보 · 장인구 · 장원식 · 백순기 · 김광운 등의 것이 있다. 또한 안드레이 란코프Andrei N. Lankov의 저서 『소련의 자료로 본 북한 현대정치사』(오름, 1995)가 특기할 만하다.

17 조선중앙통신사의 『조선중앙연감』 1949년판과 1950년판, 민주조선사의 『해방 후 4년간의 국내외 중요일지』, 북한내무성이 1949년에 간행한 『해방 후 조선』 등을 들 수 있다. 북한 측 자료에 대한 개괄적 설명은 이완범, 「해방전후사 연구 10년의 현황과 자료」, 최장집 이, 『해방전후사의 인식』 4(한길사, 1989), pp.554~561 ; 이완범, 「해방 직후 북한자료 해제 1: 북한생산 자료」, 『북한현대사 문헌연구』(백산서당, 2001), pp.75~155 등이 있다.

18 김기석 편, 『북조선의 현상과 장래』(조선정경연구사, 1947).

19 이는 1951년까지 319 문서군(RG)에 정리되어 있는데, 한림대학교에서 『북한정보 요약』이라는 제목으로 1990년에 간행하였다.

Suitland시 워싱턴국립기록보존센터Washington National Record Center 건물 내의 국립문서보관소National Archives 일반공문서부General Archives Division에 잠시 소장되었다가 신청사 신축 후 지금은 메릴랜드주 칼리지파크College Park시의 국립문서보관소 분관National Archives II에 소장되어 있다. 이 자료는 6,983종류의 아이템이 원본 그대로 1,343개의 박스 안에 보관되어 있는데 160만 8,000여 페이지는 한국어로, 30만여 페이지는 일본어로, 10만여 페이지는 러시아어로, 3,000여 페이지는 중국어로 되어 있다.[20] 재미 학자인 암스트롱은 북한연구의 보고인 이러한 노획문서를 주로 활용하여 연구를 행하였다.

4. 소련-북한 관계에 대한 가변적 · 복합적 시각: 소련의 점령 목적과 수단의 변화

암스트롱은 북한의 체제가 단지 소련의 강제에 의해 이식된 것이 아니라 소련점령군과 한국인들 간의 상호 작용 속에서 만들어진 것이라고 주장하였다(pp.47~49). 즉 그는 남한에서는 미군정이 인민위원회를 인정하지 않았지만, 북한에서는 소련이 각 지방 인민위원회의 권위를 인정하였

20 이 자료의 목록은 *The National Archives, Records Seized by U.S. Military Forces in Korea*(Washington, D.C.: The National Archives, 1977)에 있다. 이 자료 중 일부인 통일원의 복사판 마이크로필름 목록은 『6 · 25 당시 노획한 북한자료 마이크로필름목록』(국토통일원, 1987)에 있다. 자료 해제로는 다음과 같은 것들이 참조할 만하다. 김학준, 「정권 형성기와 정권 초창기의 북한연구 I: 한국전쟁기에 미군이 노획한 문서에 관한 소개를 중심으로」, 『국제정치논총』 제24집(한국국제정치학회, 1984) ; Dae-Sook Suh, "Records Seized by U.S. Military Forces in Korea, 1921~1952," *Korean Studies II* (1978) ; 방선주, 「노획 북한필사문서 해제 1」, 『아시아문화』 창간호(한림대학교 출판부, 1986) ; 櫻井浩, 「朝鮮戰爭における米軍の捕獲資料について」, 『アジア經濟』 第24卷 3号(1983. 3).

다는 점을 지적하면서, 북한은 초기 과정에서 아래로부터의 자발적인 국가형성을 강조하였다고 평가하였다(p.49). 그의 이러한 주장의 전거는 김남식의 평가인데, 과연 소련이 북한의 국가형성 과정에서 방임하였는가에 대해서는 의문의 여지가 있다. 물론 소련은 인민위원회를 보다 친소적으로 만들려고 노력하였으며(p.49), 1945년 8월 말에 소련의 지도 아래 재조직하였다는 사실을 명기하고 있기는 하다(p.53). 이 문제에 대해 평자는 다음과 같은 세부적인 사실의 복원을 통해 소련이 처음에는 일본인에게 치안을 맡기려고 시도하는 등 완전히 방임하지는 않았다는 사실을 밝히고, 그 이유가 무엇인지를 알아보고자 한다.

소련이 진주하고, 일본이 항복한 상황에서 북한의 국내 정치세력들은 서울처럼 자치적인 조직을 결성하여 해방을 맞이하였다. 1945년 8월 15일 신의주 치안유지회가 우익인사인 이유필의 주도하에 조직된 것을 시초[21]로 조선건국준비위원회(이하 '건준', 서울의 위원장은 여운형) 함남지부와 황해도지부, 평남지부가 모두 8월 17일에 결성되었다. 건준 지부가 이처럼 신속하게 조직된 사실로 보아 8월 15일 결성된 서울의 건준과 모종의 연락이 있었던 것으로 추측할 수 있으며, 총독부 소속 평남지사가 해방 직전에 이미 조만식과 접촉하였기 때문으로 볼 수도 있다.[22]

건준은 사실상의 정부였다는 평가를 받기도 하고, 행정권도 인수받지 못하여[23] 자치권과 치안유지권이라는 자기방어적이고 소극적인 권리[24]만을

21 森田芳夫, 『朝鮮終戰の記錄: 米ソ兩軍の進駐と日本人の引揚』(東京: 巖南堂書店, 1964), p.189.

22 로버트 스칼라피노, 이정식 공저 · 한홍구 역, 『한국공산주의운동사』 II(돌베개, 1986), p.401 ; 홍성준 편, 『고당 조만식』(평남민보사, 1966), p.173.

23 김병연 편, 『평양지』(평남민보사, 1964), p.47.

24 오영진, 『소군정하의 북한』(국민사상지도원, 1952), p.51.

맡았으므로 정부로는 인정하기 어렵다는 제한적 평가를 받기도 한다. 건준 지부의 이데올로기적 성향은 대개 우익이 우세한 것으로 나타난다. 특히 평남지부의 경우에는 18 대 2로 우익이 절대다수로 우세하였다.[25] 이러한 상황에서 소련군 사령관 이반 치스차코프Ivan M. Chistiakov가 8월 24일 함흥을 경유하여[26] 8월 26일 평양에 도착하였고, 같은 날 '북조선 주둔 소련군 사령부'가 평양에 설립되었다. 그런데 북조선인이 내건 적기가 휘날리는 가운데[27] 8월 24일 도착한 소련군 선발대가 평남 도지사와의 접촉 후에 연명連名으로 8월 25일 발표한 다음의 명령에 주목할 필요가 있다.

> 일본 관헌은 종래와 같이 행정에 임한다. 치안유지는 일-소 공동으로 행하고 …… 일본인을 박해하는 행위는 엄벌에 처한다.[28]

---

25 한재덕, 『김일성을 고발한다』(내외문화사, 1965), pp.49~50.

26 와다 하루키, 앞의 글, p.254. 와다는 소련이 준비가 없었기 때문에 평양이 중심지인 줄 모르고 함흥에 먼저 도착하였다고 주장한다. 레베데프가 함흥을 사령부 이전 예정지로 알고 있었다는 것이다. 치스차코프의 회고록에는 평양이 중심지임을 알고 있었으며 8월 25일 상부에서 군참모부를 함흥이나 평양으로 옮기라고 하였을 때 평양을 택하여 8월 26일 평양으로 날아갔다고 나와 있다〔소련과학아카데미 편, 『레닌그라드로부터 평양까지』(함성, 1989), p.59〕. 하지만 이 추론은 명백한 자료가 뒷받침되지 못하고 있으며 함흥에 먼저 간 사실만 가지고 '소련의 미비성'을 입증하기에는 무리가 있다. 치스차코프는 24일 함흥 도착 후 이틀을 지낸 뒤에 비행기 편으로 평양에 도착하였다. 따라서 함흥으로 먼저 간 것은 실수가 아니라 먼저 소련과 가까운 관북지방의 중심지로 간 것으로 보인다.

27 森田芳夫 · 長田かな子 編, 『朝鮮終戰の記錄: 資料篇』 3(東京: 巖南堂書店, 1980), p.48.

28 森田芳夫, 앞의 책, p.184 ; 森田芳夫 · 長田かな子 編, 『朝鮮終戰の記錄: 資料篇』 1(東京: 巖南堂書店, 1979), p.306. 그러나 '소-일'이 아닌 '일-소'라고 나와 있으므로 일본인이 고친 것으로 추정되어 진실성에 다소 의문이 있다. 이 포고문은 『평양매일』, 1945년 8월 26일자 호외에 실린 것과 같은 포고로 추측된다〔森田芳夫 · 長田かな子 編, 『朝鮮終戰の記錄: 資料篇』 3(東京: 巖南堂書店, 1980), p.49〕. 그런데 다른 자료에 의하면 8월 20일 치스차코프의 「조선인민에게」라는 포고에서 "반일운동가를 중심으로 인민위원회를 조직하여 붉은 군대에 협력하라"라고 하였다는 것이다〔統一朝鮮新聞社 編, 『統一朝鮮年鑑』, 1964年版(東京: 統一朝鮮新聞社, 1964), p.57〕. 이 자료는 8월 26일~10월 12일 사이에 발표된 것으로 추정되는 「쏘군사령부의 담화」와 비슷한 맥락을 가지고 있다〔연세대학교 대학원 북한현대사연구회 편, 『북한현대사』 I(공동체, 1989), p.312〕.

이러한 성명은 함흥(24일)[29] · 해주(25일)[30] 등 초기에 진주한 지역에서는 거의 예외없이 포고되었으므로 초기 정책의 일단을 알 수 있다. 하지만 함흥과 평양에서는 포고 다음날 취소되었고 행정권이 조선인에게 이양되었으므로 그리 오래 지속된 정책은 아니었다. 하지만 우익세력이 강해 좌우 대립 양상을 보였던 해주에서는 9월 2일이 되어서야 행정권 이양이 포고되었고, 공산당이 인민위원회를 장악한 13일에야 비로소 실제적 이양이 단행되었다.[31] 그런데 이와 같은 정책은 미국이 남한에서 행한 활동과 비슷한 성격을 가지고 있다.[32] 즉 미군정은 자율적 정치조직을 부정하고 일제의 행정권을 초기에는 용인하였던 것이다. 그렇다면 미국과 소련의 합의가 있었던 것인가? 9월 2일 발표된 연합군 최고사령부 일반명령 제1호에서 일본 내에 있는 일본 경찰기관이 당분간 치안유지를 담당하도록 명령하였으나 조선의 경우에는 명확한 규정이 없다. 그러나 일본의 식민지였던 조선에도 대체로 일본의 예를 준용하였을 가능성이 있다. 따라서 미-일, 소-일 간의 조선인을 배제한 직접 접촉 과정에서, 잠정적으로 일본의 경찰력과 행정력을 이용하는 방안이 미국과 소련에 의해 각각 잠시나마 검토되었을 가능성이 있다. 이런 맥락에서 치안유지를 위한 양국의 초기 정책이 일본의 공작에 의해 우연히 일치하였을 뿐이지 별도의 합의는 없었던 것으로 추정된다. 주둔 이후 잠시나마 일본인을 이용한 미국에 비해 진주 직후 곧바로 해임시켰던 소련의 상반되는 정책을 보아도 이러한

29 森田芳夫, 『朝鮮終戰の記錄』, p.168. 커밍스는 『대중』 1945년 9월 30일자에 수록된 8월 30일자 성명을 인용한다. 브루스 커밍스 저 · 김주환 역, 『한국전쟁의 기원』 하(청사, 1986), p.254.

30 森田芳夫, 앞의 책, p.178.

31 김용복, 「해방직후 북한인민위원회의 조직과 활동」, 김남식 외, 『해방 전후사의 인식』 5(한길사, 1989), pp.213~214.

32 로버트 스칼라피노 · 이정식 공저, 앞의 책, p.401.

합의는 없었다는 것이 증명된다. 이렇게 본다면 일본의 공작은 미군 점령지에서 더욱 성공하였다고 할 수 있다.

소련이 즉각적으로 조선인에게 행정권을 이양하지 않고 잠시 보류하였던 것은 일본인 지사의 공작이 어느 정도 작용한 결과이기는 하였지만,[33] 단순히 일본인의 공작 때문만으로는 볼 수 없다. 오히려 일본인을 이용하려 한 소련의 숨은 의도 때문으로 추측된다.

이오시프 스탈린Iosif V. Stalin이 유고슬라비아의 밀로반 질라스Milovan Djilas와 가진 인터뷰에서 시인하였듯이 "한 영토를 점령한 자는 또한 자기 자신의 사회제도를 그곳에다 강요하는" 법이다.[34] 즉 소련이 북조선에 진주한 이유는 무엇보다도 자국의 이익national interest을 실현하기 위해서였다. 그렇다면 소련이 북조선에 진주하면서 가진 외교정책의 핵심 목표는 무엇일까? 그것은 1946년 3월 20일에 행한 소련의 미소공위 수석대표 테렌티 슈티코프Terenti Shtykov의 공위 개막연설에서 명백하게 표출되었는데 "소련은 조선과 우호하고 장래에 소련에 대한 공격의 기초가 되지 않는 진정한 민주국가가 되는 데 깊은 관심을 가지고 있다"라는 구절[35]이 바로 그것이다. '우호적 국가론'은 독일과 일본이 소련에 대한 공격기지로 삼았던 유럽과 한반도에서 그런 일이 재현되지 않기를 바란 것으로 해석할 수 있는데, 제2차 세계대전 후 소련은 모든 점령지역에서 이를 선언하였다. 소련의 주장에 의하면 우호적인 정부라는 것은 위성국이나 소비에트화와는 다른 것이었다. 하지만 친소국가를 수립하려는 기본 목표를

---

33 森田芳夫, 앞의 책, p.184.

34 밀로반 질라스 저, 오용웅 역, 『스탈린과의 대화』(여명문화사, 1962), pp.100~101.

35 United States, Department of States, *Foreign Relations of the United States, Diplomatic Papers, 1946*, vol. Ⅷ(Washington, D.C.: United States Government Printing Office, 1969), p.653 ; 『조선인민보』, 1946년 3월 21일.

가지고 소련점령군 사령부를 설립하였다는 숨은 의도는 읽을 수 있다. 구체적인 정책지침은 부재하였지만 북한지역에 대한 통제권 확보라는 기본 목표만큼은 확실하였다고 할 수 있다.[36]

이러한 의도 아래 국내 정치세력의 동태를 살핀 소련은 건준 지부 내에 우익의 비율이 꽤 높다는 사실을 알게 되었을 것으로 추측된다. 북한지역에서 대중들의 사회주의적 개혁의 열망이 꽤 높았기 때문에 소련군이 전면에 나서지 않고 대중에게 맡겨두어도 친소정부의 수립은 가능할 것으로 보였다. 하지만 우익이 높은 자리를 점하고 있는 건준에게 맡겨둔다면 소련이 원하는 방향으로 나아가지 않을 가능성도 있었다. 따라서 행정권을 곧바로 한국인에게 이양하지 않고 건준과 공산당을 합작시켜 좌우의 비율을 최소한 1 대 1로 만들어놓은 다음에 행정권 이양을 감행하였던 것이다. 즉 우익세력이 강했던 지역은 건준을 인민(정치)위원회로 개조하는 작업을 선행한 후 일본인 지사가 인민(정치)위원회에 행정권을 이양하는 형식을 취하였다. 반면에 자진해서 위원회 조직으로 개편한 함남에서는 선행 작업 없이 곧바로 행정권 이양이 이루어졌다.[37]

---

36 최봉대, 「'해방' 직후 통일국가수립운동과 소련의 한반도 정책」, 한국사회사연구회 편, 『한국근현대의 민족문제』(문학과지성사, 1990), p.146.

37 함남지사 기시 유이치岸勇一는 회고에서 23일 체결된 일본인의 행정권 유지 협정이 당일로 취소되었다고 증언하였다(森田芳夫 · 長田かな子 編, 『朝鮮終戰の記錄: 資料篇』 1, p.313). 또한 신용중은 함남에서 행정권 이양의 정책 전환이 당일에 이루어진 것에 주목하여 소련이 함남집행위원회에 위원 구성을 조정하도록 지시한 것이 아니라 자발적으로 이루어진 것이라고 주장한다〔신용중, 「미-소의 대한반도정책, 1943~1948」(한양대학교 정치외교학과 박사학위논문, 1987), p.111〕. 23일 당일로 취소되었다는 것은 기시의 기억 착오이며 24일 포고가 25일에 취소된다. 기록에 의하면 25일 함남공산주의자협의회와 건준 함남지부가 합동으로 조선민족함경남도집행위원회(인민위원회가 아님, 9월 1일 인민위원회로 개편)〔민주조선사 편, 『해방 후 4년간의 국내외 중요일지』(평양: 민주조선사, 1948, p.8)〕를 구성, 소련군과 교섭하여 행정권을 이양받았다는 것이다(森田芳夫 · 長田かな子 編, 앞의 책, pp.169~170). 그런데 소련의 진주 전부터 조직 면에서도 워낙 좌익세력이 강했던 함흥의 경우에는 평양과는 달리 독자적 조직개편이 이루어졌다.

더 구체적으로 말하면 이와 같은 공작은 8월 25일에 함남(조선민족함경남도집행위원회, 21일 선발대, 24일 사령관 진주)을 시작으로 순차적으로 8월 26일에 평남(평남인민정치위원회, 24일 선발대, 26일 사령관 진주),[38] 8월 31일에 평북(평북임시인민정치위원회, 27일 선발대, 30일 사령관 진주), 9월 2일에 황해도(황해도인민정치위원회, 25일 선발대 진주), 마지막으로 9월 말경에 함북(함북인민위원회)에서 이루어졌다.[39] 좌익이 세력 배분상 우익과 동등한 비율을 넘었던 함남 · 평남 · 평북지역에서는 소련 진주 직후 비교적 즉각적인 정권 이양이 이루어졌으나 우익이 우세한 지역은 앞서 언급한 황해도 해주에서의 예처럼 공산당의 세력 확장을 기다려 권력 이양이 이루어졌다. 당시 전쟁지역이었던 함북은 자료가 남아 있지 않아 보다 구체적으로 언제 어떻게 진주하고 개편되었는지 파악하는 데 어려움이 있다. 그런데 이러한 이양절차는 서울의 조선총독부의 동의 아래 진행된 것이 아니었으며, 또 소련은 각 도 단위로 진행하였으므로 미국과의 합의를 배제한 단독 행동이었다.

1945년 8월 말까지 12만 5,000명[40](혹은 20~30만 명[41]이라고도 함)의 병력

38 이때 평양에 있었던 한재덕에 의하면 소련군이 "한국사회는 소자산 계급성 소부르주아 민주주의 혁명단계이니 우익민족인사 중심의 건준을 공산당과 합작시켜야 한다"라고 권고하였다고 한다〔한재덕, 『공산주의이론과 현실비판전서: 한국의 공산주의와 북한의 역사』 5(내외문화사, 1965), p.172〕.

39 소련군 진주 전에 조직이 있었던 지역과 그렇지 않은 지역 간에는 소련군 진주 후에 조직의 자발성 면에서 차이가 난다. 각 지역의 자생적 조직은 김용복, 「해방직후 북한인민위원회의 조직과 활동」, 김남식 외, 『해방전후사의 인식』 5(한길사, 1989), p.206에 도식화되어 있다. 스칼라피노와 이정식은 "이러한 일련의 사건들을 볼 때 소련점령군 당국이 비공산주의자들의 세력을 약화시키는 작업의 배후에서 중요한 역할을 담당하였던 것이 명백하다"라고 주장한다(로버트 스칼라피노 · 이정식 공저, 앞의 책, p.404).

40 두 보병여단과 하나의 포병여단, 약간의 보병대대로 구성되었다고 한다. Michael C. Sandusky, *America's Parallel*(Alexandria, Va.: Old Dominion Press, 1983), pp.207~218.

41 국토통일연구소, 『북한실태』(국토통일원, 1984), p.9 ; 김창순, 「소련군정시대」, 『북한』

이 북한 전역에 진주 완료하였다. 단순히 무장 해제라는 겉으로 드러난 목적 달성만을 위해서라면 이렇게 많은 수의 병력은 필요 없었다. 후일 북한의 통사는 소련군이 "조선인민의 해방과 자유를 보장하며 자기 손으로 자기 나라를 건설할 수 있는 조건을 만들어주기 위해 북조선에 진주하였다"[42]라고 쓰고 있다. 소련과 공산당의 목표가 일치하였기에 이렇게 평가할 수도 있지만,[43] 이는 소련의 숨은 의도를 간과한 평가다.

1945년 9월 14일 소련군 사령부가 발표한 「인민정부수립요강」이라는 문서만 보아도 소련군이 노동자 · 농민정권 수립을 원조하고 있다는 사실이 명시되어 있다.[44] 노동자 · 농민정권이 바로 친소정권을 의미하는 것은 아니지만 그렇게 될 경향은 다분히 존재하였다.

그러나 이러한 명백한 의사 표명에 국내의 정치세력이 반발할 가능성이 있었다. 따라서 9월 20일 스탈린은 "적군赤軍은 일본 약탈자들을 분쇄할 목적으로 북조선에 진주한 것이며, 조선에 소비에트제도를 도입하거나 조선 영토를 획득하려는 목적을 추구하지 않는다"[45]라는 구절을 조선인에게 설명하라고 훈령을 발하였다. 따라서 이후 발표된 모든 포고에는 위 구절과 유사한 내용이 나온다. 더 근본적으로 보면 친소정부 수립을 원하는 자신들의 속셈을 은폐하려는 의도에서 나온 내용이라고 할 수 있다. 단지 행

제181호(1987년 1월), p.83.

42 조선민주주의인민공화국 과학원 력사연구소, 『朝鮮通史』 下(東京: 學友書房, 1958), p.4.

43 *The North Korean Revolution, 1945~1950*, p.53에는 급진적 개혁은 한국의 공산주의자들이 수행하였으므로 소련이 북한사회 전체에 통제를 가할 필요는 없었다고 평가한다.

44 『혁명신문』, 1945년 10월 4일 ; 김기석, 앞의 책, pp.81~82 ; 연세대학교 대학원 북한현대사연구회 편, 『북한현대사』 I(공동체, 1989), pp.306~307.

45 소련방 과학아카데미 동양학연구소 편, 앞의 책, p.39. 통일원이 간행한 자료에는 10월 20일로 되어 있으나 이는 9월 20일의 오역인 것으로 추정된다. 김익희, 「자료소개: 소련과 인민조선의 관계」, 『사회과학과 정책연구』 제7권 제2호(서울대학교 사회과학연구소, 1985), p.241.

정권만을 조선인에게 이양한 소련군은 위의 포고에서 “북한 시민의 사유 및 공유재산은 소련군 당국의 보호하에 있다”[46]라고 못 박는 것을 잊지 않아 소련군의 위치를 확고하게 정립하고자 하였다.

스탈린은 적군이 북한을 ‘점령’하였다는 사실을 “적군에 의해 점령된 조선지역”이라고 써서 소련인들 사이에서는 인정하였지만,[47] 북한 사람들에게 행한 공식포고에서는 점령군이라고 명시하지 않고 단지 주둔군이라고 칭하였고 “조선을 해방시켰다”라고 포고하였다. 이와는 대조적으로 미군은 9월 9일자 ‘미국 태평양 방면 육군 총사령부 포고 제1호’에서 자신들은 점령군이며 남한의 모든 권한은 자신들이 가지고 있다고 고압적으로 포고하면서 경거망동하지 말 것을 경고하였다. 한편 소련군도 ‘허가’와 ‘지시’ 등의 표현을 사용한 명령조의 포고를 발하기는 하였지만(10월 12일자), 이것도 미군의 그것처럼 고압적이지는 않았으며 다른 포고의 대부분은 한국인의 자주적 의식을 손상하는 식의 내용들이 없는 선언적인 것이었다.[48]

결론적으로 말하면, 소련은 해방 직후 한국인들의 건준과 인민위원회 조직을 완전히 방조하였던 것은 아니었다. 막후에서 적극적으로 개입하여

---

46 소련방 과학아카데미 동양학연구소 편, 앞의 책 ; 김익희, 앞의 글.

47 위와 같음.

48 고려대학교 총학생회가 1987년 9월 4일 발행한 『민주광장』 제8호에서는 9월 9일자 미국의 포고와 소련의 치스차코프 포고문을 대비시켜 각각 점령군과 해방군으로 단정하였다. 그러나 소련의 포고는 지나치게 선전적인 것이므로 대비하는 데는 적당하지 않으며 이것보다는 10월 12일자 포고와 대비해 소련점령군의 상대적 진보성이나 조심성의 차이를 지적했어야 했다. 일종의 통치행위로서 포고령 발표는 소련군 스스로 통치의 주체를 자인하는 것으로 볼 수 있다. 따라서 실질적으로 미-소군정이 동등한 권한을 지니고 수립된 것으로 보아야 한다는 견해가 있다〔최인범, 『민족통일과 민중권력』(신평론, 1989), p.45〕. 한편 서대숙은 두 나라 성명은 선언적인 면에서만 차이가 날 뿐 실질적으로는 별 차이가 없다고 주장한다〔Dae-Sook Suh, *Kim Il Sung*(New York: Columbia University Press, 1988), p.66〕.

좌익의 우세를 보장한 상태에서 조직을 재편한 다음, 뒷선으로 물러나는 치밀함을 보였다. 따라서 1946년 신탁통치 문제로 조만식이 제거된 후[49] 1946년 2월 북조선임시인민위원회가 수립되는 시점까지는 적어도 민정부를 통한 직접통제를 했으며 이후부터는 행정권을 이양하는 등 간접통치의 형식을 택하였다.[50] 이런 맥락에서 시기를 나누어서 소련의 북한에 대한 통제를 살펴보는 시각이 필요하다. 해방 후부터 북한정권 수립 시까지 일괄적으로 방조자였다고 평가하거나, 소비에트화를 실현하기 위해 화차정권식으로 계속 간섭하였다는 평가는 후기와 전기의 상황을 각각 과대평가해서 포장하는 인식일 가능성이 있다. 그러므로 북한의 국가형성과정에서 소련의 역할에 대한 인식은 가변적인 것으로 수정될 필요가 있다.

또한 암스트롱의 적절한 지적처럼 소련은 북한의 외교정책, 무역과 친소적인 지도력의 유지 등에는 통제를 늦추지 않았지만(p.54), 그 밖의 분야는 자치를 허용하였다. 따라서 정치적인 영역은 독점하였지만 비정치적 영역에서는 자치를 허용하였다는 식으로 복합적인 논리에 근거하여 설명할 필요가 있다. 즉 단순 논리를 극복하여 복잡한 사실을 구분해서 평가해야 한다. 평양에서의 통제력과 지방에서의 통제력에도 차이가 있었다는 평가도 경청해야 할 부분이다(p.54).

하지만 소련이 당시 북한에서 추구하였던 목표(친소정부의 수립)는 계속

49 *The North Korean Revolution, 1945~1950*, pp.55~56에는 조만식이 다른 보수적 민족주의자들처럼 1943년에 지원병 권유 연설을 하였으며, 이는 그의 민족주의적 명성에 치명적이었다고 서술되어 있다. 그런데 북한에서 소련의 점령정책이 폴란드 등의 동유럽 국가와 비교해볼 때 더 독재적이었다는 리의 주장에 대해서는 사실이 아니라고 평가하였다(Erik Van Ree, 앞의 책, p.268). 하지만 조만식이라는 반탁 지도자를 연금하고, 결과적으로는 1950년 전쟁 직후에 처형(비록 소련이 처형한 것은 아니지만)당하게 한 사례를 통해 볼 때 소련이 독재적이 아니었다는 평가를 받아들이기는 어렵다.

50 이완범, 「북한에 대한 소련의 정책, 1945~1948」, 『세계정치연구』 제2권 제1호(21세기 세계정치연구원, 2002), p.99.

관철되고 있었으며 가시화되는 통제력의 변화는 이를 관철하기 위한 수단의 변화에 불과하였다. 즉 전략의 본질은 변하지 않았으며 단지 전술(현상)상의 변화만이 있었다.

5. 맺음말

암스트롱의 저서는 북한의 원자료에 입각한 매우 탁월한 연구임에는 틀림없다. 특히 문화 부분에 대한 강조나 '유교사회주의'를 연상하게 하는 새로운 해석 등은 매우 참신하다. 본 토론자는 그의 저서를 냉전적 이데올로기로 재단할 의도는 없다. 하지만 그의 저서가 북한의 역사해석에 대해서는 심정적으로 동감하면서,[51] 남한의 전통주의적 해석은 비판적으로 받아들이고 있는 것은 아닌지 반문하고 싶다. 의존하는 자료가 당시의 일차 자료이므로 사후에 왜곡된 선집에만 의존한 다른 연구물들과는 한 차원 다른 것은 사실이지만, 당시 자료에도 북한이 자신들의 행위를 과대평가하고 합리화하는 측면이 없다고 보기는 어렵다. 그러므로 더욱 면밀한 사료비판이 필요하였던 것은 아닌지 의문이 제기된다.

51 물론 *The North Korean Revolution, 1945~1950*, p.55에서는 김일성이 조선을 해방시켰다는 북한의 주장을 '성인전hagiography'으로 '평가절하'하고 있기는 하다.

William Stueck

Rethinking the Korean War:

A New Diplomatic and Strategic History

Princeton and Oxford: Princeton University Press

2002. 285 pp.

CONTENTS

국제적 차원의 한국전쟁

—W. 스툭, 『한국전쟁의 재조명: 새로운 외교전략사』—

온창일*

이 책의 저자인 미국 조지아대학교 사학과 교수 윌리엄 스툭William Stueck은 한국전쟁에 관해서 깊은 연구를 해온 진지한 학자다. 그는 이미 방대한 자료를 바탕으로 한국전쟁의 국제적 성격을 부각시킨 저술〔*The Korean War: An International History*(Princeton University Press, 1995)〕을 내놓아 한국전쟁에 대한 연구 범위와 수준을 넓히고 높인 학문적 기여를 한 바 있다. 그리고 이번에는 그간 공개된 소련 자료와 중국 자료를 바탕으로 펴낸 다른 학자들의 학문적 업적을 참작하여 외교 및 전략적 차원에서 한국전쟁을 다시 조명한 책을 발간해냈다. 학생 시절부터 수정주의적 시각에 대하여 반박하는 논문을 발표한 바 있는 저자는 이 책에서도 한국전쟁을 내전으로 규정하는 것은 역사적 사실을 왜곡하는 행위라고 말하고, 전쟁의 기원, 경과, 결과 및 영향 측면에서 관찰한 한국전쟁의 국제적인 성격과 면면을 상세하게 서술하고 있다. 한국전쟁을 분석 · 연구하는 학자로서 이 책을 펴낸 저자는 한국전쟁을 재조명해본 또 다른 연구 업적을 책으로 펴낼 수 있는 남다른 자질과 자신감을 지녔다고 본다.

---

* **溫暢一** 육군사관학교 전사학과 명예교수.

저자가 밝힌 이 책의 저술 이유와 저술 방식은 음미해볼 만한 가치와 여지를 남기고 있다. 저자는 "역사학자들은 한 주제를 잊어버리기 위하여 그 주제에 대한 책을 저술한다"라는, 학생 시절에 들었던 '명제'를 되새기며 1995년의 저술로 한국전쟁에 관한 연구를 마감하려 했던 것 같다. 그러나 그는 그 업적으로 인하여 여기저기 초청되어 한국전쟁에 관한 논문을 계속해서 발표하게 되었고, 그 결과 또 하나의 저술인 이 책이 출간되었다고 밝히고 있다. 그리하여 저자는 지금까지 한국전쟁의 성격, 원인, 과정, 결과 및 영향 면에서 논란의 여지가 있는 문제들을 제시하고 이들에 대한 자신의 분석과 견해를 밝혀나가는 방식으로 이 책을 저술하였다. 그리고 그가 제시한 견해와 입장에 대한 설득의 정도를 강화하기 위하여 많은 1 · 2차 자료를 활용하였다. "역사학자들은 한 주제를 잊어버리기 위하여 그 주제에 대한 책을 저술한다"라는 명제와 책을 저술한 결과 오히려 그 주제를 버리지 못하게 된 현실은 재미있는 '모순'을 빚어내는 것 같으며, 이러한 점을 고려하여 저자는 논란이 될 수 있는 문제를 제기하고 이에 대한 스스로의 입장을 개진하는 저술 방식을 택함으로써 한 주제에 관하여 두 개의 책을 펴낸 자신의 '고민'을 극복하려는 '재치'를 보여준 것 같다.

이 책은 서론과 여덟 개의 장으로 구성되어 있다. 여덟 개의 장은 전쟁의 기원과 성격에 관한 세 개 장, 전쟁의 과정을 다룬 세 개 장, 그리고 전쟁이 가져다준 결과로서의 한미관계 그리고 한국전쟁이 미국의 민주주의에 미친 영향을 각각 다룬 두 개의 장으로 편성되어 있다. 한국전쟁의 기원과 성격을 논한 1편의 세 개 장은, 세계적 차원의 냉전이 한반도에 어떻게 도입되어 정착되었는지를 제1장에서 논하고, 제2장에서는 한국의 초대 대통령인 이승만, 트루먼 독트린Truman Doctrine과 미국의 대한정책을 상호 연관하여 검토한 다음, 제3장에서는 한국전쟁이 왜 한국내전이 아닌지를 설명하였다. 한국전쟁의 과정을 다룬 2편은 중국의 개입에 이르기까지의 과정을 다룬 제4장, 중국의 개입에도 불구하고 전쟁이 한반도에 국한된 이유를 설명한 제5장, 그리고 휴전회담이 진행되어 종전에 이르기까지의 과정을 살펴보면서 왜 휴전회담을 그렇게 오랫동안 끌었는지를 규명하려 한 제6장으로 나뉘어 있다. 그리고 포괄적인 문제로서 한국전쟁이 한미관계와 미국 민주주의에 가져다준 영향이 무엇인가를 마지막 제7, 8장에서 규명하고 있다. 문제를 중심으로 각 편과 장을 편성하고 이에 대한 견해와 해답을 제시한 저자는, 한국전쟁이 내전이 아닌 국제전의 성격을 더욱 진하게 머금고 있다는 판단 아래, 한반도 내부의 요인보다는 한국전쟁과 연관된 국제적 요인과 동서 양대 진영 중심의 대처와 노력 등에 더욱 중점을 두고 문제를 분석하고, 제기한 문제들에 대한 해답을 구하고 있다.

저자는 서론에서 한국전쟁을 제3차 세계대전 대신 치른 전쟁a substitute for World War III으로 보고 있다. 전쟁의 발발 시점이나 수행과정 그리고 그 결과가, 자칫 제3차 세계대전으로 귀결될 수 있었던 냉전을 안정시키는 효과를 불러왔다는 주장이다. 한국전쟁은 미국과 소련을 맹주국으로 하여 분립된 양대 진영의 영향권 밖에서 군사력을 직접 사용하여 세력을 확장하려는 또 다른 시도를 자제시키기에 충분한 경험적 지혜를 제공하였으며 또한 미국과 서구는 물론 소련을 비롯한 동구 진영의 중무장을 불러온 것은 사실이나 이것이 '무장된 세력균형'으로 정착되어 양대 진영의 주 강대국들이 주 전장에서 직접적인 대결로 치달을 가능성을 줄였다는 것이 이 주장의 논거다. 그리하여 저자는 '감히' 한국전쟁을 '제3차 세계대전 대신 치른 전쟁'으로 규정하는 것을 주저하지 않은 것 같다. 이와 같이, 저자는 한국전쟁이 '있을 법한 다른 세계대전'을 대신 치른 전쟁이라는 시각을 기본으로 지니고 한국전쟁과 연관된 여러 가지 문제들에 대한 자신의 견해를 밝혀나가고 있다.

한국전쟁의 기원과 관련하여 저자는 제1장에서 세계적인 대립구조인 냉전이 왜, 어떻게 한반도에 정착되었는지를 분석하였다. 냉전적 대립구조가 한반도에 도입된 가장 기본적인 요인으로 한반도의 분할을 들고 있다. 분할은 태평양전쟁(1941~1945)의 종결을 위하여 미국의 군사정책 입안자 및 결정자들이 설정한 인위적인 경계선(북위 38°선)에 의해서 구상되었고, 소련이 이에 동의함으로써 구체화되었다는 점이 지적되었다. 그리고 저자는 한반도의 분할을 극동지역에서 미군과 소련군 간의 작전한계를 설정하고 일본군 항복의 접수를 용이하게 하면서, 소련의 일본 군정 참여를 '되도록' 거부하려는 정치적인 이유가 가미된 채 인위적으로 도출된 합의사항으로 보았다. 대수롭지 않게 현실화된 한반도의 분할은 한국인들이 자력으로 한반도를 해방시키지 못했기 때문에 어쩔 수 없이 치러야 할 대가라는 점도 부각되었으며, 편의적으로 구체화된 한반도의 분할 상황은 미국과 소련의 타협이 불가능한 냉전적 대립으로 인하여 해소가 불가능했고, 한반도의 내부 대립으로 인해 '정치적으로' 정착되면서 '불안한 채로' 고착되는 과정을 밟았다고 저자는 해석하였다. 특히, 저자는 미국의 한반도 신탁통치안을 어쩔 수 없이 수용한 소련이 북한을 '소련화'하려는 정책을 추진하여 미국과의 협조를 사실상 불가능하게 만들었고, 이에 대응하여 미국도 신탁통치를 통한 분할의 해소보다 소련의 한반도 통제를 거부하는 정책으로 방향을 바꾸었다는 점과, 양국의 군정을 통하여 미국과 소련의 대한반도 정책과 전략은 그 심도와 강도 면에서 현저한 차이가 드러나기 시작했다는 명제 역시 빠뜨리지 않았다.

다음 제2장에서 미국의 대한반도 정책과 전략을 검토하면서 트루먼 독트린에서 한반도가 차지한 비중을 다루고 있다. 저자는 미국의 세계적 봉쇄정책과 전략의 실천 개념으로 제시된 트루먼 독트린의 주 대상 지역은 중동과 유럽지역이라는 점과 여기에 한국을 추가시키려는 이승만의 노력이 '전혀' 실효를 거두지 못했다는 점을 지적하였다. 특히, 미국 합참본부를 비롯한 군부 지도자들은 미국의 세계전략에서 한반도의 전략적 가치를 거의 평가하지 않고 있었으며, 현지 사령관인 맥아더 역시 이러한 미 국방부의 전략 판단에 동조하고 있었기 때문에, 전 세계적 차원의 동서 이념대결에서 한반도의 정치적 가치를 인정한 미 국무부의 주장은 크게 부각되지 못했다. 미국은 소련의 한반도 지배는 배제하면서 한반도의 장래에 대한 단독적인 책임을 회피하려는 의도로 한반도 문제를 유엔에 상정하여 이를 국제화시키기에 이르렀다. 이러한 상황분석을 토대로 저자는 북한의 위협을 강조하면서 한반도를 중시하고 이를 반공의 보루로 만들기 위해서는 미국의 적극적인 개입과 지원이 필요했다고 주장하였다. 더불어 이승만의 대미 외교 노력은 남한 내에서 그가 미국에 영향을 끼칠 수 있는 인물이라는 점을 과시하여 그의 정치적 위상을 고양시켜 한국의 초대 대통령이 되었다는 점 외에는 큰 결실을 맺지 못했다고 보았다. 오히려 저자는 북한의 도발을 억제하는 데 필요한 미국의 지원을 확보하지 못한 역효과를 거두었다고 판단했다. 또한, 이러한 미국의 소극적인 대한 정책과 전략으로 인하여 1945년 이래 어느 때보다 1948년 말이 한반도에서 전면전이 일어날 가능성을 점칠 수 있었던 시점이 되었다고 보았다.

한국전쟁의 성격을 다룬 제3장에서 저자는 한국전쟁이 한국내전이 아니고 한국전쟁일 수밖에 없는 이유를 논하고 있다. 여기에서 저자는 한국전쟁을 국지적local · 민족적national · 국제적international 동력force 들이 결합되어 구체화된 현상으로 보았으나, 이 중에서 국제적인 동력이 결정적인 요소였다고 판단하였다. 한반도의 분할, 미국과 소련의 군정 실시, 남북한의 독자적 정부 수립, 남북한 무장 정도의 차이 등 한국전쟁과 연관된 상황전개나 진행과정에서 한국이나 한국민은 외부 강대국들의 결정을 거역할 만한 위치에 놓여 있지 않았다고 보았다. 이 점은 한국전쟁의 진행과 종결과정에서도 마찬가지여서, 한국전쟁 전 · 중 · 후반에 걸쳐 국제적인 요인의 비중을 대내적인 요인이 경감시키거나 훼손시킬 수 있는 정도가 되지 못했다고 분석하였다. 미국이 북한의 무력 사용을 억제하지 못한 것이나 북한의 침공으로 빚어진 한국전쟁에 신속하게 개입한 사실 모두가 미국의 세계정책과 전략적 차원에서 결정된 사항이지, 한국의 내부적 요인으로 비롯된 결과가 아니라는 것이다. 따라서, 저자는 한국전쟁이라는 명칭 자체도 전쟁이 지닌 국제적 성격을 반영하지 못한 불완전한 호칭이라는 사실을 인정하지만 한국내전이라는 명칭은 역사적 사실을 왜곡하고 있기 때문에 받아들일 수 없다는 점을 분명히 하였다.

한국전쟁의 전개과정 중 미군의 개입에서부터 중공군의 개입까지를 다룬 제4장에서 저자는 38선의 회복이라는 목표가 왜 변경되었는지, 소련은 왜 가시적으로 개입하지 않고 중국이 개입했는지를 문제 삼아 이를 분석하였다. 제2차 세계대전의 승자로서 자부심을 버리지 않고 있던 미군은 북한군의 진격을 저지하지 못한 채 한국 동남부 한구석만을 감싸고 있던 낙동강 방어선을 힘겹게 지켜야만 했다. 그러나 맥아더 사령관이 미 합동참모부는 물론 자신의 참모들까지도 반대 의사를 감추지 않았던 인천상륙작전을 성공적으로 수행함으로써 북한군 병참선의 병목을 차단하고 서울까지 점령하는 쾌거를 달성하자, 한국전쟁의 전세는 급전되었다. 한국군과 유엔군은 전쟁 전의 상태를 회복하였고, 북한군은 더 이상 조직적인 저항을 할 수 없게 되었다. 이에 맥아더는 작전수행에 관한 한 합참본부의 제약을 받지 않으려 했고, 워싱턴도 정치적으로 해결하지 못한 한국 문제를 군사적으로 해결할 수 있는 기회를 흘려 보내려 하지 않았으며, 미국민들의 여론 역시 감정적으로 격앙되어 전장에서의 공격적인 군사행동을 재촉하였다. 이러한 상황분석을 바탕으로 저자는 한국군과 유엔군의 북진은 중공군의 개입을 불러왔고, 이에 맥아더의 호언장담과는 달리, 한국군과 유엔군은 올라가던 길을 다시 내려와야만 했다고 보았다. 저자는 소련군 대신 중공군이 한국전쟁에 개입하게 된 이유로서 애초부터 소련은 미국과의 직접 충돌을 회피하려 했다는 점과, 강대국인 미국의 군대를 한반도에서 몰아내는 한판 승리를 통하여 중국의 국가적 위상을 고양시키면서 소련의 지원까지 확보하려 했던 중국 마오쩌둥毛澤東의 정치적 판단을 들었다. 중국이 개입함으로써 미국은 다른 지역에서의 소련의 움직임에 더욱 촉각을 곤두세우게 되었고, 이것이 미국을 더욱 곤혹스럽게 만들었다는 점도 지적하였다.

중공군의 개입에 의하여 '새로운 전쟁'으로 변모한 한국전쟁이 왜 한반도 밖으로 확대되지 않았는가를 다룬 제5장에서 저자는 미국과 소련이 이의 확대를 원하지 않았다는 점을 가장 결정적인 이유로 꼽았다. 그리고 미국과 함께 싸우고 있던 영국이 한국 같은 지역에서 미국의 국력을 낭비함으로써 미국의 유럽 방위력이 약화되는 것을 원하지 않았다는 사실도 간과하지 않았다. 또한 저자는 워싱턴의 정치·군사 지도자들이 소련의 연출로 진행되는 게임을 미국이 수행한다는 사실에 대해서 매우 곤혹스러워했고, 한국에서 결판을 내기보다는 유럽과 일본의 방어가 더욱 중요하다는 데 인식을 같이하여 한국전쟁의 확전이 사실상 불가능했다고 보았나. 또한 "소련은 의사가 없었고, 미국은 능력이 없었다"라고 밝힌 당시 소련외상 비신스키Andrey Y. Vishinsky의 견해를 소개하기도 했다. 그러나

1950년 9월과 12월의 전황이 한국전쟁에서 미군의 목표를 수정하도록 강요했던 것과 마찬가지로, 저자는 무엇보다도 전장의 변화된 상황이 스탈린과 마오쩌둥으로 하여금 "미군을 한반도에서 몰아낸다"라는 그들의 목표를 수정하도록 강요한 것이 '새로워진' 한국전쟁이 확전되지 않은 가장 주요한 이유라고 보았다. 이와 같이, 저자는 최초의 정책 의도와 더불어, 불리하거나 유리하게 전개된 전황이 미국과 소련으로 하여금 전투행위를 한반도에 국한시키도록 강요했다고 판단하였다.

전장을 한반도로 국한하고 전쟁수단의 사용도 제한한 한국전쟁의 주역들은 전장에서 어느 측도 결정적인 우세를 확보하기 힘든 전쟁을 군사적 승패가 아닌 정치적인 타협으로 종결하기 위하여 휴전회담을 진행했으나, 설전舌戰도 혈전血戰 못지않게 치열하여, 이러한 방식에 의한 전쟁 종결도 쉽지 않다는 현실을 절감하였다. 저자는 제6장에서 휴전회담을 왜 그렇게 오래 끌었는지를 문제로 제기하여 이에 대한 자신의 견해를 내놓았다.

저자는 모든 단계의 양측 주역들이 지닌 상대에 대한 적대감과 불신을 첫째 이유로 들었다. 실제, 이러한 불신과 적대감은 이념적으로는 공산주의와 자본주의의 차이만큼 컸으며, 문화적으로는 양측의 역사만큼이나 깊었고, 전장에서 흘린 피와 땀만큼이나 진할 수밖에 없었다. 유엔 측은 어처구니없는 공산 측의 억지와 조작에 혀를 내둘렀으며, 공산 측은 유엔 측의 '거만과 오만'을 힐책하는 데 온갖 '독설과 욕설'을 삼가지 않았다. 저자는 이와 관련하여 현지 사령관 리지웨이Matthew Bunker Ridgway가 워싱턴에 보낸 전문 내용을 소개하기도 했다. "공산주의자들은 그들이 이해하고자 하는 것만 이해한다"라는 내용과 "그들은 양보가 약함에서 비롯된 것이라는 인식에 사로잡혀 양보하는 예의조차도 갖추지 못하고 있다"라는 내용이었다. 이 결과, 유엔 측은 회담장에서 공산주의자들의 독설과 억지를 제재하고 억제하는 수단으로 전장에서의 군사적인 압력을 가중시키는 '연계 전략'을 구사하는 것을 예사로 삼았다.

둘째로 저자는 포로교환에 관한 양측의 기본적인 합의가 늦어진 것을 휴전회담이 오래 걸린 이유로 들었다. 사실, 양측은 1951년 11월 27일, 30일간의 유예기간을 설정하긴 했으나 접촉선을 휴전선으로 책정하기로 합의하여 실무작업을 마친 상태까지 회담을 진척시켰다. 그러나 유엔 측이 주장한 포로의 자유송환 원칙과 공산 측이 내세운 강제송환 방침은 한국전쟁을 1년 반이 넘게 더 지속시킨 주요한 이유가 되었다. 이와 같이 저자는 상호 불신과 적대감, 포로 송환에 대한 입장의 차이 등이 휴전회담을 오래 끌게 한 주요 원인이 되었다고 보았다.

제3편의 제7장에서 저자는 한국전쟁의 결과로 새로워진 미국의 대한관계를 언급하였다. 한국전쟁의 결과 체결된 한미상호방위조약과 미군의 실제 한국 주둔은 한국의 안보에 대해서 미국이 단독책임을 떠맡았다는 것을 의미한다고 해석한 저자는 미국의 이러한 '한국 포기 불가' 입장이 미국과 한국 간의 다른 분야의 정상적인 교섭을 사실상 불가능하게 만들었다고 보았다. 특히, 이승만 대통령의 휴전 방해 위협에 굴복하여 한국과 방위조약을 체결하고 경제 및 군사원조까지 약속한 미국은 한국과 정상적인 교섭을 진행시킬 수가 없었고, 그리하여 '비민주적인' 이승만 정부를 지원할 수밖에 없었으며, 이는 경제분야의 부진을 극복하지 못한 한국의 대미 의존도를 심화시키는 결과를 빚어냈다고 보았다. 그러나 저자는 2000년에 미국이 주한미군지위협정SOFA을 개정함으로써 한국과의 관계를 시의 적절하게 조정할 수 있었으며, 한국 수도를 포함한 주요 도심에 미군을 계속 주둔시킬 수 있을지는 숙제로 남게 되었다고 판단하였다.

저자는 한국전쟁이 미국 민주주의에 끼친 영향을 제8장에서 논의하고 있다. 미국이 소련에 대한 의구심과 경계심을 가지고 있을 때 발발한 한국전쟁은 미국 정부의 권한 강화와 대내 통제의 심화를 불러왔다고 진단했다. 소련의 위협에 대처하기 위하여 작성된 정책 백서 NSC-68이 한국전쟁 발발로 인하여 실증적인 설득력을 얻어 실질적 예산으로 뒷받침될 수 있었고, 미국이 주도한 서구 진영의 무장이 강화되어 서독과 일본의 재무장이 추진되었으며, 이와 병행하여 한국전쟁은 미국 행정부의 역할을 증대시키고, 대통령의 권한을 '필요 이상으로' 강화시킨 계기를 제공하여 차후에 미국 정부가 베트남에 적극적으로 개입할 수 있는 '성향'을 지니게 만들었다고 저자는 분석하였다. 제8장의 제목과는 약간 동떨어진 감이 없진 않으나 저자는 한국전쟁의 결과로 공산권은 오히려 혼란에 직면하였으며, 소련의 원조와 통제능력의 한계로 헝가리나 체코 등에서는 반反소련 소요가 일어나기도 하였고, 중국의 대외적 위상은 고양되었으나 대만의 위치가 확고해져 이것을 중국이 흡수할 가능성은 오히려 미미해졌다고 하였다. 특히, 저자는 한국전쟁이 미국 내의 '적색공포Red Scare'를 재현시켰다고 보았으며, 이것이 미국 민주주의 발전을 저해하는 요소가 되었다고 판단하였다.

이와 같이 저자는 방대한 자료의 섭렵과 학자적 분석을 통하여 전쟁의 기원, 경과, 결과 및 영향 면에서 제기될 수 있는 문제를 중심으로 한국전쟁을 재조명하였다. 그는 한국전쟁의 전 과정을 통하여, 외교와 전략적 측면에서 한국과 한국민은 외부 세력들의 결정과 행위 등을 수용할 수밖에 없는 위치에 처해 있었다는 점을 들어 한국전쟁의 국제적인 단면과 요인들을 부각시켜 한국전쟁을 다시 더듬어보았다. 따라서 저자는 이미 그가 발간한 저술과 더불어 이 책을 펴냄으로써 한국전쟁 연구에 큰 학문적 기여를 하였다

그러나 저자의 이번 저작도 약간의 아쉬움을 지니고 있는 것 같다. 첫째로, 그가 밝힌 바 있듯이 자신이 여기저기에 초청되어 발표한 논문들을 취합하여 책으로 엮다 보니까, 시대별 혹은 주제별 사안들이 여기저기에 반복적으로, 때로는 불필요하게 삽입되어 전체적인 논리 전개가 매끄럽지 못하고 논리의 초점이 흐려지는 것 같은 느낌을 준다. 둘째로, 제시된 주제와 문제를 분석하는 데 있어서 저자는 분석적analytic이기보다는 서술적descriptive인 방법을 택하여 문제나 주제에 대한 자신의 견해를 집약적으로 전개하는 데 노력과 자료의 인용을 집중하지 못한 아쉬움을 남기고 있다. 셋째로, 저자는 가정적이거나 가설적인 추론에 근거한 가상적 명제를 너무 많이 제시하여 자신의 입장이나 주장의 강도와 설득력을 오히려 약화시킨 결과를 빚어낸 것 같은 생각이 든다. 넷째로, 저자가 그 자신이 제시한 문제들이나 그가 편성한 장과 절에 대한 자신의 결론이나 입장 표명을 명쾌하게 하지 못했다는 것이 다른 하나의 아쉬움이다. 그러나 이러한 아쉬움은 어느 학자나 연구자든지 극복해야 할 성질의 것으로 보인다.

이 책에서 저자가 제시한 몇 가지 견해 역시 면밀하게 되짚어볼 여지가 있다. 우선, '한국전쟁은 제3차 세계대전 대신 치른 전쟁'이라는 견해는 상당히 '거친 추론'으로 보인다. 이러한 견해는 한반도에서 자행된 북한군의 남침을 과거 히틀러의 잠식전략piece-meal strategy에 의한 점진적인 무력사용과 같은 성격을 지닌 것으로 간주한 것이며, 동시에 군국주의 일본이 대륙진출 과정에서 자행한 누적적 침략행위와 유사한 형태로 보고 있는 것이다. 또한 이러한 견해는 세계대전을 치르지 않기 위해서는 한반도에서 자행된 공산 측 도발을 단호하게 차단하면서 그것은 결코 보상받지 못한다는 인식을 공산 측이 체득하도록 해야 한다는 판단에서 미국의 직접 개입을 결정한 트루먼 대통령의 결심 배경 및 내용과 맥을 같이하고 있다. 그리고 그가 견해를 표현한 방식은, "승리를 대신할 것은 아무것도 없다There is no substitute for victory"라는 맥아더의 단언과 "명예로운 종전도 승리의 대신이 될 수 있다There is a substitute for victory"라고 워싱턴의 정책 및 전략수립가들이 입 안에서 '중얼거린' 표현방식과 형식을 같이하고 있는 듯하다. 그러나 정치가들이 어떠한 정책과 전략을 합리화하기 위하여 제시한 명분론과 현실에서 빚어지는 실제는 엄연히 다른 것이 사실이다. 저자의 견해를 그대로 수용할 경우, '만약 한국전쟁이 발발하지 않았다면, 미국과 소련을 주축으로 한 동서 양대 진영은 언젠가는 제3차 세계대전을 치르는 것 외에 다른 선택의 여지가 없었을 것이다'라는 견해도 타당성이 있어야 한다.

그러나 한국전쟁 발발 당시의 정태적 상황과 전쟁수행 과정이나 전쟁 후에 전개된 동태적 조치들을 자세히 검토해보면 한국전쟁이 일어나지 않았다 하더라도 제3차 세계대전이 촉발될 요인과 가능성은 거의 찾아보기 힘들다는 것을 쉽게 알 수 있다. 북한군을 무장시키면서도 소련의 스탈린은 미국과의 충돌을 회피하려는 의지를 감추지 않았고, 미군의 개입까지를 상정한 스탈린은 소련군의 직접 개입은 불가능하다는 점을 김일성에게 미리 밝혔으며, 이 경우를 대비하여 김일성으로 하여금 사전에 마오쩌둥과 협의하도록 조치한 그의 태도에서 조만간 미국과 제3차 세계대전을 치르리라는 태세를 읽을 수는 없다. 마오쩌둥 역시 스탈린의 종용으로 한국전에 '의용군'이라는 명칭을 붙여 군대를 파견하는 과정에서도 내전으로 피폐해진 국가건설이 우선적이라는 이유로 파병을 반대한 내부와의 갈등을 극복해야만 했다. 전쟁 초기부터 지상군을 파병한 미국 역시 소련을 자극하지 않기 위하여 소련이 지원한 T-34 전차나 자주포, 야포나 전투기 등을 격파, 격추하면서도 소련을 공개적으로 책망하는 것은 피했고, 상당

기간 동안 소련의 군수물자가 하역되는 나진항도 폭격 목표에서 제외했다. 무엇보다도, 교전 양측은 한국전쟁이 확대되는 것을 방지하기 위하여 '무언의 거래tacit bargaining' 속에 스스로를 자제하였다. 이러한 모든 정태적 · 동태적 요인들을 분석해볼 때 "한국전쟁이 제3차 세계대전을 대신한 전쟁이었다"라는 저자의 견해는 그렇게 설득력이 있는 것 같지 않다.

한국전쟁이 내전이 아닌 이유로 저자는 한국전쟁의 국제적 요인과 그 단면을 들고, 이들이 차지하고 있던 비중의 절대적 중요성을 들었다. 그리하여 그는 한국전쟁이라는 명칭 자체가 한국이라는 지역적 색채를 주로 반영하고 전쟁의 국제적 단면과 요인의 중요성을 함축하지 않는다는 이유로 이 명칭의 '부적합성'을 지적하기도 했다. 그러나 국제적인 요인과 측면의 비중이 크다는 이유만으로 한국전쟁을 내전이 아니라고 규정하는 것은 논란의 여지가 있다. 내전의 대표적인 예로 꼽는 미국의 남북전쟁(1861~1865)이나 스페인 내전(1936~1939)에서도 국제적인 요인과 단면의 비중이 결코 낮지 않았기 때문이다. 특히, 스페인 내전은 유럽 27개국이 불간섭위원회를 설립하여 중립을 선언했으나 독일과 이탈리아가 우파인 프랑코군을 지원하고 소련이 인민전선 정부를 원조하는 유럽 좌 · 우파의 대리전 성격과 양상을 띠게 되었다. 이런 경우를 본다면, 국제적인 요인의 존재 여부나 상대적 경중만으로 내전이냐 아니냐를 규정짓는 데에는 다소 문제가 있다.

따라서 한국전쟁은 먼저 법적인 차원에서 이의 성격을 규명할 필요가 있다고 본다. 법적인 의미에서, 한 국가 내 어느 무장한 정치집단이 형성되어 이를 국내법으로 통제할 수 없는 경우에 국가는 무력을 사용하여 이 집단과 전쟁상태에 돌입하게 되며, 이를 내전이라고 지칭한다. 다시 말하여, 교전단체로 인성된 국가 내 정치집단과 국가와의 전쟁을 내전으로 규정하고 있다. 이러한 차원에서 살펴볼 때 한국전쟁은 분명 내전은 아니다. 싫든 좋든, 맘에 들든 들지 않든 간에 한반도에는 1948년 유엔의 승인을 받은 한국 정부와 공산권의 축복을 받은 북한 정부가 대변하는 두 개의 국가가 수립되었다. 이들 두 개의 국가는 그 후 다른 이념과 체제하에서 국가로서 주권과 기능을 행사해왔으며, 1950년 북한이 남한을 침공함으로써 한국전쟁이 발발하게 된 것이다. 따라서 한반도 외부의 국제적인 요인 및 측면과 한반도의 내적인 요소들의 상대적 경중을 따지기에 앞서서 한국전쟁은 이론과 실제 면에서 내전이 아닌 셈이다.

실제가 이러함에도 불구하고 구태여 한국전쟁을 내전이라고 부르는 데는 그럴 만한 이유들이 있다. 한국전쟁이 발발한 직후에 공산 측은 한국전쟁이 내전이기 때문에 외부세력들은 이에 간섭하지 말라는 '경고성 성명'을 발표하였다. 북한을 충분하게 무장시켜 군사적 승리의 가능성을 내다보고 있던 공산 측은 외부세력, 특히 미국의 개입만 배제하면 손쉽게 한반도를 공산화할 수 있다고 판단하여 한국전쟁을 내전으로 규정하였다. 그 후 이른바 수정주의자들이 한국전쟁을 내전으로 규정한 이유는 주로 미국의 대외정책과 전략, 특히 베트남전 수행정책과 전략을 비판하고 대외 간섭을 비난하는 것에 초점을 맞추어 한국전쟁에 개입한 미국의 정책과 전략을 수용하지 않으려는 태도 때문이었다. 또한 냉전적 대립구조에서 소련과 공산 측만을 비난해온 이른바 전통주의에 대한 반작용의 한 형태이거나, 아니면 이념적으로 공산주의에 대한 막연한 학문적 동경이나 호기심 또는 의도적 목적에서 역사적인 자료나 사실 자체를 임의로 선택하거나 해석한 결과로 빚어진 '왜곡歪曲과 궤도詭道'의 산물로도 볼 수 있다. 이는 역사적 사실규명과 사회적 현상을 분석하는 학자나 연구자가 지녀야 할 객관성objectivity과 이에 바탕을 둔 '몰가치적 해석value-free interpretation'의 중요성이 얼마나 절실한가를 말해주는 실증 자료가 아닐 수 없다.

이러한 사항 외에도, 한국전쟁이 한반도 지역 밖으로 확대되지 않은 이유로서, 저자가 지적한 것에 한반도가 동서 양 진영의 주변지역이라는 점을 추가할 수 있을 것 같다. 다른 말로 표현하여, 일본의 패망과 더불어 한반도는 힘의 공백지역으로 변했고, 이것이 냉전의 주역인 미국과 소련에 의해서 분할된 후에는 양대 진영의 주변지역이 되었다. 이 지역에서 발생한 전쟁은 과거 독일이나 일본이 '아리안족 생활권'의 확대와 '대동아공영권'의 구축을 기치로 내걸고 중심지역을 확대해나갔던 전쟁과는 다른 성격을 띠게 마련이며, 따라서 양측이 전쟁의 범위를 확대시킬 의사가 없을 경우에 이를 손쉽게 제한할 수 있는 지전략적地戰略的 특성을 지닌 지역이 한반도라고 보아도 무방하다. 이러함에도 불구하고 전쟁을 군사적인 승패가 아닌 정치적 타협에 의해서도 손쉽게 종결할 수 없었던 것은 동서 진영의 대리전으로서 한국전쟁이 지닌 이념적 대결의 성격에 기인한다. 공산주의 국가로 돌아가기를 싫어하는 공산포로가 있다는 사실이 공산국가가 '지상의 낙원'이라고 주장하는 공산 측의 선전이 허구라는 것을 입증할 수 있는 더없이 값진 자료가 되기 때문에, 유엔 측은 포로의 자유송환 원칙을 주장했고, 그 반대 이유로 공산 측은 강제송환을 고집했다. 이에 부가하여, 자유 진영과 공산 진영의 맹주 격인 소련 스탈린 수상과 미국 트루먼 대통령의 고집과 자존심 대결까지 스며들어 있었기 때문에, 휴전 합의조차도 어려웠고, 그리하여 혈전과 설전이 계속되었다는 점을 간과할 수 없을 것 같다.

한국전쟁이 미국 민주주의를 변질시켜 '제왕적 대통령'이라고 부를 정도로 대통령과 행정부의 권한을 강화시켰고, 공산주의와 공산주의자들에 대한 경계심(적색공포)을 지나치게 과장하여 무차별적인 '마녀사냥' 식의 국내정치 풍토를 조성하였다는 저자의 입장 역시 약간의 언급이 필요할 것 같다. 한국전쟁에 개입하면서 미국의 트루먼 대통령은 유엔의 경찰행위를 지원한다는 명분으로 유엔 안전보장이사회를 미국의 '주말 국회' 로 활용하였고, 그 후에도 대통령의 권한을 위축시키는 전례를 남기지 않겠다는 이유로 전쟁 수행과 연관된 사안에 대해서 의회의 승인을 구하려 하지 않았다. 이러한 현상은 한국전쟁이 가져온 결과라고 평가하기보다는 어떠한 전쟁이든지 간에 전쟁으로 빚어진 위기상황과 이에 대처하는 최고 통수권자로서 '대통령이라는 독특한 위치에 있는 특수한 개인' 의 성향이 빚어낸 결과라고 볼 수 있다. 한국전쟁뿐만 아니라 베트남전을 지도한 또 다른 미국 대통령들도 자신들의 권한이 의회에 의해서 축소되는 것을 꺼려했다는 사실이 이를 말해주고 있다. 그리고 공산주의자들에 대한 경계와 혐오는 한국전쟁 전에도 존재해왔던 현상으로 보인다. 얄타 협정에서 소련에게 필요 이상의 양보를 했다고 하여 이를 문제 삼았던 적도 있었으며, 특히 중국대륙의 공산화를 방치했다는 이유로 국무부 외교관들이 곤욕을 치른 적도 있었다. 물론, 한국전쟁에서 중공군에 의해서 미국의 자존심이 심하게 훼손되었다는 인식 아래 중국의 공산화를 막지 못한 관료와 민주당 정부가 또다시 공격의 대상이 되었다는 것은 쉽게 상정할 수 있다. 그러나 이러한 현상 뒤에 미국 국내정치의 당파적 이해관계에서 비롯된 정치적 이유가 숨어 있다고 보았을 때, 공산주의자들과 힘겹게 싸운 한국전쟁이 적색공포 현상을 불러왔다거나 더욱 심화시킨 주 요인이라고 치부한 것은 약간 무리가 있다고 본다.

이러한 아쉬움이나 첨언에도 불구하고, 이 책 *Rethinking the Korean War: A New Diplomatic and Strategic History*는 한국전쟁을 분석 · 연

구하는 전문가들은 물론 일반 독자들에게 한국전쟁에 대한 이해의 수준과 범위를 높이고 넓히는 데 필요한 많은 자료를 제공하면서 분석의 한 방식까지도 제시하였다고 본다. 특히 한국전쟁의 국제적 측면이 무엇이며, 이와 연관된 요인들의 비중이 어떠했던가에 대해서 관심을 가진 전문가나 독자들에게 이 책은 큰 도움이 될 것이라 믿어 의심치 않는다. 그리고 공산 측 국가들의 자료들이 완전히 공개됨으로써 저자가 제시한 가설적 명제들이 실제로 입증되어 단순화되기를 기대해본다.

토론

조성훈*

스톡 교수는 그의 저서에서 한국전쟁의 기원에서부터 전개과정, 전후 한미관계, 미국에 미친 영향까지 이슈별로 정리하는 역량을 드러냄으로써 전문연구자나 일반 독자에게 자극을 줄 것이 분명하다. 비록 제목(*Rethinking the Korean War: A New Diplomatic and Strategic History*)에서 기대할 수 있는 만큼 한국전쟁을 새로운 시각으로 검토한 것은 아니지만, 대학원 시절부터 오랜 기간 지속된 한국전쟁에 대한 연구성과, 특히 1995년의 『국제사로서의 한국전쟁*The Korean War: An International History*』의 인식을 '문제 지향적이고 종합적으로', 나아가서는 대중적으로 접근하며 발전시킨 것으로 보인다.

이에 대해, 서평자는 저자의 저서의 각 장에 대한 논점을 압축적으로 정리한 후 그의 장점과 한계를 잘 지적하고 있다. 국제관계와 한국전쟁에 대한 풍부한 인식을 토대로 한 평자의 시각에 그다지 이론은 없다. 다만, 서평자와 인식을 달리한 부분과 토론자가 저자의 저서를 읽고 느낀 점을 간단히 보충하고자 한다.

* 趙成勳 군사편찬연구소 선임연구원.

먼저, 저자가 한국전쟁을 '제3차 세계대전 대신 치른 전쟁a substitute for World War Ⅲ'이라고 규정한 데 대해, 서평자는 "한국전쟁 발발 당시의 정태적 상황과 전쟁수행 과정이나 전쟁 후에 전개된 동태적 조치들을 자세히 검토해보면 한국전쟁이 일어나지 않았다 하더라도 제3차 세계대전이 촉발될 요인과 가능성은 거의 찾아보기 힘들다는 것을 쉽게 알 수 있다"라고 지적했다.

토론자도 한국전쟁이 동서 진영의 대리전이 아니라 제3차 세계대전을 대신했다는 대리전 주장에 동의하기는 어렵다. 저자는 1950년 11월 상황이 제3차 세계대전으로 확전될 가능성이 있었음에 크게 주목했다. 즉, 한국전쟁이 발발하고 나서 미국과 소련은 직접대결을 피하려고 했지만, 맥아더가 만주에 폭격을 하려고 하고, 위기에 몰린 소련이 공군 지원을 강화했으며, 트루먼이 핵무기 사용 가능성을 배제하지 않음으로써 제3차 세계대전의 가능성이 컸다는 논지를 폈다(pp.116~117 · 224). 그리고 1 · 4후퇴를 먼저 떠오르게 하는 중국군의 제3차 공세 시기에 맥아더의 확전론으로 전쟁이 한반도 밖으로 벗어날 수 있었다는 가능성을 지적했다.

그러나 미국과 소련은 한국을 우선시하지도 않았다. 1950년 10월 중순 극동군사령부 정보참모부장 윌로비Charles Willoughby 소장이 소련과 중국의 개입 가능성에 대한 정보 보고를 올릴 때 소련은 개입할 의사가 없다고 결론을 내렸고, CIA에서도 소련이 세계전쟁을 원하지 않고, 특히 1950년에 그럴 가능성이 없다고 평가했다.[1] 또한 소련 문서에 잘 드러나고 있는 것처럼 스탈린은 김일성과 개전논의를 하면서 소련이 한반도 문제에 직접 개입할 의사가 없으며 미국이 개입하더라도 마오쩌둥의 지지를

1 "Critical Situations in the Far East", Oct. 12, 1950, 『미국중앙정보국 정보보고서』(한국전쟁 자료총서 14), pp.280~282.

확보할 것을 주장했던 것이다. 미군이 38선을 넘자 김일성이 스탈린에게 원조 요청을 했을 때에도, 스탈린은 우선적으로 중국과 의논해야 한다는 뜻을 전했다.[2] 그리고 저자의 지적대로 마오쩌둥은 소련이 핵무기를 가짐으로써 핵무기를 '종이호랑이'로 여겼고(p.110), 스탈린도 미군이 중국군의 공세에 밀렸을 때 확전될 가장 큰 위험은 소련에 대한 전면적인 핵공격이었지만, 이런 움직임이 실질적인 사전 경고나 결정적인 연합국의 지지 없이 실행될 것 같지는 않다고 인식했다(p.136).

결국 미국은 제3차 세계대전을 의도할 생각도 없었고, 소련도 대전을 치를 것으로 작전계획을 수립하지도, 실천하지도 않았던 것으로 보인다. 서평자가 한국전쟁이 한반도지역 밖으로 확대되지 않은 이유로 저자의 논지 외에 한반도가 양대 진영의 주변지역이라는 지전략적 특성을 덧붙이고 있는데, 그것은 양측에게 동아시아가 유럽보다는 부차적secondary이었기 때문이었을 것이다. 다만, 전쟁 과정 속에서 미국과 공산권의 세력을 드러내 보임으로써 어느 쪽도 군사적 우위를 가질 수 없다는 점을 인식하게 되어 미·소가 직접 대결하는 제3차 세계대전을 예방하는 결과를 가져왔다는 점을 간과할 수는 없을 것으로 본다.

서평자는 저자가 한국전쟁에서 국제적 요인이 차지하고 있던 비중의 절대적 중요성을 들어 국제적 차원의 인식을 강조했지만, 내전적인 요소를 무시할 수 없다는 점을 지적했다. 타당한 평가이지만, 1948년 남북한이 두 개의 국가로 수립되었기 때문에 한국전쟁이 이론과 실제 면에서 내전이 아니라는 논거에 대해서는 토론자와 입장이 다르다. 남한과 북한이 별개의 국가로 성립되었지만, 동서 진영 가운데 일방의 승인만 획득했을 뿐만

2 양진삼, 「전쟁기 중국지도부와 북한지도부 사이의 모순과 갈등」, 『한국전쟁의 새로운 연구』 2(군사편찬연구소, 2002), p.578 · 586.

아니라 오늘날의 평가처럼 '단독정부'가 아니라 줄곧 '중앙정부'를 내세웠기 때문이다.

그동안의 논쟁에서 새로운 연구의 진전이 없이 한국전쟁의 기원에 대한 논의를 재론할 생각은 없지만, 저자의 입장에 대한 약간의 평을 덧붙이고자 한다. 저자는 한국전쟁을 연구하는 오늘날의 연구자들의 주요 과제는 내부적 요인과 외부적 요소를 비교 고찰하는to weigh the internal and external factors 것이라고 문제 제기를 하여(p.3), 한국의 내재적 요소의 중요성을 인식하면서도 한국전쟁이 본질적으로 내전이 아니라는 입장을 재확인하면서 국제적 요인을 강조했다(pp.65~66).

이 때문에 저자가 전쟁의 기원을 국내 요인들과 대외 요인들의 상호 작용으로 설명할 수 있다고 했지만(p.5), 특히 제1장에서 한국인 누구도 장기간의 한국 분단을 받아들이지 않았고, 1948년 출범한 독립정부의 지도자들은 조만간 독립을 복구해줄 강력한 후원국들보다도 통일에 대한 신념이 훨씬 확고했으며, 국내 분열 이후 통일에 대한 강한 바람은 1945년에서 1950년 사이 일련의 사건에서 중요한 역할을 했다는 분석이 무색해진 셈이다(p.60). 1995년 발간된 연구서에서 한국전쟁은 김일성의 통일 야욕이 그 근본적 원인이었다고 한 지적[3]에 비추어 본다면, 결과적으로 저자는 국제전적 요소를 더 강조했다. 단적으로 책표지를 보면, 소련에 의해 조종되는 꼭두각시로 묘사된 그림이 있는데 이 자체로 그의 지향이 어디에 있는지 알 수 있을 것이다.

이를 반증하기 위해 저자는 해방된 1945년 국내의 여러 세력과, 국외 독립운동세력이 분열되어 있었음을 강조하였다. 그러나 국내적으로 1945년

3 김남균, 「한국전쟁을 보는 새로운 시각」, 『해외한국학 평론』 2(일조각, 2001), p.36.

시기나 늦어도 1946년 제1차 미소공동위원회 개최 후 좌우합작운동을 모색하는 시기까지는 지나치게 분열을 강조할 필요가 없을 것이다. 국내 세력들의 갈등과 남북지도자의 무력통일론, 전쟁전개 과정에서도 북한의 김일성이 중국군의 지휘와 통제를 받는 데 쉽게 동의하지 않았던 점 등 내부적 요인도 전쟁의 성격을 이해하는 데 그 중요성이 여전히 줄어들지 않을 것이다.

또한 저자가 외부세력의 영향을 강조하는 과정에서 그들의 개입을 지나치게 강조하는 것이 아닌가 한다. "미국은 1945년 개입 이래, 한국을 통일하려는 목표를 결코 포기한 적이 없다. 문제는 이를 언제, 어떻게 실현시키느냐 하는 것이었다"라고 저자는 주장했다(p.93). 그러나 1949년 미군 철수 이후 한국전쟁 전까지 보여준 미국의 입장은 이와 모순된 것이 아닐까? 더욱이 미국의 소극적인 대한정책과 전략으로 인하여, 1945년 이래 어느 때보다 1948년 말이 한반도에서 전면전이 일어날 가능성을 점칠 수 있었던 시점이 되었다는 저자의 주장(p.60)에 대해 토론자는 동의하기 어렵다. 아직 미군이 철수하기 전이기도 하거니와 북한의 김일성도 이 시점에서는 남침 의도를 드러내지 않았으며 38선에서의 충돌도 1949년 3월부터 전투가 격화되었다. 저자의 평가는 아마도 미국의 중요성을 너무 의식한 것이 아닌가 생각된다.

그 외에도 미국이 게릴라 활동을 억누르는 것을 도왔다면 소련은 그것을 양성하는 데 절대적인 역할을 했다고 주장하면서, 소련이 북한 요원들과 게릴라들을 훈련시켜 남한으로 침투시켰다고 하는 주장(p.69)은 근거가 더 보충되어야 할 것으로 보인다. 1952년 5월 7일 거제도 수용소에서 발생한 공산포로에 의한 수용소장 도드Francis T. Dodd 장군의 피랍사건도 중국군 포로에 의한 것으로 확대하여 해석한 것으로 보인다(p.169). 이

사건은 휴전협상 대표였던 공산 측 대표 남일의 지시를 받아 실행한 것으로 알려졌지만, 사실은 제76동 수용소 포로들 가운데 주택원(63 NK 107467), 오성권(110209) 등 20여 명이 자체적으로 도드 소장을 수용소 안으로 납치한 것이다.

한편, 제6장에서 정리된 휴전협상의 지연 요인에 대해 저자는 서평자가 정리한 것처럼 상호 불신과 적대감, 포로 송환에 대한 입장 차이 등이 휴전회담을 오래 끌게 한 주요 원인이 되었다고 보았다. 특히 포로 문제에 대한 인식 차이, 즉 유엔군 측이 주장한 포로의 자유송환 원칙과 공산 측이 내세운 강제송환 방침은 한국전쟁을 1년 반이 넘게 더 지속시킨 주요한 이유가 되었다. 토론자도 이에 동의하지만, 1951년 12월 포로 명단의 교환에서 유엔군 측이 공산군포로 132,474명을 제시한 데 비해 북한군은 국군포로 가운데 상당수를 북한군 혹은 주민으로 편입시켜 단지 11,559명만을 제시한 것이, 미국으로 하여금 이른바 '사라진' 국군포로의 귀환에 대한 노력을 전개하기보다는 송환거부 포로를 통한 이념적 대결을 도모한 자발적 송환원칙을 제기하게 한 근본적인 요인이라는 점을 강조하고 싶다. 북한 측이 포로를 임의로 처리하지 않고, 1951년 6월 북한군 총사령부에서 발표한 포로의 수 108,257명과 유엔군이 수용한 포로와의 제네바협약에 의한 전원 송환을 추진했다면 포로 문제로 인한 휴전협상의 지연 요인은 크게 줄어들었을 것이고, 오늘날까지 귀환하지 못한 국군포로의 귀환 문제를 남기지도 않았을 것이다.

그리고 제7장에서 드러난 저자의 전후 한미관계를 바라보는 시각은 지나치게 미국 중심적이지 않은가 한다. 저자는 미군 범죄에 대해 미군 당국에 의한 일방적 처리가 한미관계에 있어서 긴장관계의 요소가 된다는 인식과 2000년의 주한미군지위협정의 개정을 언급했지만(p.192 · 212), 반미 정서는 물론 주한미군 철수를 요구하는 일부 한국인의 부정적 인식을 충분히 반영한 것으로 보이지 않는다. 이 점은 제7장의 사진을 통해서도 잘 나타나고 있다. 미군이 입양한 고아, 학교 건설, 고아구호 지원 등에 그치는 저자의 인식은 변화를 바라는 한미관계를 제대로 전달하지 못하고 있는 것이 아닌가 한다.

끝으로, 서평자는 한국전쟁이 미국 민주주의에 끼친 영향을 정리하면서, 저자가 한국전쟁은 미국 행정부의 역할을 증대시키고, 대통령의 권한을 '필요 이상으로' 강화시킨 계기를 제공하여 차후에 미국 정부가 베트남에 적극적으로 개입할 수 있는 '성향'을 지니게 만들었다고 평가했다고 했다. 그러나 저자는 미국의 개입 배경이 오히려 한국전쟁의 유산인 중국에 대한 비참함과 두려움이 결합되어 대부분의 미국 지도자들이, 심지어 중 · 소가 분열하기 시작한 후에도, 동남아시아로의 중국 확대를 막고자 한 데서 나왔음을 주장하고, 베트남전 개입은 케네디 대통령이나 존슨 대통령이 베트남이 소련 블록으로 편입되었을 때 미국 내 정치에 미칠 결과에 대한 두려움으로 취한 조치였음을 지적한 것으로 보인다. 더욱이 1960년대 중반, 미국의 정책 결정자들은 한국전쟁이 제한전으로 성공을 했다고 인식했기 때문에 베트남에서도 미국이 다시 한번 성과를 낼 수 있다고 믿도록 조장했다고 주장했다.

Stephen Jin-Woo Kim

Master of Manipulation:

Syngman Rhee and the Seoul-Washington Alliance

1953~1960

New York: Oxford University Press
1997. 425 pp.

CONTENTS

이승만 대통령과 미국

—S. 김진우, 『외교술의 달인: 이승만과 한미동맹, 1953~1960』—

이철순*

1. 머리말

그동안 한국사회에서 1950년대나 이승만 정권에 대한 이미지는 경제적 침체, 부패, 정치적 독재, 미국에 대한 예속으로 얼룩진 지극히 부정적인 것으로 묘사되어왔다. 또는 이승만의 측근이나 지지자들이 만들어낸 긍정 일변도의 시각만이 존재해왔다. 그러나 최근 들어 새로운 자료에 근거해 일방적인 긍정이나 부정이 아닌 객관적인 시각에서 1950년대의 한미관계나 이승만을 연구하는 경향이 대두하고 있다.

이러한 새로운 연구 경향이 출현한 이유 중의 하나는 그동안 공개되지 않았던 이승만 관련 자료가 속속 공개되었다는 사실이다. 둘째로는 탈냉전 이후 이념에 속박되지 않아 이전보다 객관적인 시각에서 한미관계나 이승만 정권을 조망할 수 있게 되었기 때문이다.

1950년대에 대한 새로운 시각을 최초로 제공한 연구자로 우정은을 들 수 있다.[1] 우정은은 이승만이 1950년대 미국의 한일 간 지역통합전략을

---

* 李哲淳 부산대학교 정치외교학과 교수.

1 우정은은 자신의 저서 *Race to the Swift: State and Finance in Korean Industriali-*

꿰뚫어 보고 그에 맞선 전략가였으며, 1950년대는 경제적으로 볼 때 정체기도 아니었다고 주장한다. 우정은의 연구와 비슷한 시각에서 이종원 역시 이승만의 전략을 긍정적으로 평가하고 있다.[2] 이승만의 북진통일론과 관련해서는 홍용표의 연구가 독보적이다. 홍용표는 이승만의 북진통일론의 성격이 다층적이며 시간의 흐름에 따라 변해간다는 입장을 취하고 있는데 전반적으로 긍정/부정의 이분법을 뛰어넘고 있다.[3] 차상철은 이승만의 북진통일론은 대미협상전략으로 국한시켜 볼 때 매우 뛰어난 전략이었다고 긍정적으로 평가하고 있다.[4]

Stephen Jin-Woo Kim[5]의 『외교술의 달인: 이승만과 한미동맹, 1953~1960』도 이러한 새로운 연구 경향의 흐름을 대변하는 책이라고 할 수 있다. 이 책은 저자가 예일대학 박사학위논문인 "The Carrot and the Leash: Eisenhower, Syngman Rhee, and the Dual Containment of Korea"를 연세대학교 현대한국학연구소에 소장되어 있는 '우남이승만문서'를 활용하여 일부 보완 · 수정한 후 연세대학교 출판부에서 간행한 책이다. 이 책은 선행 연구 업적의 시각과 논지를 일부 수용하고, 특히 1950

zation(New York: Columbia University Press, 1991)의 ch. 3에서 그러한 시각을 제공하고 있다.

2 李鐘元, 『東アジア冷戰と韓米日關係』(東京: 東京大學出版會, 1996)의 제3장을 참조.

3 홍용표, 「국가안보와 정권안보: 이승만 대통령의 안보정책을 중심으로, 1953~1960」, 『국제정치논총』 제36집 3호, 1997 ; Yong-Pyo Hong, *State Security and Regime Security: President Syngman Rhee and the Insecurity Dilemma in South Korea, 1953~1960*(Oxford: Macmillan, 2000).

4 차상철, 「아이젠하워, 이승만, 그리고 1950년대의 한미관계」, 『미국사연구』 제31집, 2001.

5 Stephen Jin-Woo Kim은 조지타운대학교에서 유럽외교사를 공부하여 학부를 마치고, 1992년 하버드대학교에서 국제안보 분야를 연구하여 석사학위를 받았다. 1999년에는 예일대학교에서 개디스 스미스, 존 루이스 개디스, 폴 케네디의 지도로 역사학 분야에서 박사학위를 받았으며 현재는 CNA Corporation에서 연구분석가로 일하고 있는 신진학자이다

년대 후반기에 왜 이승만의 북진통일론이 퇴조할 수밖에 없었는가에 대해서 독특한 시각을 보여주고 있다. 먼저 이 책의 시각과 주요 내용을 살펴본 후 논평을 하고자 한다.

2. 주요 내용

(1) 이 책의 특징과 시각

저자는 먼저 기존의 한미관계 연구들이 후견-피후견, 제국-위성, 중심-주변 같은 개념을 사용하여 강대국과 약소국 사이의 영향력의 흐름을 일방적인 것으로 가정하고 있다고 비판하면서 미국이 한국에 대하여 일방적으로 영향을 미친 것이 아니라, 비록 약소국의 입장이었지만 한국도 미국에 대해서 영향을 미쳤다고 주장한다. 한미 간에는 쌍방향의 영향력 흐름이 있었다는 것이다. 저자는 한미 간에 국력의 비대칭성이 존재했음에도 불구하고 한국이 미국에 영향력을 미칠 수 있었던 이유를 미국은 전세계적 차원에서 한국에 대한 전략을 사고해야 했었던 반면, 한국은 미국에 대한 전략을 한국의 생존이라는 측면에서만 사고할 수 있었기 때문이라고 했다. 즉, 미국은 1950년대에 인도차이나 위기, 타이완해협 위기, 헝가리 사태, 수에즈운하 위기, 베를린 위기, 소련의 스푸트니크호 발사 사건 등과 같은 전 세계에 걸친 미국의 복잡하고 다양한 이해관계 속에서 한국에 대한 배분 또한 고려해야 했기 때문에 일관되고 확고한 정책을 펼 수 있는 여력이 없었다. 그러나 이승만이 이끄는 한국은 국가적 생존이라는 일관된 목표 아래에서 확고한 대미전략을 수행할 수 있었기 때문에 미국의 취약성을 이용하고, 나아가 미국에게 영향력도 행사할 수 있었다는 것이다.

둘째로 저자는 이승만 시기를 부정적인 시각 일변도[6]로만 보는 것에 대해 반대하고 있다. 저자는 기존의 연구들이 1950년대를 비정상, 탈선, 전쟁과 근대국가로의 도약 사이의 이행 시기로 설명하고 있다고 비판하면서 기존 연구들의 그러한 경향은 미국과 한국이 이승만에 대해 갖고 있는 반감의 영향 때문이라고 주장한다. 그러나 저자는 이승만의 결점을 방어하거나 이승만의 권위주의를 호도할 생각은 전혀 가지고 있지 않다면서 자신의 균형적인 시각을 강조하고 있다. 이러한 점들은 앞에서 언급한 1950년대에 대한 새로운 연구 경향과 일치하는 것이라고 할 수 있다.

셋째로 저자는 외교사 연구 대상으로서의 개인의 중요성을 강조하면서 1950년대 한미관계 연구에서 이승만이 차지하는 비중이 매우 크다고 지적하고 있다. 저자는 이승만 개인의 중요성 중에서도 특히 그의 성격을 강조한다. 그의 성격은 "예측할 수 없고, 변덕스럽고, 화를 나게 하지만 착실하며, 일관성이 있고 차분하기"도 한 측면도 있고 "건방지고, 완고하고, 독재적이지만 때로는 예의 바르고, 상냥하고, 관용적"이기도 한 모순덩어리라고 한다. 그러나 저자는 이승만의 이러한 성격의 이면에는 "비합리성의 합리성"이 도사리고 있었으며 이승만이 대미협상 전략을 위해 자신의 성격을 그렇게 가꾸었다고 본다. 더 나아가 이승만의 이러한 모순된 성격이 대미협상에서 유리하게 작용하여 한국의 이익에 기여했다고 본다.

넷째로 애초의 박사학위논문 제목에서 사용되었던 미국의 '이중봉쇄' 개념의 중요성을 들 수 있다. 원래 '이중봉쇄'라는 개념은 독일에 적용된

---

6 이승만에 대해 비판적인 대표적인 책으로 한승인, 『독재자 이승만』(일월서각, 1984)이 있다. 이승만의 북진통일론을 부정적으로 보는 대표적인 두 개의 연구로 다음을 들 수 있다. 리영희, 「1953년 한미상호방위조약- '북진통일'과 예속의 이중주」, 『역사비평』 제17호(역사비평사, 1992) ; 서중석, 「이승만과 북진통일-1950년대 극우반공독재의 해부」, 『역사비평』 제29호(역사비평사, 1995).

개념이었다. 즉, 독일을 NATO에 끌어들임으로써 소련을 봉쇄하는 한편 과거의 적이었던 독일의 팽창주의도 동시에 봉쇄하는 전략이다. 아이젠하워 정권이 이 전략을 동아시아에도 적용했다는 것이다. 미국은 한국전쟁 이후 한편으로는 공산주의도 막아야 했지만 다른 한편으로는 이승만의 북진도 막아야 하는 이중의 봉쇄정책을 구사해야만 했다. 비유적으로 얘기하자면 미국은 이승만에게 공산주의에 대한 '방패'는 제공할 수 있었지만 '창'은 제공할 수 없었다. 이승만의 북진을 막지 못하면 미국은 동아시아에서 원치 않는 군사분쟁에 휘말릴 가능성이 컸다. 미국은 이승만의 북진을 봉쇄하기 위해 경제원조, 한미상호방위조약, 한미합의의사록, 미군의 현대화 같은 '당근'과 해·공군 지원, 가솔린과 탄약의 보급, 유엔군사령관의 한국군 작전통제 유지 같은 '재갈'을 이용했다. 저자는 미국의 이러한 행동을 '이중봉쇄'라는 개념으로 설명한 것이다.

(2) 각 장의 주요 내용

이 책은 서론과 결론을 제외하면 모두 여섯 개의 장으로 구성되어 있다. 제1장은 이 책이 본격적으로 다루는 시기의 배경이 되는 장으로서, 먼저 임진왜란 이후부터 해방 이전까지의 한국 역사를 개관하고 한국의 분단, 한국전쟁, 부산정치파동 등을 다루고 있다. 저자는 이 장에서 한반도가 중국, 러시아, 일본, 미국이라는 강대국의 각축장이었음을 강조하고 있다. 제2장과 제3장에서는 휴전협정 체결 전후를 둘러싼 한국과 미국 사이의 갈등관계를 다루고 있다. 이승만이 휴전에 반대하기 위해 일방적으로 군사행동을 취하고, 미국의 작전통제권에서의 철수, 반공포로 석방 등으로 미국을 위협하며 휴전에 대한 대가로 미국과 한미상호방위조약을 맺는 과정이 그려지고 있다. 또 이 과정에서 미국이 이승만을 제거하려는 계획을 논의하였다는 사실도 언급하고 있다. 제4장에서는 제네바회담 참가를 둘러싼 한미 간의 줄다리기, 제네바회담 과정 중의 한미 간 갈등, 제네바 회담 이후 이승만이 미국을 방문하여 미국으로부터 상당한 양의 경제·군사 원조를 얻어내는 과정을 서술하고 있다. 저자는 이 장에서 이승만이 미국의 일본 중심의 지역통합전략을 비판하고 있다는 점을 지적하고 있는데 이 점은 우정은과 이종원의 선행 연구에서도 언급된 바 있다. 제5장에서는 이승만이 중립국감독위원회에 속한 체코와 폴란드의 노골적인 친공산주의 행태에 반발하고, 미국의 관리들을 압박해서 중립국감독위원회를 비무장지대로 몰아내는 과정을 서술하고 있다. 제1장에서부터 제5장까지는 부분적으로 새로운 사실들이 밝혀지기도 했지만 대체적으로 기존의 연구에서 다루어진 사실들을 논하고 있다. 이에 반해 제6장은 북진통일의 종언에 대해 논하고 있는데 이 부분이 이 책에서 가장 중요하고 독창적인 부분이라고 여겨진다. 또 애초에 저자가 서론에서 제기한 '왜 1950년대 후반에 북진통일론이 퇴조할 수밖에 없었는가' 하는 물음에 대한 대답도 이 부분에서 논의되고 있다. 따라서 제6장에 대해서 따로 자세하게 소개하고자 한다.

저자는 이승만 정권의 북진통일론이 퇴조하고 나아가 이승만 정권이 종말을 고하게 된 것은 두 가지 대내외적 요인이 겹쳐서 작용했기 때문이라고 보았다. 외부적 요인이란 1958년에 미국이 한국에 핵무기를 도입하고 한국군 감축에 대한 대가로 한국군을 현대화한 것을 말한다. 내부적 요인은 이승만의 북진통일정책과 경제문제무시정책을 비판하는 신익희, 조병옥, 장면 같은 민주당 지도자의 부상이었다.

미국은 재래식 무기의 배치에 따른 엄청난 비용 문제를 해결하고, 북한의 군비 증강에 대한 대처와 동맹국을 지켜야 한다는 의지를 과시하기 위해 한국에 핵무기를 배치하기로 결정했다. 이렇게 함으로써 미국은 미국이 한국문제에 개입하지 않는다거나 한국을 포기할지도 모른다는 한국민의 두려움을 제거할 수 있었다.

핵무기의 도입은 이승만에게 당근과 채찍이라는 이중적인 성격을 갖고 있었다. 핵무기의 도입으로 공산주의자들의 군사력 증강과 균형을 맞출 수 있고 군사적 불안감을 달래준다는 면에서는 당근이었지만, 이승만의 일방적 군사행동을 제어할 수 있다는 면에서는 채찍이었다. 하지만 핵무기의 도입이 어떻게 이승만의 행동을 제어할 수 있는가? 오히려 핵무기의 도입은 이승만으로 하여금 자신감을 갖게 하여 일방적인 군사행동을 취하게 하는 것은 아닌가? 저자는 그렇지 않다고 보았다. 왜냐하면 이승만이 보기에 미국은 재래식 전쟁에서도 한국을 지원하기를 꺼리고 있었는데, 자신의 일방행동 때문에 상호절멸에 이를 수 있는 핵전쟁에 미국이 개입하리라고는 생각할 수 없었기 때문이다. 이제 이승만의 섣부른 북진통일 위협은 더 이상 미국에게 먹혀들기 힘들게 된 것이다. 이승만은 또한 미국이 한국에 핵무기를 배치해도 한국군에게 핵무기 통제권을 주지 않을 것이라고 보았고 실제로 미국은 그렇게 했다. 대신 이승만은 한국군을 위한 최신식 군사 장비를 최대한 얻어내고, 미국이 요구하는 한국군 감축을 최소화하는 것에 만족해야 했다.

군사안보의 강화를 위한 핵무기의 도입과 한국군의 현대화는 북진통일의 근간을 무기력하게 만들었다. 저자는 북진통일의 핵심을 '한국 안보의 취약성 때문에 경제재건에 초점을 두기보다는 북한으로 진격하는 것'으로 보았다. 하지만 이제 핵무기의 도입과 한국군의 현대화로 안보가 강화되었기 때문에 이승만은 경제발전을 무시할 구실이 없어졌다. 이승만은 군사안보의 강화보다는 경제발전에 매진해야만 했다. 그러나 이승만은 여전히 "경제발전을 무시하지는 않았지만 군사안보가 확보되지 않은 상태에서는 경제성장과 번영이 아무 소용이 없다"고 생각했다. 이승만은 군사적 수단에 의한 "통일이 한국의 딜레마에 대한 유일하고 영속적인 해결책이라고 믿었기 때문에 경제발전과 민주주의를 대가로 군사안보의 길을 선택"했다.

이렇게 핵무기의 도입과 한국군의 강화로 북진통일론이 퇴조하고 내부적으로는 이승만에 대한 야당의 비판이 대두했지만 이러한 상황에서 이승만은 정치·경제적 개혁보다는 정치적 탄압을 선택했다. 자유로운 정치 참여와 의회의 토론을 허용하기보다는 야당을 탄압하기 위해 1958년에 '국가보안법 개정안'을 공포했던 것이다. 이후 정국은 국가보안법 위기와 1960년의 4·19로 이어져 이승만 정권은 몰락을 맞게 된다.

3. 논평

이제 이 책에 대해 몇 가지 측면에서 논평을 해보도록 하겠다.

첫째, 이 책의 의의는 1950년대 한미관계에 관한 저서 중 이승만 관련 최신 공개·비공개 자료를 가장 많이 활용하고 있다는 점이다. 저자는 미국 국립문서청National Archives과 아이젠하워 대통령 기념도서관 소장 자료, 한국의 외교안보연구원과 군사편찬위원회 소장 자료 등을 두루 활용하고 있으며 연세대학교 현대한국연구소에 소장되어 있는 '우남이승만문서'를 본격적으로 활용한 최초의 연구자라고 할 수 있다. 그러나 아쉽게도 '우남이승만문서'를 활용했음에도 불구하고 저자의 박사학위논문과 이를 수정해서 발간한 책 사이에 논지나 내용상의 차이가 거의 없다.

둘째, 이 책은 아이젠하워를 비롯한 미국의 정책 결정자와 이승만이라는 행위자에 서술의 초점을 맞추고 특히 후자에 많은 부분을 할애하여 서술하고 있다는 점이 기존 연구와의 차이라고 생각된다. 지금까지의 한미관계 연구는 주로 해방 이후 한국전쟁 휴전 직후까지만 다뤄왔으며 이승만보다는 미국의 정책 결정자들에게 초점을 맞춰온 경향이 있었다. 그 이후를 다룬 논문들도 자료의 문제 때문인지 혹은 이념적 편견 때문인지 이승만이라는 행위자에는 본격적으로 초점을 맞추지 못했다. 반면에 이 책은 이승만이라는 행위자에 주목한 면에서 기존 연구의 부족한 점을 크게 보완하고 있다.

셋째, 저자가 다루고 있는 이승만의 북진통일론은 너무 일면적이다. 홍용표가 잘 지적하고 있듯이 이승만의 북진통일론은 ① 한반도에서의 진정한 평화를 위해서는 공산주의자들을 뿌리뽑아야 한다는 개인적 신념, ② 전쟁을 일으킬 것이라는 협박을 통하여, 한반도에서 더 이상의 분쟁을 원하지 않는 미국으로부터 더 많은 안보공약을 확보하려는 이승만의 협상전략상의 의도, ③ 북진통일 논의를 통해 국민들의 반공의식을 고취시킴으로써 자유당 정권을 유지하려는 국내정치적 고려라는 세 가지 측면이 있다고 할 수 있다.[7] 저자가 이 책에서 주로 다루고 있는 부분은 두 번째 측면이다. 물론 저자가 국내정치보다는 한미관계를 다루고 있기 때문에 두 번째 측면에 주목하는 것은 이해할 수 있지만 세 번째 측면에 대해서는 너무 언급이 소홀한 것 같다.

넷째, 한미 간의 쌍방향 영향력 흐름을 강조하고 그 연장선상에서 미국에 대한 이승만의 역할에 주목하다 보니 사실에 대한 잘못된 해석이 눈에 띈다. 예를 들어 1950년대 말에 실시된 한국군 병력 감축 과정을 보면 이

7 홍용표, 「국가안보와 정권안보: 이승만대통령의 안보정책을 중심으로, 1953~1960」, 『국제정치논총』 제36집 3호, 1997, p.238.

승만의 강력한 저항도 있었지만 미국 정책 결정자들 사이의 복잡한 논의 과정이 있었다. 특히 한국군 병력 감축에 적극적이었던 아이젠하워와 미국 국무부는 나중에는 소극적인 입장으로 돌아서고 특히 아이젠하워의 입장은 정책 결정에 큰 영향을 미치게 된다.[8] 즉, 한국군 감축이 애초보다 적게 이루어지게 된 것은 미국 측의 요인도 컸던 것이다. 이렇게 본다면 애초의 한국군 병력 감축을 4개 사단에서 2개 사단으로 축소하게 된 것을 이승만 외교의 전리품으로만 보는 저자의 해석은 재고의 여지가 있다고 하겠다.

마지막으로 제목과 관련된 문제이다. 이 책의 전신이었던 저자의 박사학위논문 제목은 "The Carrot and the Leash: Eisenhower, Syngman Rhee, and the Dual Containment of Korea"였다. 이로 미루어 저자가 애초에 강조하고 싶었던 것은 미국의 정책 결정자들이 이중봉쇄 전략을 구사하면서 어떻게 당근과 재갈로 이승만을 통제하였는가 하는 것으로 여겨진다. 저자는 연세대 현대한국학연구소의 새로운 『우남이승만문서』를 많이 활용했음에도 불구하고 이 책에서 기존 학위논문의 기본적인 주장을 거의 바꾸지 않았다. 그럼에도 불구하고 책의 제목은 *Master of Manipulation: Syngman Rhee and the Seoul-Washington Alliance 1953~1960*로 바뀌었다. 따라서 제목만 보면 애초의 시각과는 반대로 이승만이 미국을 어떻게 조종하고 이용했는가 하는 면을 강조하고 있는 것으로 보인다. 물론 이런 면이 이 책에서는 다른 어떤 책보다도 잘 부각되어 있지만 처음 문제의식은 무엇이었는지 궁금하다.

---

8 이에 대해서는 다음을 참조할 것. 李鐘元, 앞의 책, pp.227~248 ; 이철순, 「이승만정권기 미국의 대한정책 연구(1948~1960)」(서울대학교 대학원 정치학과 박사학위논문, 2000), pp.329~344.

토론

마상윤*

해외 역사학계나 사회과학계의 이승만 대통령에 대한 평가는 대체로 부정적이다. 일반적으로 그는 호전적인 친미적 반공주의자 그리고 고집불통에 예측 불가능한 독재자로 인식되고 있다. 이러한 이미지가 해외 학계에서 널리 퍼진 이유 중 하나는 다소 아이러니하게도 한국전쟁이 세계사, 특히 냉전사에서 갖는 중요성 때문이다. 지나친 일반화일지 모르겠지만, 그동안 외국학자들이 한국의 현대사에 대한 연구를 시작하게 된 기본적인 동기는 대개 한국이라는 나라 자체에 대한 관심 때문은 아니었다고 여겨진다. 그보다는 국제적 냉전의 전개에서 중대한 전환점이 되었던 한국전쟁이 왜 일어났는가 하는 문제의식에서 한국과 관련된 연구를 시작하게 되었고, 그러다가 좀더 나아가서 부차적으로 한국의 역사나 정치, 외교문제에 대해 제한적인 수준에서의 관심을 갖게 되었던 것이 아닌가 한다.

이러한 경향은 서구, 특히 미국 역사학계의 냉전사 연구의 발전과 밀접한 관련이 있다고 여겨진다. 우선 냉전의 원인을 공산주의의 국제적 팽창 기도에서 찾는 전통주의적 해석 공간에서는 사실상 한국이라는 약소국이

* **馬相潤** 가톨릭대학교 국제학부 교수.

그 자체로 연구되어야 할 근거를 찾기 어렵다. 전통주의적 해석 공간에서는 냉전을 주로 미국과 소련이라는 두 초강대국을 중심으로 벌어진 정치적 · 군사적 · 이데올로기적 대립으로 해석하며, 미국과 소련을 중심으로 하는 자유진영과 공산진영을 각기 단일체적monolithic 세력으로 파악하기 때문이다. 즉, 냉전은 기본적으로 강대국 간의 외교의 산물이기 때문에 미국과 소련의 하위 동맹국들이 냉전의 전개에 미친 영향 그리고 이들 약소국들이 어떻게 냉전이라는 외적 환경에 대응하였는가 하는 문제 등은 주된 학술적 관심 범위에서 제외되었던 것이다. 이러한 해석의 공간에서 본다면 한국은 미국을 중심으로 하는 자유진영의 한 부분일 뿐이며, 한국의 지도자인 이승만은 전 세계의 수많은 친미적 반공주의자의 하나일 뿐 그 이상도 이하도 아니다.

해외 학계의 전통주의적 냉전 해석 공간에서는 약소국인 한국의 정치외교사에 대한 연구 필요성이 제기되지 않았던 것에 비해 전통주의에 도전하며 등장한 수정주의 냉전 사가들은 약소국 또는 세계 주변부의 동향에 대해 더 많은 관심을 기울인다. 주지하다시피 수정주의자들이 견지하는 입장은 소련보다는 오히려 미국이 불필요한 대외 개입으로 냉전을 초래하고 또 격화시켰다는 것이다. 이들의 연구는 대체로 미국의 개입정책이 부당했던 이유를 밝히는 데 집중되었다. 예를 들어 한국전쟁 연구의 심화와 확대에 일대 계기를 제공한 브루스 커밍스Bruce Cumings의 『한국전쟁의 기원*the Origins of the Korean War*』은 한국전쟁의 내전적 성격을 강조하고 이를 뒷받침하기 위해 전쟁 발발 이전에 벌어진 한국에서의 치열한 이념적 대립을 추적하였다. 커밍스 같은 수정주의자들이 세계의 주변지역을 연구의 대상으로 잡은 것은 냉전 연구의 진일보한 면으로 평가될 수 있을 것이다. 그러나 미국의 대외개입정책에 대한 비판을 근간으로 삼는 수정주의자들의 냉전 연구는 미국의 냉전 파트너가 된 약소국의 정치 지도자에 대해서도 대체로 부정적인 평가를 내린다. 이승만을 친미적 반공주의자로 인식하는 것은 전통주의 해석에서와 마찬가지지만 수정주의 해석에 따른 친미적 반공주의는 시대의 대중적 요구에 역행하는 노선이라는 대단히 부정적인 의미를 담게 된다. 즉, 이승만은 친미적 반공주의자인 동시에 규범적인 차원에서 보자면 미국이 지원하지 말았어야 할 독재자인 것이다.

이상의 토론을 통해 이승만에 대한 해외 학계의 부정적인 이미지가 어떠한 맥락에서 굳어지고 확산된 것인지를 확인하였다. 요컨대, 그것은 전통주의적 해석 공간에서의 한국과 한국의 지도자에 대한 무관심과 수정주의적 해석 공간에서의 미국의 대외정책과 한국의 친미적 지도자에 대한 비판적 인식 태도가 함께 빚어낸 결과라 할 만하다. 그런데 여기서 한 가지 주의할 점은 전통주의 사가들은 물론이고 수정주의 사가들의 경우에도 그들의 학문적 관심은 미국의 대외정책에 대한 것에서 시작되었으며, 그들의 궁극적인 관심의 초점도 결국 한국의 정치나 외교에 맞추어져 있는 것은 아니라는 점이다. 한국전쟁을 제외하면 한국 현대사에 대한 해외 연구서가 극히 빈약하다는 사실은 이 점을 잘 드러내준다. 또 역으로 한국전쟁 연구를 통해 알려진 이승만에 대한 평가가 일종의 정설로 굳어지게 된 데에는 한국전쟁 이전이나 이후의 시기에 대한 연구 공백이 하나의 원인으로 작용했다는 점도 지적할 수 있을 것이다.

저자는 이러한 연구 공백을 메우는 공헌을 하였다. 특히 그의 책 *Master of Manipulation*은 영어로 쓰여 있어서 해외 학계에 더 쉽게 접근할 수 있다는 장점도 갖추었다. 물론 이 책이 한국전쟁 이후 1950년대 한국의 외교에 대한 유일한 영문 연구서는 아니다. 예를 들어, 홍용표의 *State*

Security and Regime Security 같은 양질의 연구서가 2000년에 영미권에서 출판된 바 있다. 그러나 *Master of Manipulation*만이 갖는 장점은 한국의 외교 사료를 적극적으로 사용했다는 것이다. 이 책은 "The Carrot and the Leash: Eisenhower, Syngman Rhee, and the Dual Containment of Korea"라는 제목의 저자의 역사학 박사학위논문을 수정한 것이다. 저자는 책 출판을 위해 수정 작업을 거치면서 연세대학교 현대한국학연구소가 소장한 이승만 대통령 관련 자료('우남이승만문서')를 새로이 검토한 것으로 보인다. 비록 새로운 자료에 대한 검토가 박사학위논문에서와 다른 새로운 주장을 낳지는 않아서 다소 의아하거나 실망스러운 면이 없지는 않지만, 그래도 이 책은 새 자료를 연구함으로써 박사학위논문을 통해 주장한 바를 더 풍부한 내용으로 뒷받침했다고 평가할 수 있다.

이 책에서 그리고 있는 이승만은 무엇보다도 민족주의적이며 애국적인 국가 지도자이다. 이 점은 해외 학계에서 이승만에 대한 부정적 이미지만을 강조하는 데 대한 효과적인 반론이다. 이 책은 또 이승만이 탁월한 외교술을 발휘하여 한국의 안보를 강화하는 데 결정적 성과를 수차례 거두었음을 보여주고 있다. 그의 외교술의 핵심에는 북진통일정책이 자리하고 있으며, 따라서 이를 매개로 한미관계가 책의 주된 검토 대상이 되고 있다. 이 책이 지닌 또 다른 장점은 한국과 미국이 양국관계를 바라보는 시각이 달랐음을 잘 보여준다는 것이다. 특히 미국이 이승만에 대해 그다지 우호적이지 않은 서방 국가들과의 협조를 추구하면서 겪는 정책적 딜레마를 강조해서 설명하고 있다.

그런데 이승만의 북진통일정책에 대한 저자의 해석과 평가는 상당한 논쟁의 소지를 안고 있다. 이승만에 대해 부정적인 평가를 내리고 있는 국내외 학자들은 대체로 북진통일정책이 시종일관 이승만의 정권 유지를 위한 도구로 사용되었다고 주장한다. 이 책의 저자보다 중립적인 입장을 취하는 홍용표의 경우는 북진통일정책이 처음에는 주로 국가 안보를 강화하기 위한 차원에서 추진되다가 점차 정권 안보용으로 타락하게 되었다고 주장한다. 저자는 홍용표의 이러한 주장에 정면으로 반대하지는 않는다. 하지만 그는 북진통일정책을 통해 이승만이 거둔 성과에 초점을 맞추고 있으며, 북진통일정책의 부정적 측면에 대해서는 상대적으로 소홀히 다루고 있다. 예를 들어, 그는 이승만 정권의 몰락 원인을 1950년대 후반에 북진통일정책을 정권 유지의 수단으로 전락시킨 잘못에서가 아니라 오히려 북진통일정책을 통해 국가의 안보가 충분히 확보되었다는 성공에서 찾는다. 이승만은 북진통일이라는 카드를 사용하여 미국으로부터 애당초 미국이 의도했던 것보다 훨씬 확대된 안보 지원을 확보했지만, 한국의 안보가 대체로 보장되는 시점에 이르자 국민들이 안보정책에만 주력하며 경제적 여건 향상에는 큰 관심을 보이지 않는 정부에 대해 불만을 갖게 되었다는 것이다.

저자가 밝히고 있듯이 이승만의 북진통일정책이 처음부터 끝까지 정권 유지를 위한 것이었다는 주장은 이승만이 1950년대 중반 이전에 누렸던 높은 국민적 지지에 비추어볼 때 그다지 설득력이 없다고 할 수 있다. 그러나 1950년대 후반에 이르러 북진통일정책의 역기능성이 점차 증대되고 있었음을 부정할 수는 없다. 저자는 1958년에 미국이 주한 미군에 핵탄두를 탑재할 수 있는 로켓을 공급하고 한국군에 제트전투기 등 현대적 무기를 제공함으로써 한국의 안전이 확실히 보장되기에 이르렀다고 주장한다. 그렇다면 그 이전, 예컨대 1957년에는 한국의 안보가 심각하게 불안했다고 보아야 하는 것인가? 만약 그렇다면 그렇게 주장할 수 있는 근거는 무엇인가?

저자는 이러한 의문들에 대해서 독자들에게 시원한 답변을 내놓지 못하고 있다.

또 다른 문제는 북진통일정책이 통일 자체를 목표로 하였는가 아니면 미국의 관심을 끌어 미국과의 협상에서 더 많은 안보 지원을 얻기 위한 수단이었는가 하는 것이다. 저자는 이 점에 대해서도 명쾌한 답변을 내놓지 못하고 있는 것 같다. 저자는 책의 여기저기에서 북진통일정책의 두 가지 목표를 번갈아가며 언급하고 있다. 물론 두 가지 목표를 완전히 별개의 것으로 보기는 어려울 것이다. 그러나 이승만이 무력에 의한 통일을 얼마나 실현 가능한 목표로 생각하고 있었는지, 그 가능성에 대한 평가가 어떠한 궤적을 그리며 변화했는지를 좀더 일목요연하게 제시했더라면 하는 아쉬움이 남는다.

이승만 정권이 경제개발에 소홀하였던 이유를 살펴보자. 이에 대해 저자는 군사적 안보가 확보되지 않은 상황에서의 경제개발은 모래 위의 성에 불과하다는 논리를 제시한다. 그런데 이승만이 어느 시점에서인가부터 북진통일을 미국의 반대 때문에 사실상 실현이 어려운 목표로 보고 북진통일 주장을 주로 대미 협상의 차원에서 제기하였다면, 그 시점에서부터 그는 북진통일 주장을 점차 거두고 국가의 경제적 기반을 건설하는 데로 중장기적인 국가전략의 초점을 서서히 이동해야 했을 것이다. 실제로 그러한 조짐이 전혀 없지는 않았던 것 같다. 예컨대, 저자는 이승만이 1956년 8월 대통령 재선 후의 취임 연설에서 5개년 경제개발계획에 중점을 두었다는 사실을 제시하고 있다(pp.243~244, 주 27). 하지만 그렇다면 다시 의문이 제기된다. 이승만이 1950년대 후반에 야당이 제기하는 경제개발 우선론을 안보우선론의 논리로 부정했다는 저자의 주장은 과연 타당한 것인가?

오히려 북진통일을 정권 유지 차원에서 사용했다고 보는 시각이나 또는 이승만이 정권이 몰락하는 시점까지도 무력통일이라는 목표를 결코 포기하지 않았다고 보는 시각에서라면 이러한 의문이 좀더 쉽게 해결될 수 있을지 모른다. 정권안보론에 따르자면 이승만에게는 정권 유지가 지상 목표였으며 북진통일이나 경제개발은 모두 수사에 불과한 것이었다고 보아야 할 것이다. 그러나 앞에서 지적하였듯이 이러한 해석은 지나치게 단순해 보인다. 한편 통일을 이룬 뒤에 경제를 발전시켜야 한다는 통일우선론이 이승만이 끝까지 견지한 생각이었을지도 모른다. 그러나 이 경우에도 미국의 결연한 반대와 비협조에 직면한 이승만이 북진통일을 실현 가능한 목표라고 여겼을까 하는 의문은 여전히 남는다.

요컨대 이승만의 북진통일정책의 목표에 대해서는 아직도 풀리지 않은 수수께끼가 여럿 남아 있다. 이 흥미로운 역사의 수수께끼를 풀기 위해서는 이승만이 남긴 외교관련 자료를 비롯한 일차 자료에 대한 발굴과 면밀한 검토가 저자의 책에서 끝나지 않고 다른 연구자에 의해 꾸준히 지속되어야 한다.

오늘날 우리가 이승만의 외교에서 얻을 수 있는 교훈은 여러 가지가 있을 것이다. 외교에서의 일관성, 대담성, 집중력, 정확한 상황 판단 등은 일반적으로 일컬어지는 이승만식 '프로' 외교의 특징이다. 이승만 외교에서는 미국의 정책 결정자 집단 내부의 의견 차이 등을 민감히 감지해 이를 한국의 이익을 추구하는 데 이용한 기민함이 매우 돋보인다. 그러나 우리가 외교를 단순히 국가와 국가 간의 교섭이라는 차원에서만 보지 않고 더 고차원적인 국가전략의 차원에서 파악한다면 1950년대 후반의 이승만 외교는 파국으로 치닫는 격이었다. 경제적 향상에 대한 국민의 여망과 냉전이 점차로 안정되어가는 국제적 상황 변화에 기민하게 대처할 수 있는 능력이 이승만 정권의 경직성 증대에 반비례하여 약화되었기 때문이었다. 유연성은 약소국의 외교에서 가장 필요한 덕목이며, 이는 정치적 민주주의가 발달할수록 더욱 강화되는 것이 아닐까?

Se-Jin Kim

The Politics of Military Revolution in Korea

Chapel Hill: The University of North Carolina Press
1971. 236 pp.

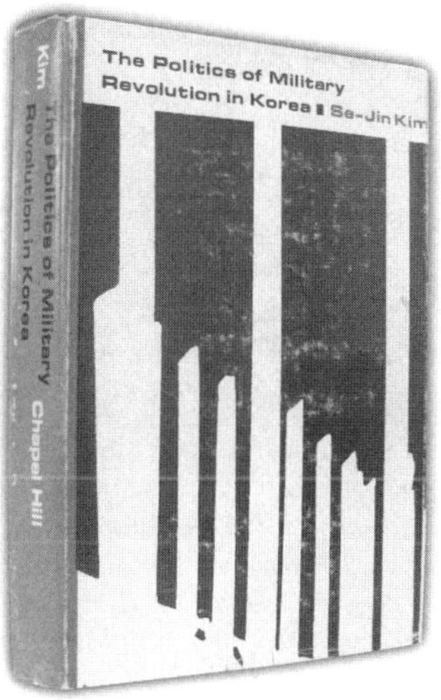

CONTENTS

한국 근대화세력으로서 군부의 대두
—김세진, 『한국 군사혁명의 정치』—

김세중*

군부를 근대화세력으로 전제하는 김세진의 『한국 군사혁명의 정치*The Politics of Military Revolution in Korea*』는 5 · 16군사혁명을 주제로 발간된 유일한 영문저서이다. 적어도 대부분의 영미권 학자들이 5 · 16을 군부 정치개입의 대표적 성공 사례 중 하나로 간주하고 있다는 면만으로도 이 책의 의미는 충분히 부각된다.

이 논평은 원 저서의 차례에 따라 각 장별로 내용을 요약한 다음 평론자의 견해를 피력하는 순서를 따랐다.

1. 이 책의 주요 내용

이 책은 5 · 16을 군 내부적 요인과 군 외부적 요인의 상호 작용에서 발생한 사건으로 파악하였다. 이에 따라 군부의 정치적 개입의 전제 조건으로—특히 미군정 시기 이후에 초점을 맞추어—일반 정치정세의 전개를 논하였다. 뒤이어 군 내부의 동태를 검토한 후, 군부가 권력을 장악하고 공

* **金世中** 연세대학교 국제관계학과 교수.

고화해가는 과정과 그들이 이룩한 성과, 마지막으로 5 · 16군사혁명에 대한 전반적 평가의 순서로 논리를 전개하였다. 이 순서에 따라 본 저서의 주요 내용은 다음과 같이 요약된다.

(1) 과거의 정치 · 경제적 유산과 1공의 탄생

이 장에서는 군부정권의 대두가 한국의 전통적 권위주의체제의 재생일 수 있다는 전제 아래 전통 통치권력의 권위주의적 성격을 논하였다. 그 다음 일제, 미군정 시기는 공화국 수립 이후 정치적 불안정을 자극하는 요인들이 축적되는 시기였다고 기술하였다.

1) 과거 군주제의 권위적 유산

1910년까지 한국에서 지속된 군주제는 단군신화에 기반을 둔 신성한 위임을 통해 군주에게 절대 권위를 부여하는 제도이다. 고전 유학에서는 역성혁명을 정당화했으나, 한국 유학의 경우에는 통치권의 부여가 신성한 위임임을 강조하여 역성혁명조차 부정하였다. 동시에 도교와 불교는 물질적 획득 욕구와 쾌락주의의 대두를 억제하여 기존 질서에 대한 순응을 강화하였다. 이로 인해 한국의 권력구조는 권위주의적 성격을 특징으로 갖게 되었다.

2) 1910~1945년, 일본의 지배와 유산

일제의 식민통치 시기를 거치며 정치 · 경제적 파행성은 심화되었다. 식민통치 시기 동안 한국은 자치적인 통치를 훈련할 기회를 완전히 박탈당했다. 이러한 상황은 결과적으로 온정주의로 엮인 정부와 국민 사이에 종속 관계를 강화하는 계기가 되었다. 프로이센을 모델로 기능적 · 효율적 근대 정부체제가 도입되었으나, 소수의 한국인에게만 행정경영 훈련 기회가 부여되었다. 한국은 일제식민통치하에서 시장과 식량공급처로서 기능하며 전형적인 19세기 제국주의 원칙에 따라 경영되었다. 이러한 정치 · 경제적 유산에 비추어볼 때 한국이 통합된 실체로 다시 태어난다 하더라도 한국정치의 자율적 동태 회복은 기대하기 어려웠을 것이라고 저자는 판단한다.

3) 한국의 분단과 38선 이남의 미군정 정부

미군정은 애초에 추상적 민주주의 원칙에 따라 자유민주적 통치제도를 도입하였다. 이에 따라 수많은 정당과 사적인 군사단체가 등장하고 테러와 암살이 성행하였다. 2년여에 걸친 시행착오 끝에 미군정은 좌익세력에 대한 강경정책을 도입하여 1947년 말 주요 좌익세력은 지하로 잠복하게 되었다. 좌익세력 잠복 후에는 대표적 우파 지도자였던 이승만과 김구 사이의 권력투쟁이 심화되었다. 이 둘 사이의 권력투쟁에 대한 이해는 1940년대 후반, 비정상적 민군관계民軍關係를 이해하기 위한 주요한 배경이 된다고 저자는 강조한다. 좌익 중도세력이 제거된 후 이승만은 보수적 한국민주당(한민당)과 강경 반공세력인 이북 출신들로 구성된 집단을 배경으로 단독정부 수립을 강하게 추진한다. 이 운동에서 소외된 김구는 한국독립당(한독당)을 배경으로 즉각적 독립과 남북통일정부 추진을 주장하였다. 이는 이승만과 김구의 갈등을 더욱 깊게 하였다. 이러한 배경에서 건국 이후 김구는 1949년 6월 27일 끝내 이승만의 추종자인 안두희에게 암살되었다. 현역 군인에 의한 김구의 암살은 민군관계 비정상화의 출발점이 되었다고 저자는 부연한다.

4) 당대의 인물: 이승만

저자는 건국 이후 정치정세의 전개와 관련하여 특히 1948년 대통령으로 추대된 이승만의 역할에 커다란 중요성을 부여한다. 즉 당시 이승만은 미성숙한 국민들이 하늘로부터의 위임을 받은 지도자로 여길 정도로 각광

받던 인물이었다. 실로 이승만이라는 인간 속에 "인물과 시간이 조화롭게 만나게 되었다"라고까지 저자는 묘사하고 있다. 당시 한국인들은 이승만을 새로운 군주로 받아들일 것인가, 아니면 새롭고도 익숙하지 않은 대의제도에 종속된 인물로 받아들일 것인가 하는 딜레마에 봉착하였다. 이 딜레마는 이승만이 대의적 의회권력을 제압하고 우월적 지도자로서 자신을 위치시킴으로써 해소되었다. 그러나 이에 따른 권위적 · 전제적 통치체제의 대두는 대중참여를 통해 표출된 하늘로부터의 위임에 대한 국민들의 존경을 이승만 스스로 파괴하는 결과를 초래하여 그의 선택이 비극적인 것이었음을 보여주었다고 저자는 진단한다.

(2) 문민통치의 붕괴

이 장에서는 5 · 16의 성공적 집행을 가능하게 했던 것은 쿠데타가 효율적으로 추진되었다는 측면보다도 오히려 1공, 2공 정부의 실패로 야기된 일반 대중 사이에 퍼진 광범위한 무관심에 있었다고 보고, 1공, 2공 정부의 문제점을 기술한다. 이때 1공, 2공 정부의 리더십에 대한 판단 기준은 대중의 이익 실현을 위해 가용 자원을 동원할 수 있는 효율적이고 기능적인 정치제도체제 창출에 대한 헌신 여부 그리고 시민들에게 좋은 생활을 약속하는 정치이념을 창출하고 전파하는 능력에 있다고 보았다.

1) 정치적 조직가로서의 이승만: 1공 제도의 특징

이승만이 창출한 행정부 우위 권력구조는 근대화 과정을 촉진할 수 있는 순기능적인 면도 있으나 개인 권력의 유지와 확대를 위한 도구로 남용되었다고 저자는 판단한다. 이승만 통치구조의 문제점은 구체적으로 다음과 같이 제시된다. 첫째, 정책 결정권을 사실상 대통령이 독점했기 때문에 행정부처가 자율적이고 효율적으로 작동하기가 어려웠다. 둘째, 잦은 각료 교체(장관 평균 재임기간 11개월)는 행정의 일관성과 안정성을 방해하였고, 재임 중 불법축재 욕구를 자극하는 원인이 되었다. 셋째, 입법부와 사법부의 무력화로 행정부 견제가 형식적이 되어 관료제가 비판과 변화의 압력으로부터 자유로울 수 있었다. 요약하자면, 이승만 시대는 행정의 효율적 제도화보다는 쇠퇴decay로 귀결된 시기였다.

2) 1공의 이념

이념적으로도 1공은 소극적이었던 것으로 평가된다. 즉 반공 이상의 장기 목표와 전향적 정치 지향점이 없었다. 이념적 방향 상실과 부패한 정치 조직은 인적 · 물적 자원의 빈약한 이용과 공적 · 사적 자원 이용의 무책임성을 촉발하였다. 이에 따라 경제적으로는 저성장과 소비재 위주 발전에 머무르게 되었다. 이는 체제에 대한 국민의 신뢰를 무너뜨렸고 이 시기 민주주의에 대한 쓰라린 경험으로 일반인들은 공적 권위에 대한 신뢰와 집중화된 권력구조에 대한 신뢰를 상실하였다. 또한 사인화私人化된 통치형태는 권력구조에 대한 혐오감을 낳았고, 그 결과로 2공 시대에 분권화되고 세분된 체제가 도입되었으나 결국 정치조직의 제도화가 저해되었다고 평가한다.

3) 2공의 등장과 몰락

2공 장면張勉정부의 이중 과제는 분파적 파벌 사이의 갈등 해소를 통해 행정기제를 활성화할 수 있는 새로운 정치조직과 국민의 요구에 충실한 정치이념을 창출해내는 것이다. 그러나 2공 내각제는 당의 분열로 무기력했고 장면은 정치적 감각, 이념적 비전, 강한 결단력, 카리스마를 결여한 정치인이었다. 2공 정부 아래서 경제는 불안정해졌고 범죄율은 2배 이상, 언론매체 수는 3배 이상 증가하였다. 특히 1961년 2월부터 발간되기 시작한 좌파적 성격의 『민중일보民衆日報』는 북한 출신과 군부에게 강한 불안과 불만을 갖게 하였다.

특히 강한 영향력을 가진 학생세력의 대두는 장면정부의 불안정을 야기하는 요인이 되었다. 학생세력은 새로운 이념의 전도사로서의 역할을 자임하고 구세대에게 분단과 전쟁에 대한 책임을 물었으며 새로운 민족주의를 주창하였다. 특히 민족문제에 대한 새로운 해결책으로 중립주의를 주장하였고, 이는 기존 정책에 대한 전면 도전의 성격을 띠게 되어 이념적 위기와 정치적 불안정을 야기하였다. 이러한 상황에서 북한은 적극적 공세를 취하였고 이념적 진공 상태와 효율적인 정치조직의 부재는 장면정부가 한계까지 왔다는 느낌을 주게 되었다. 결론적으로 장면정부는 온건하고 분산된 권력구조를 선호하던 대중 여론의 희생물이었다. 또한 무규범적 학생과 언론의 준동은 효율적 정치조직의 건설을 방해했는데, 이러한 상황에서 그때까지 실험되지 않았던 응집된 제도인 군부의 정치적 출현이 이루어졌다고 저자는 기술한다.

(3) 군의 탄생과 성장—군 내부 구조에 대한 연구

앞 장에서 군부의 정치적 돌출을 가져온 환경적 요인에 대해 살펴보았으나, 이것만으로는 장교들의 혁명적 행동을 설명할 수 없다는 전제 아래 제3장에서는 군의 정치적 돌출을 촉진했던 제도적 요인에 초점을 맞추었다. 제도적 요인은 구체적으로 장교 충원형태, 군 내부의 분파주의, 민군관계, 하급장교와 고급장교 사이의 갈등 등의 측면으로 구성된다고 본다. 그리고 위와 같은 제도적 요인에 대한 분석에 앞서 국군 창설과정에 대해 간략히 기술하고 있다.

1) 한국 군부의 형성과 성장—장교 충원과 분파주의의 개시

1945년 11월 13일 미군정의 시작 이후 국내 경비를 맡을 수 있는 자체

방위병의 창설과 해방과 함께 난무한 사적 군사단체를 제거하고자 명령 28호에 의해 국방사령부National Defence Command가 창립되었다. 이에 필요한 장교를 양성하기 위해 1945년 12월 5일, 군사영어학교Military English Language School(군영)가 설립되었다. 이듬해 1946년 1월 15일 미군정은 모든 사적 군사단체의 해산을 명령하였고, 남조선국방경비대South Korea National Constabulary가 공식적으로 창립되었는데, 이것이 한국군 창설의 시초가 되었다. 1946년 5월 군사영어학교 대신 남조선경비사관학교South Korea Constabulary Officers Candidate School(경비사)가 창립되었다. 1948년 여름 대한민국 탄생 이전까지 약간의 해안경비대원을 포함하여 남조선국방경비대는 5만 명 규모의 병력을 포용하게 되었다.

건국 이후 5개월이 경과한 1948년 12월 31일 국군조직법안이 효력을 발생하여 1950년 6월 한국전쟁이 발발하기 직전까지 국군은 10만 명에 이르렀다. 전쟁 발발 이후 국군은 급속하게 팽창하여 1952년에는 25만, 1954년에는 65만, 그 이후 약 60만 명을 유지하게 되었다.

2) 고위 장교집단의 출신

저자는 국군창설 과정에 대한 기술 다음으로 한국군 지휘부의 구성집단에 대해 분석한다. 이에 의하면 1960년 현재 한국군은 대장 5명, 중장(현역) 20명, 소장 · 준장 145명, 영관급 7,000명으로 구성된 장교집단을 포용했는데, 군영에서 경비사 6기까지가 대령부터 장군집단까지를 형성하고 있었으며, 특히 군영과 경비사 3기까지가 장군직을 독점한 것으로 분석되었다.

이때 경비사 입학자격은 21세 이상, 중졸 이상이었으며 문서를 위조하여 입학한 자들도 있었으나, 일단 입학한 자들 가운데 90퍼센트가 임관되었다. 이들의 진급은 지역적 연고, 해방 전 군사경력, 대통령의 자의적 임명권 등에 의해 좌우되었다. 장교단은 첫째, 중국 정규군 또는 독립군 출신자, 둘째, 일본제국 군대의 하사관 또는 장교 출신자, 셋째, 일본제국이 창설한 만주 방위군 장교 출신자, 넷째, 공산주의 숙청을 피해 남한으로 넘어온 북한 출신자로 구성되었다.

최초 한국군 형성 당시 지휘부를 구성한 자들은 중국군 출신자들이었다. 그러나 이들이 복무했던 중국군은 규율제도가 빈약했고, 대부분 노령인 데다가 미 고문단과의 의사소통에 문제가 있었기 때문에 점차 일본군, 만주군 출신 장교들에게 지휘권을 양도하게 되었다. 그러나 지휘권 양도의 가장 큰 이유는 이승만과 김구의 권력다툼에 있었다. 특히 김구 암살범인 안두희가 증언한, 김구와 밀착되었던 중국군 출신 장교들의 군부쿠데타 계획은 중국군 출신 군부의 몰락을 재촉하였다.

3) 일본군과 만주군 출신 군부의 등장

일제점령 기간에 한국인 가운데 5만 명 정도가 일본군에서 복무한 경험이 있었던 것으로 알려져 있다. 수백 명에 지나지 않았던 일본군 내 한국인 장교집단은 대부분 간부학교 출신이었고 정규 4년제 일본사관학교 출신은 20명 정도였다. 이승만은 유아기 국군의 좋은 이미지를 창출해내고, 동시에 군 내에서 중국군계를 추방하기 위해 주로 일본사관학교 출신을 기용하였다. 일본군 출신 장교가 군의 핵심적 지위를 유지하는 동안 한국군은 정치적 중립을 유지하였다. 그러다가 1952년 봄 정치파동 때 전선에서 2개 사단을 부산지구의 계엄군으로 차출하라는 이승만의 명령을 거부한 일본육사 출신 이종찬이 육군참모총장직에서 해고되어 사실상 미국에 유배되면서부터 이승만과 군과의 관계에 획기적 변화가 일어났다. 그 사건 이후 이승만은 자신이 완전히 통제할 수 있는 인물만을 군 고위직에 기용하게 되었다. 이에 따라 1952년부터 1958년까지 한국 육군은 젊고 군사경험이 적은 만주군 출신들이 지배하게 되었다.

만주군 출신 한국인 장교들은 독립운동에 몸담았던 많은 한인 공산주의자들과 접촉했기 때문에 러시아를 잠재적 동맹국으로 인식하는 경향이 있었다. 또한 무질서하고 난폭한 환경에서 근무하던 만주 주둔 일본군은 민간권력에 대한 존경심을 결여하고 있었다. 이에 따라 만주군 출신의 한인 장교집단도 자유주의적 가치가 결여된 집단이 되었음을 저자는 지적한다. 특히 이승만이 선호했던 만주군 출신 장교들은 대부분 북한 출신이 주류를 이루고 있었다.

4) 군부 내 반란과 균열의 발생

북한 출신 만주군계 인사들이 중용된 중요한 배경 중 하나는 건국 초기에 장교단 중 10퍼센트의 숙청을 야기한, 군 내부에 침투한 좌익집단들이 일으킨 연이은 반란사건이다. 군부 내 좌익계 성향의 집단에 의한 연이은 반란과 그에 따른 광범위한 숙청은 특히 반공주의적이었던 북한 출신 군부인사의 부상에 중요한 계기가 되었다. 정일권과 백선엽은 이승만이 기용한 만주군 인사의 대표적 인물로서 정일권은 군부 내 동북파, 백선엽은 서북파 지도자로 부상하게 되었다. 이승만은 견제와 균형관계 속에 이들을 배치해 군을 장악하였고, 이들 사이에서는 치열한 암투가 전개되었다. 이러한 배경에서 1956년 1월 발생한 김창룡암살사건은 엄청난 정치적 함의를 지닌 사건이었다. 김창룡이 살았더라면 1956년 5월 선거에서 이기붕이 부통령으로 선출될 수 있었을 것이고, 더 나아가 1960년 4 · 19가 일어날 수 없었을 것이라는 추측이 제시되고 있다. 특히, 이승만정부의 민군관계를 이해하기 위해 주목해야 할 점은 정일권이 김창룡암살사건과 연계되어 예편되었다는 사실이다. 저자는 암살사건의 결과로 이승만과 군내 동북파의 연결이 끊어졌고, 5 · 16 주도세력에 다수의 동북파 인사들이 가

담하게 되었다고 설명한다.

(4) 민군관계

군의 정치적 돌출은 민과 군 사이의 상호 영역의 독자성에 대한 존경심 상실이 큰 요인이라는 전제 아래 이 장에서는 민군관계를 적대적으로 만든 요인과 그 과정, 특히 고위장성과 소장 장교들의 갈등 때문에 군 내부의 단합이 저해되어가는 과정을 고찰하고 있다.

1) 전통적 민군관계

전통 가치의 바탕을 이루었던 불교와 유교는 절제의 미학과 정신적 · 도덕적 발전을 중시하였다. 물리적 힘이 경시되었으며, 물리적 힘의 상징이자 실체인 군은 천대와 경멸의 대상이었다. 이에 따라 군 형성기에 입대한 자들은 대개 지역적 · 사회적으로 차별받던 주변적 인물들이었다. 군에 대한 민간사회의 인식은 변하지 않은 반면, 1950년대를 거치며 20억 달러의 막대한 미국 원조에 힘입어 군은 한국사회에서 행정적 · 기술적 · 과학적으로 가장 앞선 제도로 변화하였다(1963년까지 4,270명의 장교가 유학을 경험했다). 군에 대한 사회적 인식과 실제 세력 간에 엄청난 괴리가 발생한 것이다.

2) 민군 간 세계관의 차이

절차에 구애받지 않고 문제 해결을 위한 직접적 접근태도와 과학과 기술 훈련을 중시하는 태도를 배양한 젊은 군부 지도층과, 역사와 철학을 중시하는 전통적 교육의 강한 관성에 지배받아 회의론적 인식태도를 지닌 60~70대의 민간인 지도자층은 가치관과 세계관이 크게 달랐다. 군부와 민간인 지도자 사이의 가치관 차이는 특히 이승만정부 붕괴 이후 정치적 · 경제적 쇠퇴가 진행됨에 따라 더욱 뚜렷해졌다. 이에 따라 군부는 사회의 유일한 응집된 세력으로서 낙후한 민간 지도력의 교체를 생각하게 되었다. 그러나 이러한 생각은 기존 부패 구조의 일부였던 상급장교가 아니라 4·19 이후의 정치화된 분위기 속에서 청교도적이고 의협심이 강했던 하급장교들이 주도했다.

3) 이승만 통치 시기의 민군관계

젊은 장교단의 반란을 자극했던 또 다른 요인으로 저자는 이승만이 주도한 민군관계의 파행성을 지적한다. 1공화국 민군관계가 파행으로 치달은 전환점은 1952년이다. 1952년 부산정치파동 당시 계엄령 선포와 함께 군이 정치도구로써 이승만의 주요 정적(서민호)의 제거에 이용된 것이 민군관계가 정상궤도를 이탈하게 되는 주요 이정표의 하나라고 저자는 보고 있다. 1952년 이후 민군관계에 나타나는 특징은 다음의 몇 가지 사항으로 요약된다. 첫째, 이승만은 군의 자율성을 유지하려는 이종찬·최경록 같은 인물을 제거하고 철저하게 개인적 충성심을 기준으로 군 인사를 하게 되었다. 둘째, 이승만은 그에게 직접 책임을 지는 헌병대를 창설하여 군에 대한 감시를 더욱 효율화하고 철저히 하게 되었다. 즉 1953년 3월 이승만은 통합헌병총사령부를 국방부 직속으로 창설했는데, 이는 군 통수권을 유엔군사령부에 위임한 대전협정조항을 피해서 이승만이 직접 관할하는 군부대를 소유하게 됐음을 의미한다. 셋째, 이승만은 헌병대를 방첩부대와 치열한 상호 경쟁과 감시 구도 속에서 작동하도록 하였다. 이는 방첩부대장 김창룡이 암살당했을 때 제일 먼저 유력 혐의자로 체포된 자가 서울지구 헌병사령관이었다는 사실로써 입증된다. 또한 이승만은 3군에 직접 접근할 수 있는 제도적 통로를 마련하기 위해 1952년 8월 23일 3군 총사령관 합동회의를 창설하고 이듬해 3월 30일에 이 본부를 경무대로 옮겼다. 이는 1954년 5월 3일에 행정부 명령으로 연합참모본부로 개편하였다.

이러한 사실들은 이승만의 군에 대한 개인적 지배가 강화되어가는 추세를 보여주는 예로서, 군에 대한 이승만 지배체제의 강화는 이승만의 인기 감소에 정비례하여 이루어진 것으로 평가된다. 또한 매년 국가예산의 40퍼센트를 소모하고 4억 달러의 원조를 받는 군은 이승만정부의 가장 커다란 정치자금원으로 전락하였다. 이와 같은 분위기 속에서 군 지도부는 정치적 중립과 개인적 통합성을 완전히 상실하게 되었고, 군 전체에 걸쳐 부패가 창궐하게 되었다. 요약하자면, 이승만의 군에 대한 간섭과 분파주의의 자극은 이에 대해 비판적인 군내 하급장교와 이승만 권력구조의 통합된 일부가 되었던 고급장교와의 갈등을 야기한 주요 요인이었다. 이러한 배경에서 이승만의 퇴장 이후 군 내부의 개혁 운동이 대두한 것은 불가피한 과정이었다.

(5) 군부의 정치적 등장

이 장에서는 4 · 19 이후 1공화국 당시 군 내부에 축적된 갈등 요인이 수면 위로 떠올라 5 · 16으로 진행되어가는 과정을 다루었다.

이승만의 사임과 더불어 고위장성과 젊은 장교 집단 사이에 조성되었던 긴장이 드디어 폭발하였다. 1960년 5월 8일, 육사(경비사) 8기 졸업생 김종필 등 8인의 중령들은 정군운동을 점화시켜 부패하고 정치화되고 부정축재와 관련된 무능한 장성들의 제거를 요구하였다. 이들의 정군운동의 영향으로 송요찬 육군참모총장, 합참의장 백선엽 대장, 해병대 · 공군 · 해군 사령관 등이 모두 허정 과도정부 시기에 예편하게 되었다. 그러나 일부 고급장교들의 예편에 만족하지 못하고 8월 23일 장면내각이 출범한 후에도 주로 육사 8기생을 위주로 구성된 개혁파 장교들은 장면 국무총리, 현석호 국방장관 등을 방문해 군 개혁을 더욱 광범위하게 추진해줄 것을 요구했으나, 반응은 부정적이었다. 이들의 정군운동은 9월 18일 당시 합참의장이었던 최영희 장군의 초청으로 서울을 방문한 미 국방성 고위관리였던 파머Williston B. Palmer 장군이 정군운동에 반대의사를 표시하면서 더욱 활성화되었다. 즉 9월 23일 육사 각기 대표로 구성된 16인 장교의 정군운동은 파머 발언에 항의하여 최영희 장군의 사퇴를 요구하는 사태로까지 발전하였고, 이 결과 이들은 군법회의에 넘겨지게 되었다. 이것이 유명한 '하극상사건' 이다. 이 사건은 결과적으로 1961년 2월 12일 하극상사건을 주도한 육사 8기 김종필과 김형욱 등의 예편과 함께 5 · 16 추진을 본격화하는 중요한 계기가 된다.

이 무렵 최경록 육군참모총장이 장도영 중장에 의해 교체된(1961년 2월 21일) 것은 군 내외에 장면정부의 신뢰를 저하시킨 중요한 사건이었다. 최경록 경질에 대한 공식적 이유는 그가 파머 장군의 발언을 공식적으로 비판하여 미국과의 관계가 불편하게 되었다는 것이었으나, 실제로는 장면정부에 정치자금 제공을 거절했기 때문이었다고 한다. 새로 임명된 장도영은 자유당 시절에 이기붕과 밀착해 있었기 때문에 참모총장으로서는 적절하지 않은 인물이었음에도 장면내각에서 실세로 부상했던 서북파에 속했다는 이유로 참모총장에 임명되었다. 이는 2공화국하에서도 군 인사 그리고 민군관계가 유착관계에 지배되고 있다는 것을 보여주는 것이며, 이 사실은 특히 동북파가 주류를 이루고 있는 국회 내 신풍회의 거센 비판의 표적이 되었다. 결국 군 내부의 노소장파 간의 갈등, 육군참모총장의 적절하지 못한 교체, 그리고 국회와 군 사이의 좋지 않은 관계와 맞물려 악화되어가는 사회경제 정세는 군부쿠데타에 적합한 여건을 조성한 것으로 분석된다.

1) 군부쿠데타의 계획과 집행

저자는 김종필 · 박정희 · 김동하가 5 · 16의 핵심 인물이라는 전제하에 그들의 특징을 묘사하는 데 상당한 지면을 할애한다. 첫째, 김종필은 1926년 충남 출신으로 서울사대를 중퇴하고, 육사 8기(1948년 1월 입학~1949년 6월 졸업) 졸업과 동시에 육군 정보국에 발령되어 1961년 2월 하극상사건으로 예편될 때까지 정보국 활동에 종사한 인물이다. 그는 4년제 대학 입학자라는 우월한 배경 때문에 자격 미달이었던 상급자들에게 불만이 컸을 터인데, 특히 정보국에 근무하며 고위 장성들의 부패한 생활상에 대한 정확한 정보를 지니고 있었다. 그는 8기 정군파의 주역으로서 하극상사건 여파로 예편한 후 본격적으로 쿠데타를 추진했고, 이 과정에서 박정희에게도 손을 내민 것으로 서술되고 있다.

박정희는 1917년 경북의 빈한한 농가 출신으로 대구사범 · 만주군관학교 · 일본사관학교를 수료한 후 1944년 만주 관동군 소위로 임관되었다. 해방과 더불어 귀국하여 1946년 육사 2기로 졸업하고 대위로 근무하던 중 좌익운동에 연루되어 체포되었다. 석방 이후 6 · 25 발발 전까지는 육군본부 정보국에서 문관 자격으로 근무하다가 1950년 7월에 대위로 임관된 후 1961년까지 25개의 보직을 전전하였다. 남동부 출신인 박정희는 정일권 · 백선엽 등 군의 핵심인맥과는 거리가 멀었다. 농촌 출신인 박정희는 농촌 취향을 지니고 있었고, 효율적 행정을 자유로운 대의제보다 우월하게 여겼고, 포병장교로서의 근대성을 섭취하였다. 그러나 문화적으로는 배타적이었으며, 유교적 신념과 교양을 지니고 있었다. 동시에 군 내부에서는 청렴한 이미지의 장군으로 알려져 있었다.

1920년에 함북에서 태어난 김동하는 1942년에 만주군관학교를 졸업하고 관동군에 복무했다. 그는 단순성과 강인함과 군사적 능력을 지닌 철저한 반공주의자였고, 동북파에 속한 인물로서 서북파가 다수를 점한 장면 정부와 장도영 사령관을 혐오하고 있었다. 그 역시 문민 우위를 경멸하는 만주군 출신이었다.

2) 5 · 16의 발발, 5 · 16과 4 · 19의 비교

이들에 의해 주도된 5 · 16 군사혁명이 기정사실화되기까지는 몇 가지 주요한 계기가 있었다. 첫 번째 계기는 1961년 5월 16일, 오후 4시 30분에 참모총장 장도영이 정식으로 혁명위원회 위원장직을 수락한 것이다. 5 · 16 발발 12시간 만에 이루어진 장도영의 위원장직 수락은 일개 파벌이 주도한 5 · 16을 안정시키는 중대한 계기였다. 두 번째 계기는 1군 야전군 사령관 이한림이 5 · 16에 대한 최소한의 수용 의사를 밝힌 것이다. 애초에 이한림은 5 · 16에 반대하는 입장을 취하였다. 그러나 합참의장 · 육참총장 · 대통령 · 국무총리 등 어떤 상급자로부터도 부대의 출동 지시를 받지 못한 채 시간만 흘러가자 이한림은 쿠데타 진압에 소극적인 태도를 보이게 되었다. 이는 동북파이며 만주군 출신인 이한림이 서북파 정권적 성격이 강했던 장면정부에 대해 기본적으로 충성심이 약했던 결과로 해석된다. 세 번째 계기는 유엔군사령관 매그루더Cater B. Magruder와 주한 미 대리대사 그린Marshall Green의 반대성명 발표이다. 이 사건은 5 · 16혁명에 위기를 야기했으나, 16일 11시경 윤보선 대통령이 이들을 접견한 다음 휴전선 동향 등의 불안정성을 이유로 군 동원 진압을 반대하고, 나아가 윤보선이 전방사령관들에게 친서를 보내 군 동원 진압을 자제할 것을 지시함에 따라 5 · 16쿠데타는 위기를 모면하게 되었다.

5 · 16의 성공적 전개과정에서 나타난 이상의 특징은 군 내외의 파벌 갈등이 5 · 16의 성공과 관련된 중요한 요인이었음을 보여준다고 저자는 강조한다. 즉 장성급으로 5 · 16에 적극적으로 참여했던 박임항 · 이주일 ·

윤태일 · 김동하 · 김윤근 등은 모두 만주군 출신으로 군내 동북파에 속하는 자들이었다. 민간정치 차원에서도 윤보선은 신파 장면정권과 대립하던 구파의 최고지도자였다.

결론 부분에서 저자는 5 · 16은 기본적으로 4 · 19에 의해 발화된 민족주의의 연속선상에서 이해될 수 있다고 서술한다. 저자가 말하는 민족주의는 문화와 가치 면에서 한국적인 것을 우선하는 태도와 정향을 의미한다. 또한 학생들이 주장했던 중립주의나 군부가 주장했던 강한 반공주의도 모두 민족주의의 동전의 양면으로 파악할 수 있다고 말한다. 즉 중립주의도 북에 대한 굴복이나 타협을 내포하는 것이 아니었고, 반공주의도 단순히 미국의 요구에 순응할 것을 의미하는 것은 아니었다는 것이다. 또한 이들의 민족주의는 구세대에 대한 강한 도전의 내용을 담고 있다는 면에서 공통점을 지니는 것으로 묘사된다. 흥미로운 것은 4 · 19와 5 · 16을 브린턴Crane Brinton이 제시하는 혁명의 순환논리 속에 위치시킬 수 있다는 저자의 가설적 설명이다. 즉 브린턴의 혁명과정에 대한 분석은 전제권력의 붕괴가 온건파의 대두를 낳고, 온건파가 실패함에 따라 강경파가 등장하는 순서를 밟는다는 이론이다. 말하자면 4 · 19는 전제군주에 뒤이은 온건파의 등장을 의미하는 사건이며, 5 · 16은 온건파의 실패에 따른 강경파 등장의 계기가 된 사건이었다는 것이다.

(6) 권력의 공고화

이 장에서는 합법적 권력의 타도가 불가피하게 야기한 부정과 회의, 적대감, 불확실성 등을 극복하고 5 · 16세력이 권력을 굳혀가는 과정에 대해 묘사한다. 이는 일련의 개혁을 추진하고, 대규모의 내외적 선전을 펼치며, 반혁명세력에 대한 선제적 예방기구의 창설, 그 밖에 장기경제개발계획을 추진해가는 과정이다.

1) 국가재건최고회의 창설과 개혁의 시동

5 · 16세력은 5월 19일 혁명위원회를 32인으로 구성된 국가재건최고회의로 개명하고, 5월 20일에 군 출신으로 내각을 구성하였다. 이때 군사정부의 안정을 위해 중국군 정규군 소장 출신의 존경받는 군 원로 김홍일 장군을 외무장관으로 임명하고, 그 밖에 합참의장, 해군 · 공군 · 해병대 사령관을 유임시켰고, 명망 있는 고위장성을 최고회의에 포함시켰다. 이 밖에도 불량배 체포, 쌀 배급제도, 영화 검열제도, 밀수꾼, 암시장 거래자, 고리대금업자 규제 조치 등을 발표하여 개혁정부로서의 이미지를 제고하였다. 또한 무자격 신문과 잡지를 정리하여 1,573개 중 1,230개를 폐쇄하였다. 이러한 분위기 속에서 『동아일보』(5월 28일자)와 『사상계』(6월호 권두언)마저 5 · 16을 적극적으로 지지하게 되었다.

2) 정치선전

개혁조치와 함께 군사정부는 대대적 선전공세를 통해 쿠데타의 정당화를 도모하였다. 즉 1961년 8월 7일부터 군사정부의 업적을 주요 내용으로 하는 새 국가 주보를 대대적으로 발간하여 도시와 농촌지역에 살포하였다. 또 2만 대 이상의 라디오 수신기, 1,000개 이상의 확성기가 배포되고, 237편의 영화를 제작하여 적극적 선전전을 펼쳤다. 이 밖에 월간 *Korean Report*를 영어 · 불어 · 스페인어 · 독어 · 일어로 발행하여 해외에 배포하였다. 박정희정부가 대외 홍보에 얼마나 적극적이었는지는 1960년대 후반 워싱턴의 한국홍보센터가 소련 다음으로 많은 예산을 집행했다는 사실로써 증명된다.

3) 중앙정보부 활동과 새로운 권력구조의 탄생

1961년 6월 15일 군사정부는 군부를 포함한 국가 내 모든 정보기관의 국내외 정보수집, 수사 활동을 총괄할 것을 목적으로 중앙정보부 창설을 입법화하였다. 중앙정보부는 기본적으로 군 방첩부대에 속했던 3,000명의 기간요원을 중심으로 창설되었다. 이후 중앙정보부는 주요 정치인과 정부 고위인사를 감시하고, 13차례에 걸친 반혁명 음모를 적발하여(1961년 5월~1963년 5월) 군사정부 안정화에 결정적으로 기여하였다.

5 · 16 이후 군사정부의 권력구조 변화를 중앙정보부가 주도해가는 과정에서 가장 중요한 사건은 장도영과 김동하를 제거한 것이다. 장도영은 육사 5기 출신 혁명주체들과 함께 서북계 기독교 인사(백낙준 추대 모색)를 규합하여 박정희 군사정부를 전복할 것을 획책했다는 죄명으로 1960년 7월 체포되어 재판에 회부되었다. 또한 혁명주도세력의 일원이었던 동북파의 주요 인물인 김동하 역시 1군사령관 박임항과 함께 새로운 정부를 수립할 것을 모색했다는 혐의로 1963년 3월 체포되었다. 이 결과 서북파와 동북파로 구성된 북한계는 모두 혁명정부의 권력구조에서 제거되었다. 제3공화국 초대 내각에도 서북파 인물은 한 명도 기용되지 못했고, 동북파에서도 정일권 단 한 명만 기용되었다. 반면에 20명의 각료 중 7명이 경상도 출신으로 채워졌다. 지역연고에 기반한 새로운 권력구조가 탄생한 것이다.

4) 경제개발 5개년 계획

1962년 1월 13일 국가재건최고회의는 1961년 7월 22일 설립된 경제기획원에 의해 성안된 제1차 경제개발 5개년 계획안을 발표하였다. 이는 기업자유와 개인창의력의 존중을 원칙으로 내세우며, 실제로는 이른바 '지도된 자본주의체제'를 지향하게 됨을 의미한다. 이 계획은 7.1퍼센트 성장 목표를 내세우고, 정부가 산업투자비의 53퍼센트를 감당하고 사회복지와 소비재산업 대신 중공업과 농업 위주의 발전계획을 표방하였다. 이 계획의 효율적 추진을 위해 민간 경제전문가인 김유택이 경제기획원 장관으로 기용되었으며, 1961～1963년에 수출과 석탄 · 시멘트의 생산이 크게 증가하였다. 요약하자면, 군사혁명이 발생한 지 18개월 후에 한국은 경제적으로는 일단 새 질서하에서 안정과 성장을 달성했으나, 정치적으로는 오랜 역사 속에 뿌리내린 권위주의적 통치행태의 재생을 경험하고 있었다는 것이다.

(7) 민정이양—통치외피의 교체

이 장에서는 민정이양에서 1967년 대선과 총선에 이르는 과정을 분석하였다. 특히 외교적 분야의 성과, 경제적 분야의 성과와 문제점 그리고 시민적 자유분야에 초점이 맞추어졌다.

1) 정부 이양

1961년 8월 12일 박정희는 1963년 5월까지는 민간정부에 권력을 이양할 예정이라고 발표하였다. 이를 위한 준비로 강력한 대통령중심제 헌법이 1962년 12월 17일 국민투표에서 압도적 다수로 통과되었다. 대통령에게 강력한 권한을 부여한 새 헌법은 권위주의에로의 회귀를 가능하게 하는 요인을 내포한 개악이라는 비평과 함께, 한편으로는 의회운영의 정치적 관행이 정착되지 못한 한국에서 정치적 불안정에 대한 선제적 예방을 위해 좋은 선택이라는 엇갈린 평가도 있었다. 1963년 1월에 들어서 정치정화법에 해당하지 않는 민간정치인들이 정치활동을 재개하였고, 김종필과 중앙정보부는 민주공화당 창설을 위해 바쁘게 움직였다. 이후 혁명주체세력 내의 알력과 민간정치인과의 갈등 속에서 박정희는 번의에 번의를 거듭한 끝에 마침내 민주공화당 후보로 대선에 출마하였다. 이합집산을 거듭하던 민간정치인들 가운데에서는 민정당 후보로 지명된 윤보선이 선

두 주자로 부상하였으나, 1963년 10월 15일 실시된 대통령 선거에서 박정희는 18만 1,163표라는 작은 차이로 윤보선을 패배시키고 대통령에 당선되었다.

박정희는 도시지역에서 전반적으로 약세를 보인 반면, 농촌지역에서 다수표를 얻었다. 그러나 전체 득표율은 47.6퍼센트에 머물러 소수 정부로서 출발하게 되었다. 저자는 박정희가 군사경계선 근접 지역에서도 33~42퍼센트라는 저조한 득표를 기록했다는 점을 특히 강조한다. 그러나 연이어 1963년 12월 26일 실시된 총선에서 민주공화당은 110석, 야당은 65석을 차지하여 박정희는 의회 안에 다수 의석을 확보하게 되었다. 12월 17일 취임식을 계기로 제3공화국이 출범하였다.

2) 제3공화국과 국제관계, 1963~1969년

저자는 제3공화국이 국내적 · 국제적으로 많은 성과를 거두었다고 평가한다. 국제적으로는 비동맹국과 적극적으로 수교하고자 노력한 결과 1961년 25개국에 머물렀던 수교국이 87개국으로 증가하였고, 18개 유엔특별기구와 220개의 국제기구에도 대표를 파견하게 되었다. 또한 괄목할 만한 성과는 1965년 8월 한일국교 정상화가 이루어졌다는 점이다. 새 정부는 경제발전의 기초를 마련하기 위해 정권을 걸고 정상화를 추진하였다. 또 다른 대외적 성과는 베트남 파병이다. 4만 5천 명의 전투병 파견 덕분에 많은 한국인이 베트남 건설현장에 참여하게 되었고, 파견된 군인도 높은 급료 등을 받게 되어 국민경제 차원에서 큰 이익을 본 것으로 저자는 평가한다. 3공정부는 1960년대를 통해 적극적 통일정책 추진을 위한 정치적 · 경제적 조건이 성숙하지 못했다는 판단하에 통일문제에 대해서는 경직된 태도로 일관하였다.

3) 경제성과와 문제점

제3공화국의 경제는 성장, 1인당 소득, 수출, 제조분야, 실업률 등에서 모두 급속한 성장과 개선을 경험한 것으로 평가된다. 예를 들어 1962년~1965년에 8퍼센트에 머물렀던 성장은 1966년 13.4퍼센트, 1969년은 18퍼센트 등 급속히 증가하였고, 1963년 120달러에 머물렀던 1인당 국민소득은 1969년에 205달러로 증가하였으며, 실업률은 1963년에 8.1퍼센트에서 1969년 4.7퍼센트로 감소하였다. 수출은 1962년에 비해 1968년에 4배로 증가하였고, 외국투자 규제완화와 은행예금이자 인상조치로 외국자본 유입과 국내저축 분야에서도 커다란 성과가 있었다. 또한 인구 증가율 역시 1955~1960년 3.0퍼센트에서 1969년에 2.4퍼센트로 감소하였다.

반면에 무역적자와 외채의 급격한 증가, 그리고 농업분야의 부진을 경험하게 되었다. 이와 함께 현시적 소비를 하는 집단의 출현이 사회적 갈등을 심화시키는 요인이 되었음을 지적한다. 그러나 1970년대 중반까지는 자족 경제가 완성될 것으로 저자는 낙관하고 있다.

4) 시민권 분야

3공 기간에 걸쳐 시민권 영역은 가장 진전이 결여되었던 분야로 평가된다. 특히 중앙정보부의 무제한적 권력행사는 이 분야의 상황을 악화시킨 주요 요인으로 지적된다. 이에 덧붙여 국가보안법과 반공법의 강화는 반공이라는 명분 아래 권력의 남용을 가능하게 한 주요한 요인으로 간주된다. 저자는 이와 관련된 몇 가지 구체적 예를 제시하고 있다. 즉 1967년 6월 당시 야당인 신민당 국회의원 비례대표 후보로 지명되었던 김재한이 조청련계 자금을 유입한 혐의로 체포되었는데, 수사당국은 이를 빌미로 야당 당사를 수색하는 등 권력을 남용하는 행태를 보였다. 동시에 1968년에 동백림사건 피고인들에게 내려진 형량에 불만을 품고 재판관과 언론인들에게 반공을 방해하지 말라는 위협적 편지가 배달되었으나 끝내 범인은 밝혀지지 않았다. 또한 1968년 가을과 겨울에 동양통신 고위 간부와 동아일보사 관계자들이 군사 기밀누설 혐의와 외자유치 과정에 정부가 불법적으로 개입했다는 허위보도를 통한 이적행위 등의 혐의로 수사 당국에 소환되는 등 언론자유가 심각하게 위협받았던 사실 등을 강조한다.

5) 1967년 선거의 정치학

1967년 5월 3일 박정희는 또다시 야당 후보로 추대된 윤보선과 대통령 선거에서 재대결하였다. 그러나 이 선거에서 박정희는 야권의 분열, 무엇보다도 제1차 경제개발 5개년 계획의 눈에 띄는 성과 등에 힘입어 윤보선을 116만 표 차이로 누르고 낙승한다. 선거 결과와 관련하여 저자는 몇 가지 특징을 지적한다. 첫째, 1967년 대선은 『동아일보』가 인정할 정도로 상대적으로 자유롭고 공정한 선거였다. 둘째, 박정희는 이전 선거와는 다르게 도시지역(50.4퍼센트 대 37.7퍼센트)에서 승리하고 지역적으로는 특히 경남에서 큰 지지를 획득한 반면 전남에서는 큰 차로 패배하였다. 저자는 이런 선거 결과를 지역주의가 아닌 일종의 합리적 선택의 결과로 해석한다. 즉 농촌지역, 특히 그중에서도 전남은 경제발전에서 소외된 지역이었기 때문에 1963년 선거와 달리 박정희가 소수표를 획득했다는 것이다. 셋째, 38선 인근지역에서도 박정희가 다수표(60~65퍼센트)를 획득했는데 이는 군부 내에 박정희에 대한 지지의 증대로 이어졌고 이에 따라 민군관계에 안정기반이 구축된 것으로 해석된다.

6) 1967년 6월 8일 총선과 후유증

1967년 6월 8일 실시된 총선에서 민주공화당은 압도적 승리를 거두었다. 즉 131개 지역 가운데 27석을 제외한 전 지역에서 승리하였고, 이에 따라 전체 의석 175석 가운데 130석을 획득하였다. 이는 국회 의석 3분의

2보다 13석을 초과하는 것으로 사실상 헌법 개정권을 지닌 거대 여당의 출현을 의미하였다. 그런데 3,800건의 각종 부정이 보고될 정도로 이 선거 과정은 혼탁하게 진행되었다. 야당은 강력하게 항의하였고 여야 의원으로 구성된 13인 조사위원회가 구성되어 결국 당선자 가운데 16명에 대해 당선무효 또는 국회의원 사직결정이 내려졌다. 즉 여당은 개헌에 필요한 3분의 2 의석의 확보를 양보한 것이다. 이후에도 날치기 · 의사 방해 등에 의한 비정상적 국회운영 행태가 지속되었으나, 저자는 여야 간의 합의에 따라 부정선거 문제를 해결할 수 있었다는 사실을 지적하며, 3공은 1공보다 좀더 성숙한 의회주의적 행태를 보여주었다고 평가하고 있다.

(8) 민군관계의 현재와 앞으로의 전망

이 장에서는 3공에 들어와 민군관계의 변화된 모습에 대해 집중적으로 분석하였다. 먼저 군부지도층의 구성 변화가 지적된다. 즉 군영 출신은 군 지휘부에서 은퇴하거나 주류적 흐름에서 제거되었고, 그 자리는 경비사 2기와 5기 출신 등으로 충원되었다. 특히 사실상 군에 의해 지배되고 있는 3공 박정희정부의 민군관계는 다음 몇 가지 요인에 의해 안정을 유지하게 된 것으로 분석된다. 첫째, 군부는 엄격한 상하복종의 위계질서에 의해서 지배되는 체제인데, 모든 고위 장군의 은퇴는 박정희 대통령의 현역에 대한 지배력을 확고히 하였다. 둘째, 박정희의 군 지배는 동료의식, 집단 충성심 또는 지역주의에 크게 의존하였다. 예를 들어 1969년 현재, 1군 산하 5개 군단 단장은 모두 박정희와 같은 경비사 2기 출신으로 채워졌으며, 그 밖에 주요 사단장과 군단의 참모는 경비사 8기생들이, 군 지휘부는 박정희와 동향인 경상도 출신자들이 거의 독점하였다. 셋째, 박정희가 직접 지휘한 방첩대를 통한 고위 장교에 대한 철저한 사찰, 그리고 주요 군부 지도자에 대한 포섭이다. 박정희는 1969년 10월 20일 국군보안대를 창설하여 사찰기능을 보강하였고, 그 밖에 서북파 지도자인 백선엽과 동북파 지도자인 정일권 등을 장관 · 국무총리 등으로 임명하여 기존 권력구조 속에 포섭하였다. 이 밖에도 군 급여의 현실화 노력을 통해 민군관계에 안정을 기하였으며, 또한 더 이상 군 예산이 정치자금으로 유용되지 않도록 엄격한 조치를 취한 것도 민군관계 안정화의 주요 요인이다. 이 밖에 한국군의 베트남 파견은 군 내부통치체제를 효율적이고 확고하게 만든 중요한 계기가 된 것으로 평가된다.

1) 미래 전망

1960년대 말 현재 박정희는 군을 확실하게 장악함으로써 민군관계를 안정시키는 데 일단 성공한 것으로 진단되고 있다. 이런 전제 위에서 저자는 경비사 출신이 퇴조하고 4년제 육사 졸업생이 핵심 참모와 라인으로 등장한 것이 민군관계와 권력구도에 어떤 영향을 미쳤는지를 면밀히 분석할 필요가 있음을 강조하였다. 첫 4년제 육사 졸업생은 1955년에 배출되어 1960년대 말 중령으로서 육군본부와 야전군의 주요 위치에 포진하게 되었는데, 이들은 높은 선발기준과 긴 교육기간을 거쳐 충원된 자들로서 동급생 사이의 강한 단결력과 더불어 직업적 헌신에 대해 유별나게 강한 자부심을 지닌 집단으로 묘사된다. 따라서 저자는 군부가 현재의 준군사정부 또는 미래의 문민정부가 국가의 안녕을 위해 중요하다고 여겨지는 과제를 제대로 수행하지 못한다고 판단하는 상황이 전개될 경우 군부는 정치적 간섭을 위해 쉽게 조직화할 수 있는 집단이라고 평가한다. 따라서 이들 장교단의 잠재적인 정치적 위협을 잘 알고 있던 박정희는 육사, 경비사, ROTC 출신 사이의 구분을 희석시키고, 그들 사이의 분할통치구도의 도입, 또한 전도유망한 자를 체제 내로 포섭하는 노력 등을 통해 이들을 장악하려는 적극적 노력을 아끼지 않았다.

그러나 저자는 민군관계의 장기적인 안정화를 위해서는 이와 같은 단기적 전술이 아니라 군 내부의 안정화와 문민우위 개념을 복구하기 위한 장기적 구상이 필요하다는 것을 강조한다. 이를 위해서는 민군관계를 개인적 · 비공식적 · 분파적 관계에서 비인격적 · 공식적 · 헌법적인 관계로 전환시켜야 하고, 이런 노력을 통해서도 문민이 정치 현실차원에서 사실상의 우위를 확보하지 못할 경우에 제2단계 근대화, 즉 정치발전은 사상누각이 될 수 있음을 지적하였다. 마지막으로 저자는 다시 한번 박정희정부가 헌정주의에 기초한 영속적이고 안정된 민군관계를 창출해내야 하는 엄청난 과제에 직면하고 있다는 것을 상기시킨다.

2) 문민정부의 준군사정부적 특징

저자는 과도기적 현상으로 여겨졌던 군부의 정치개입이 제3공화국에 들어와 영속적 현상으로 굳어졌다고 밝히고, 그 구체적 증거로서 민간권력 구조에 침투한 직업군인 숫자를 보여준다. 즉 1963년 12월 이래, 각료직 95개 가운데 40개, 그 밖에 독립된 규제위원회 책임자, 대사 · 국회의원 가운데 다수가 전직 군인으로 채워졌다. 이런 현상은 경제영역에서도 뚜렷하게 나타났는데, 1969년 현재 공기업체 42개 가운데 33개의 대표가 군부 출신 인사들이었다. 군부인사의 민간영역에 대한 진출은 양적 측면에서뿐만 아니라 질적 측면에서도 뚜렷하게 나타났다. 예를 들어 청와대의 대통령은 물론, 정치담당 · 경제담당 등 핵심비서관, 그 밖에 중앙정보부장, 국무총리, 국방부장관, 내무부장관 등 내각의 중요 요직, 또한 국회 7개 상임위원회 위원장이 모두 전직 군부인사들로 채워졌다. 여당인 민주공화당의 사무총장 등 핵심 요직 역시 모두 군부인사가 장악하였다. 이런 면에서 저자는 3공 박정희정부를 준군사정부로 규정하고, 그렇기 때문에 국가정책의 수립과 집행이 일종의 전쟁계획과 유사한 형태로 추진될 수 있었다고 지적한다. 그리고 일본과의 국교정상화, 첫 경제개발 5개년 계획의 성공적 결과, 그리고 중학교 교육 개혁 같은 정책들은 준군사정부의 강력한 정책의지와 집행능력에 의존한 것으로 평가한다.

3) 분기점에 선 박정희정권

저자는 엄청난 열정을 가지고 출발했던 박정희정부가 1960년대 말에서 1970년대 초에 커다란 선택의 분기점에 봉착하게 되었다고 지적한다. 무엇보다 저자는 먼저 1969년의 헌법개정이 박정희 대통령의 2선 제약을 제거함으로써 국가의 운명을 현 통치체제의 영속성과 관련시키려는 위험한 증상이 나타나고 있음에 주목하였다. 또한 박정희정부는 국가건설이 단순한 경제적 팽창이나 발전계획의 재빠른 추진에만 있지 않다는 것을 명심하고 도덕적 사회의 건설 역시 중요한 과제라는 것을 깨달아야 할 것이라고 강조한다. 이 밖에도 다음 몇 가지를 강조한다. 첫째, 체제를 분권화함으로써 정치적 산출을 증대시키려는 노력을 기울여야 할 것이다. 둘째, 국민의 건강한 도덕적 · 인격적 태도를 부양하기 위해 뼈를 깎는 자기 성찰이 있어야 할 것이다. 셋째, 박정희정권이 정말로 개혁적인 근대화정권이 되기 위해서는 정치적 개혁자로서의 역할까지 담당해야 할 것이다. 이러한 의미에서 저자는 1960년대 말 박정희체제가 행정적 전제체제로 전락하거나 아니면 자유민주주의에 기반을 둔 개혁적 통치의 새 질서로 갈 것인지를 선택해야 하는 기로에 서 있음을 강조한다.

(9) 비교론적 평가

마지막 장에서 저자는 근대화세력으로서의 군부의 역할에 대해 비교정치학자들이 두 가지 상반된 견해를 소개하고, 이 견해들에 비추어 한국군부의 역할을 비교론적으로 평가하고 있다. 실즈Edward Shils · 파이너S. E. Finer · 산토스Eduardo Santos · 헬퍼른Manfred Halperen · 야노비츠Morris Janowitz 등 군부의 역할에 대해 비판적 입장에 서 있는 자들의 입장을 먼저 소개한다. 이들은 군부의 특징으로서 제한된 교육과 경험, 진보 대신 질서를 중시하고, 단순한 문제해결 방법을 선호하는 경향, 비판에 대한 관용의 결여 등을 이유로 발전 주체로서 군부의 가능성에 대해 부정적이다.

저자는 이에 대해 한국 군부는 집권 초기를 제외하고는 질서보다는 진보와 제도 형성에 중점을 두었고, 또한 한국경제 성장지표는 군부가 빈곤한 상상력의 함정에 빠지지 않고 유연하고 효율적으로 발전적 진보를 도모할 수 있음을 입증했다고 평가한다. 즉 한국 군부는 외교관계와 경제발전 문제에 훨씬 실용적이고 비이념적으로 접근하여 오류의 수정을 주저하지 않았고 권력 행사에서 훨씬 절제된 행태를 보였다고 지적한다. 이 결과 군부는 정치적 정통성을 위협과 사기가 아닌 성취를 통해 획득할 수 있었다. 그러나 1969년 헌법개정에 따라 제기된 권력승계 문제는 커다란 경제적 · 사회적 문제를 야기시킬 수 있는 것으로 진단하고 있다. 그러나 이런 유보에도 불구하고 저자는 3공정부가 전체적으로 그 이전의 정부보다 좋은 성과를 거둔 것으로 평가한다.

다음으로 저자는 군부의 적극적 역할을 강조한 새뮤얼 헌팅턴Samuel Huntington과 루시안 파이Lucian Pye의 주장을 소개한다. 이들은 헌정적 전통과 평화적 정권 교체의 전통이 결여된 곳에서의 개혁적 쿠데타를 사회적 공산혁명에 대한 유일한 대안으로 본다. 이들은 군부가 안정을 유지하며 동원이 가능하고 변화를 추진할 수 있는 힘을 가진 최후의 규율 있는 결집된 집단이기 때문에 근대화 역할을 감당하도록 운명지어져 있는 집단이라고까지 진단한다. 이런 배경에서 이들은 선진국이 군의 모든 비군사적 역할을 자유주의에 대한 도전으로 간주하는 상투적 이해에서 벗어나야 한다고 주장한다.

그러나 저자는 한국의 경험에 비추어 그러한 적극적 이론도 너무나 도식적 성격을 띠고 있다고 지적한다. 예를 들어 한국의 군사혁명은 뚜렷한 개혁철학을 가지고 출발하지 않았고, 또한 군의 정치참여는 군부 엘리트가 근대화를 추진할 수 있는 유일한 결집된 세력이었기 때문이라기보다는 군 내부의 부조화와 갈등, 통치권력의 군부에 대한 부당한 간섭 등에서 촉발된 면이 있다고 주장한다. 또한 개혁세력으로서 군부의 초기 성공은 군부가 지닌 근대적 기술성보다는 상황의 절박성 때문이었다고 본다.

마지막으로 저자는 군사혁명의 성공요인으로 김종필의 역할을 크게 강조하고 있다. 즉 김종필이 창설한 중앙정보부와 민주공화당은 초기 군부정권의 불확실성을 극복하고 비폭력적 권력 이전을 가능하게 한 주요 요인이었다는 것이다.

덧붙여 한국의 경우, 다른 개발도상국에서는 발견되지 않은, 이와 같은 발전을 가능하게 한 주요 요인으로서 미국의 지지와 조언 그리고 감시가 있었음을 들고 있다. 이 밖에도 한국은 비서구권에서는 일본 다음으로 높은 문자해득률과 정치적 참여의식을 지닌 사회였다고 지적한다. 결론적으로 필자는 한국 군부쿠데타를 하나의 유형으로 일반화하기는 힘들다고 평가한다. 왜냐하면 각 국의 다양한 사회경제적 그리고 군부적 요인은 민간과 군부의 행위를 상이하게 규정하기 때문이다.

2. 평가 부분

위와 같은 요약을 기반으로 이 책에 대한 논평자의 의견을 제시하겠다.

먼저 적극적으로 평가될 수 있는 부분에 대해 논의한다.

첫째, 이 저서의 가장 큰 의미는 무엇보다도 5 · 16을 포괄적으로 다룬 유일한 영어서적이라는 데 있다. 포괄적이라 함은 5 · 16의 발생을 군 외부적 요인(유인 요인)과 군 내부적 요인(촉발 요인)의 상호 작용으로 이해하고, 또한 5 · 16의 배경과 원인뿐만이 아니라 결과까지도 역사적 맥락에서 다루고 있으며, 동시에 5 · 16의 의미를 비교정치학적 맥락 속에서 평가하고 있음을 의미한다. 거시적으로 파악할 때 5 · 16은 한국현대사에서 분단, 건국, 6 · 25, 4 · 19에 비견되는 중요한 사건이었지만 다른 역사적 사건에 비해 본격적 연구업적이 희소하다는 것은 의외이다. 더구나 다수의 영미권 학자들이 5 · 16을 군부가 근대화 추진세력으로서의 역할을 성공적으로 수행한 대표적 경우의 하나로 평가하고 있다는 면에서 더욱 그러하다. 이런 측면만으로도 이 책의 의미는 뚜렷하게 부각된다.

둘째, 이 책은 5 · 16과 관련된 유인 요인, 촉발 요인, 결과와 평가 등을 종합적으로 다루고 있으나 학문적 성과가 가장 뚜렷하게 부각되는 부분은 촉발 요인(군 내부적 요인)을 분석한 부분이다. 5 · 16은 박정희와 김종필을 정점으로 한 250명의 장교가 3,500명의 병력을 불법적 군사작전을 통해 동원하여 정권을 장악한 사건으로서 근원적으로는 정치적 사건이나 일차적으로는 군사적 성격의 사건이다. 그러므로 5 · 16의 발생을 실체적으로 이해하기 위해서는 불법 군사작전을 가능하게 한 군 내부적 요인에 대한 분석이 필수적이다. 따라서 저자는 창군, 6 · 25, 이승만의 독특한 군정행태, 4 · 19, 민수낭 정부의 출범 등 역사적 격변을 거치면서 군 내부에 형성된 분파주의, 노소장파 그리고 기득권 세력과 개혁파 장교 사이의 갈등, 그 외 복합적 부조화 현상이 발생하고, 그와 함께 5 · 16 발생의 싹이 군 내부에뿌리내리고 성장해가는 과정을 역동적으로 설명하고 있는데 이러한 측면이 이 책의 독창성을 가장 돋보이게 하는 부분이다. 이후 군 내부의 동태에 주목하여 5 · 16을 설명한 중요한 업적〔(한용원, 『한국의 군부정치』(대영사, 1993) ; 강창성, 『한국 일본 군벌정치』(해동문화사, 1991)〕들도 본 저서의 분석 논리를 눈에 띄게 수정하고 있지는 않은 것으로 보인다.

셋째, 건국 이후 특히 6 · 25를 거치며 군부는 잠재적인 정치적 행위자로서 또한 기존 권력체제를 재정적 · 정치적으로 떠받드는 세력으로서 한국 정치체계의 가장 중요한 구성분자의 하나였음에도 불구하고 극히 제한된 업적〔Gregory Henderson, *Korea: The Politics of the Vortex*(Harvard University Press, 1968) ; 김정원, 『분단한국사』(동녘, 1985) ; 이한빈, 『사회변동과 쟁점』(박영사, 1968)〕만이 군부를 정치체계의 일부로 다루었다. 이 연구의 초점은 5 · 16에 맞춰져 있지만, 한국 정치과정에서 군부의 중요성을 부각해 한국정치 이해의 지평을 확대했다고 할 수 있다.

넷째, 군부를 근대화 추진세력으로 간주하는 대다수의 비교정치학적 문헌들은 군부를 응집된 단일 개혁집단으로 간주하고, 일반 정치사회 혼란에 대한 단순 자극반응 메커니즘에 따라 군부가 정권장악에 나서는 것으로 간주하고 있다. 그러나 김세진의 연구는 한국에서 군부의 정치적 돌출이 독특한 역사적 맥락 속에서 군부 내에 형성된 복합적 갈등을 배경으로 한다는 것을 보여줌으로써 비교정치학적 연구가 범하기 쉬운 단순화 오류를 노출시킨다. 5 · 16, 일반정치, 그리고 비교정치와 관련된 이상의 적극적 기여에도 불구하고 이 책의 논리구성과 관련하여 다음과 같은 보완점을 제시할 수 있다.

첫째, 미국 역할 부분에 대한 설명의 취약성이다. 미국이 창군 그리고 6 · 25 이후 한국군의 팽창과정에서 주도적 역할을 했다는 것을 저자는 잘 지적하고 있다. 그러나 예를 들어 이승만의 민군관계, 4 · 19 전개과정, 그리고 5 · 16 전후에도 미국이 한국군의 내부적 동태 또는 민군관계에 영향을 미친 중요한 요인일 수밖에 없었음에도 불구하고 이에 대한 분석이 거의 결여되었다.

둘째, 5 · 16은 기본적으로 한국현대사의 맥락 속에서 설명될 수 있는 사건이다. 그러나 동시에 주목해야 할 것은 1960년대는 이른바 개발도상국 사이에 군부의 정치개입은 국제적인 보편적 현상이었다는 점이다. 예를 들어 1960년대부터 1970년대 초반까지 개발도상국에서는 123번의 성공적 쿠데타가 있었다. 따라서 이런 국제환경적 요인과 5 · 16 발생과의 관계에 대한 언급이 필요할 것이다.

셋째, 5 · 16은 박정희와 김종필이라는 주요 행위자를 정점으로 하여 발생한 사건이지만, 이들과 함께 행동한 250인 장교단의 협조가 성공의 불가결한 요인이었다. 즉 5 · 16은 250인의 집단행동collective action의 결과인 것이다. 250인이 5 · 16을 향한 집단행동을 하게 된 동기와 과정에 대한 미시적 분석은 5 · 16이라는 거시현상을 이해하는 새로운 단서를 제공할 수도 있을 것이다.

이 밖에 군 내부적 동태와 관련하여 몇 가지 사실에 대한 의문을 제기할 수 있다. 첫째, 본 저서에는 5 · 16 군부쿠데타가 어느 시점에서 누구에 의해 구체적인 프로젝트로 구상되었는지가 분명하게 제시되어 있지 않다. 이와 관련하여 상대적으로 5 · 16 추진과정에서 김종필의 역할이 과장되게 묘사하고 있다는 인상을 준다.

둘째, 1957년 5월 이형근 육군참모총장이 백선엽 대장에 의해 교체된 후 이른바 삼대장 시대가 종언을 고하게 된 것으로 보인다. 삼대장 시대의 한 축이있던 정일권도 이미 1956년 터키대사로 발령을 받았기 때문이다. 삼대장 시대 이후(1957년 5월 이후)의 민군관계 또는 군 내부의 동태 등에 대한 세밀한 분석이 이 책에는 결여되어 있는데 1950년대 민군관계에 대한 총체적 파악을 위해 이에 대한 고찰이 보강되어야 할 것이다.

이 밖에 이 책의 1950년대와 1960년대 초 군 외부적 일반 정치정세에 대한 기술에서 보완되어야 할 점을 지적하고자 한다.

첫째, 이 책이 군부의 정치적 돌출을 유인한 배경 요인으로서 1공, 2공 시대의 정세에 주목하고 있기 때문에, 그 당시에 형성되어 1960년대 발전을 뒷받침했던 적극적 징후에 대한 조명이 현저하게 부족하다. 예를 들어 1공 시대는 적극적 교육정책, 농지개혁, 한미상호방위조약 체결, 소비재 도입억제를 위한 원조당국과의 공세적 협상 등을 통해 1960년대 발전을 위한 기반이 놓여진 시기이기도 하다. 2공 시대 역시 발전을 위한 중요한 제도적 개혁이 추진되던 시기였다는 것을 부인할 수 없다.

둘째, 이 책은 정치적으로 1960년대가 민권의 상황이 악화되어가는 시대였다는 것을 지적하고 언론인에 대한 부당한 협박, 연행 사례 등을 제시함으로써 1960년대 정치과정의 특징을 묘사한다. 그러나 1960년대 정치과정의 특징에 대한 이런 식의 서술방식은 1960년대가 공화당 내의 소위 4인방의 등장, JP계의 몰락, 이 과정에서 확대 · 재생산되어가는 중앙정보부의 역할 등을 배경으로 하여 구조적 차원에서 권위주의적 권력집중화 현상이 가속화되는 시기였음을 충분히 부각시키지 못한다.

마지막으로 1955년부터 배출되기 시작한 4년제 육사 졸업생의 정치적 돌출 가능성을 이 책에서 통찰력 있게 지적한 것(p.159)은 한국 민군관계에 대한 저자의 설명틀이 지니는 적실성을 실감나게 보여주는 예임을 강조하고자 한다. 이와 함께 5 · 16을 4 · 19를 계기로 발현되기 시작한 새로운 민족주의(한국적인 것의 긍지를 강조하고, 정체된 구세대에 대한 주변에 머물러 있던 새로운 세대 또는 세력의 도전이라는 의미로서)의 연장선상에서 해석하고, 방법론적으로 5 · 16과 4 · 19의 관계를 브린턴의 혁명의 순환논리에 따라 설명할 수 있다는 저자의 제안(p.101)은 한국현대사의 거시적 설명과 관련된 중요한 논쟁적 명제가 될 수 있다는 것을 지적하고자 한다. 이 같은 지적은 1950년대 후반 정세와 관련된 다음과 같은 전제 때문이다. 첫째, 1950년대 후반은 보수적 · 전제적 자유당정부하에서 발전이 억제되는 교착상태가 구조화된 시기이다. 둘째, 구조화된 교착상태에 대한 돌파는 1950년대를 거치며 근대성을 섭취한 집단으로 부상한 학생-지식인 연합세력, 그리고 군부집단에서 나올 수밖에 없었을 것이다. 4 · 19와 5 · 16은 이것의 구체적 표현이다.

토론

한용원*

냉전체제하에서 과대성장한 군부를 배경으로 박정희 장군이 1961년 5월 16일 군사쿠데타를 일으켜 정권을 장악한 이래 1993년 2월 '문민정부'가 출범할 때까지 30여 년간 한국에는 군부권위주의 정권이 지속되어 왔다. 이러한 군부권위주의 정권은 한국사회의 생산성을 제고하였으나 민주성과 도덕성을 저해한 것으로 평가되고 있다. 저자는 『한국 군사혁명의 정치*the Politics of Military Revolution in Korea*』에서 ① 1961년 군사혁명의 사회경제적 · 정치적 원인을 분석하고, ② 민 · 군엘리트 간 이해갈등을 둘러싼 민군관계를 논의하고, ③ 군 내부적 역기능과 지도적인 군부인사들의 배경을 탐구하여 쿠데타를 일으킨 군사적 이유를 규명하고, ④ 개혁세력으로서의 군이 민간정치에 개입한 충격을 진단하며, ⑤ 이러한 한국군의 경험을 범세계적인 군부현상의 맥락에서 비교 · 조망함으로써 제3공화국 말기까지의 '구군부의 정치'를 분석하였다.

이 책은 논평자의 평가에서 적실성 있게 지적되었듯이 "5 · 16을 포괄적으로 다룬 유일한 영어서적"이다. 그는 당시 범세계적으로 군부정치의

* **韓鎔源** 한국교원대학교 교수.

이론화가 결여된 학문적 상황과 민간 정치학자로서 군부관련 자료의 확보가 곤란했던 시대적·구조적 상황의 제약에도 불구하고 군부의 정치개입의 촉발 요인Push Factor을 효과적으로 분석한 학문적 성과를 이룩하였다. 이러한 학문적 성과는 그가 "국가마다 민과 군의 정치적 행위를 지배하는 사회경제적·군사적 요인이 다르기 때문에 개별국가의 경험을 논의하는 것이 타당하다"라고 하면서도 "한국군의 경험적 연구가 오늘날의 정치에서 군의 중요성을 이해하는 데 공헌하기를 기대한다"(p.176)라고 피력한 것처럼 1970년대 군부정치의 이론화에 상당한 영향을 주었을 것으로 사료된다.

논평자는 이 책에서 적극적으로 평가될 수 있는 부분으로 ① 5·16의 배경과 원인은 물론 결과와 평가를 역사적 맥락에서 포괄적으로 다룬 점, ② 군부의 정치개입의 유인 요인Pull Factor과 촉발 요인을 병행해서 다루되, 촉발 요인에 비중을 둔 점, ③ 한국의 군부를 한국 정치체계의 가장 중요한 구성분자의 하나로 다룬 점 등을 들었다. 그리고 보완해야 할 부분으로 ① 한국군의 발전방향을 좌우했던 미국의 역할 부분을 논의하지 않은 점, ② 1960년대 세계 개발도상국에서 빈발한 군부 정치개입의 영향을 논의하지 않은 점, ③ 250여 명의 5·16세력에 대한 미시적 분석이 결여된 점, ④ 쿠데타 프로젝트와 관련된 논의가 배제된 점, ⑤ 1960년대에 권력집중화 현상이 가속화되었음에도 이를 부각시키지 않은 점 등을 지적하고, 이에 덧붙여 브린턴의 혁명의 순환논리에 따라 4·19와 5·16의 관계를 설명한 점은 한국현대사의 거시적 설명과 관련된 중요한 논쟁적 명제가 될 수 있다고 지적하였다.

이러한 논평자의 평가는 타당한 것으로 사료되며, 본인의 토론도 이러한 시각에서 크게 벗어나지 않는다. 저자의 연구의 장점은 첫째, 군부의 정치개입을 정치적 · 사회경제적인 환경요인과 제도적 · 인적인 군 내부적 요인을 결부하여 분석한 점이다. 특히 군 내부적 요인을 중시했을 뿐 아니라 제도적 요인을 장교의 충원, 내부적 파벌, 민군관계, 상하장교 간의 갈등으로 체계화하였다. 둘째, 정치권과 군부 모두에 지역과 파벌주의를 적용하여 분석했을 뿐 아니라 이를 중시하여 다룬 점이다. 이는 오늘날에도 한국의 정치에서 지역주의와 파벌주의가 핵을 이루고 있음을 감안한다면 분석의 맥을 잘 짚은 것으로 볼 수 있다. 셋째, 박정희정권의 체제변화와 신군부의 등장을 예견한 점이다. 그는 1960년대 말에 박정희정권이 행정적 독재로 갈 것인지, 자유민주주의에 기반한 개혁적 통치로 갈 것인지 갈림길에 놓였다고 진단했을 뿐 아니라, 육사 4년제 졸업생들의 집단적 충성, 동기생 간의 응집, 직업적 엘리트의식 등이 고도로 쉽게 동기화할 가능성이 있다고 진단하였다. 넷째, 개발도상국의 근대화세력으로서의 군의 역할에 관한 상반된 학파의 견해를 한국의 경험과 비교 · 분석하여 군의 역할은 개별 국가의 경험 차원에서 논의하는 것이 타당할 것이라고 결론지은 점이다. 그는 한국군의 경험이 ① 군의 근대화 기능 수행에 회의적인 견해에 비추어 볼 때 경제적 성취나 외교관계의 확충 등에 있어 적실성을 결여하고, ② 군의 근대화 기능 수행에 긍정적인 견해에 비추어 볼 때에도 개혁철학에 투철한 장교들에 의해 혁명이 착수되지 않아 근본적인 사회경제적 구조변화를 추진하지 못했다고 지적하였다.

다음으로 그의 연구에서 보완해야 할 점은 다음과 같다. 첫째, 1950년대 후반의 범세계적인 반동의 물결과 1960년대 개발년대 시대정신의 영향이 논의되어야 할 것이다. 1950년대 후반부터 신생국에서는 민주적 정권을 전복하는 군사쿠데타가 빈발하였고, 1960년대는 유엔이 정한 개발년대였다. 박정희의 구군부는 신생국의 반동(헌팅턴이 말한 제2의 반동) 물결에 영향을 받아 민주적 정권을 전복하여 정권을 장악하고, 개발년대의 시대정신에 영향을 받아 조국근대화과업을 추진한 것으로 볼 수 있을 것이다. 둘째, 한국군 장교단의 충원문제 논의에서는 출신뿐만 아니라 정책을 포함시켜야 할 것이다. 미군정의 경비대를 대한민국 국군으로 전환시키는 과정에서 경비대의 결함인 리더십과 사상문제를 해결하기 위해 체질개선정책이 추진되었고, 그 결과 2~3년 사이에 장교단이 3배로 증대되어 '인사의 혹'이 형성됨으로써 군 내의 신진대사를 저해하여 진급 압력이 심했던 경비사 5기와 육사 8기가 쿠데타의 주도세력이 되었다.

셋째, 군부 정치개입의 개인적 동기와 개입의 성격이 논의되어야 할 것이다. 부산정치파동을 계기로 군부에서는 군사력의 정치적 이용에 반항하는 행동주의가 대두되어 이는 군의 정치적 이용을 반대하는 정치적 중립주의와 군의 집권의지를 부추기는 정치적 개입주의로 발전했다. 그는 박정희 장군의 지배 야심(통치 의식의 성장)을 논의하지 않았을 뿐 아니라 장면정권하에서의 정군파의 처벌의 공포(말썽 장교 예편계획)와 장교단의 조합주의적 이익의 침해(10만 감군으로 장교단의 17퍼센트 도태) 문제를 논의하지 않았다. 그리고 한국의 군부가 '제도로서의 군부'가 아닌 '파벌로서의 군부'로 정치에 개입한 것임에도 그는 쿠데타를 군의 정점이 아닌 2·3류의 장교들이 주도했다는 애매한 시각을 견지함으로써 파벌로서의 군부정권의 특성을 제대로 분석해내지 못하였다. 넷째, 제 2·3공화국의 군 통제방식이 분석되어야 할 것이다. 장면정권은 군부에서 정군운동이 추진되고 있음에도 유엔군이 건재하는 한 군부 쿠데타가 일어날 수 없다고 믿고, 한편으로 주관적 문민통제술을 구사하면서도 다른 한편으로 군부의 자율성을 존중하여 쿠데타 발생을 저지하는 데 실패하였다. 박정희정권은 군부의 리더십을 남부 출신(특히 영남 출신)이 장악하게 하여 군부의 탈정치화를 추진하면서도 하나회를 친위세력으로 육성함으로써 신군부가 등장할 소지를 형성하였다.

다섯째, 5 · 16세력의 경제개발정책의 추진에 있어 군사력의 활용과 개발정책의 특징이 논의되어야 할 것이다. 그는 한국군이 현대적 조직으로 급성장한 측면을 군부의 정치개입 측면으로만 분석하고, 군을 사회간접자본의 확충사업과 국토종합개발사업의 추진에 활용한 측면을 논의하지 않았다. 그리고 박정희정권의 경제개발정책을 성취도와 문제점 위주로 논의하고, 경제개발정책의 특징인 국가에 의한 자원배분, 대기업 중심의 경제력 집중, 효율적인 노동통제를 논의하지 않음으로써 경제발전모델의 성격을 제대로 규명하지 못했다. 끝으로 바로잡아야 할 부분은 다음과 같다. ① 경비대의 한국화 이후 제1대 사령관을 유동열로, 제2대 사령관을 송호성으로 기술(p.44)했으나 유동열은 국내 경비부장(통위부장)이었고, 제1대 사령관은 이형근 중령이었으며, ② 한국군의 창설에 가장 중요한 역할을 했던 일본군 출신은 5만 명이라고 기술(p.48)했으나 장교능력 보유자로 산정하면 지원병 출신 2만 여명, 학도병 출신 4,385명, 일본육사 출신 수십 명 등 2만 5천여 명에 불과하고 징병 24만여 명까지 산정하면 27만여 명에 달하며, ③ 이승만 대통령이 1952~1958년간 만주군 출신을 편애함으로써 이들이 군내 파벌주의의 원천이 되어 동북파와 서북파가 대립했다고 기술(pp.52~55)했으나 실제로는 군 내에 정일권 중심의 동북파, 백선엽 중심의 서북파, 이형근 중심의 중남부파 등 3파가 정립 · 대립했으며, ④ 5 · 16 혁명군의 다수는 경비사 8기와 2기 출신이었다고 기술(p.100)했으나 사실상 8기와 5기 출신이 쿠데타를 주도하였으며, 반혁명사건으로 5기 출신이 제거되자 8기와 2기가 득세하였다.

Hagen Koo

Korean Workers:

The Culture and Politics of Class Formation

Ithaca and London: Cornell University Press

2001. 240 pp.

CONTENTS

한국 노동계급의 형성: 역사와 현실

—구해근, 『한국 노동자: 계급형성의 문화와 정치』—

김 왕 배*

1. 노동의 기억

1997년 시카고 트로츠키파들의 소모임에서 한국의 노동투쟁은 좌파혁명운동의 상징으로 거론되고 있었다. 한국에서의 파업과 수배, 거리투쟁 등의 풍경에 익숙해 있던 나로서는 한국의 노동운동이 외부인들에게 세계변혁을 주도하는 투쟁으로 회자되고 있는 것에 놀라지 않을 수 없었다. 이미 노동계급이 복지국가의 품안에 온순히 길들여져 있는 서구유럽의 경우에는 계급의 소멸이 공공연하게 주장되고 있고, 전 지구가 초국적 자본의 세력으로 제도화되고 있는 신자유주의 물결 속에서, 거리를 점령하며 화염병을 날리는 노동투쟁은 전 세계적으로 찾아보기 힘들었을 것이고, 따라서 한국의 노동투쟁은 어쩌면 유일하게 이 지구상에 남아 있을 노동투쟁으로 비치고 있었는지 모른다.

저자 구해근은 바로 이러한 한국의 전투적 노동계급의 구성적 속성들을 계급형성의 관점에서 바라보고 있다. 속칭 '구해근모델'로 알려진 계급,

* 金王培 연세대학교 사회학과 교수.

계층의 판별구조 분석[1]으로 유명한 그가 계급형성론의 저작으로 다시 한 번 우리에게 다가선 것이다. 물론 그가 편집한 『국가와 사회』에서 그는 민중과 노동계급에 대한 정치문화론적 접근의 단면을 보이기도 했었다. 그는 책의 서두에서 톰슨E. P. Thompson과 톰슨주의자들의 방법론[2]을 논의하면서 '계급형성의 문화와 정치'라는 부제에서도 알 수 있듯이 지난 급속한 산업화 기간 동안의 한국의 노동운동과 투쟁, 그리고 그 과정을 통해 형성된 계급의식 등을 정치문화론적 입장에서 접근하고 있다.

본론에 들어가기 앞서 저자는 자기가 과연 이 연구에 적합한 수행자인가 하는 자괴스러움을 고백하고 있다. 먼 역사적 사건을 뒤적이는 것이 아니라 현재 진행 중인 것들을 다루기 위해 노동의 주체들을 직접 만나는 과정에서 현장으로부터 외지에 있을 수밖에 없는, 혹은 현장의 경험이 없었기에 고난의 경험을 같이할 수 없는 학술연구자로서의 한계를 솔직히 드러내고 있는 것이다. 그러나 이 책은 누구를 막론하고 직 · 간접으로 연계되어 있을 수밖에 없는 지난 세대의 노동의 기억들에 대한 저서이다. 평이하면서도 동학을 잃지 않은 문장들과 현장감을 담은 생생한 인터뷰의 내용들은, 노동자들의 일상과 투쟁을 담은 영화 '구로아리랑'이나 1970년대 공장노동자 생활을 하다가 훗날 그들을 탄압하는 경찰로 변신하면서 신경분열증적 증상을 보이는 어느 주인공을 묘사한 영화 '박하사탕'의 시계열적으로 흐르는 여러 장면을 기억나게 한다.

1 구해근, 「현대한국 계급구조에 대한 시론」, 『한국사회의 재인식』(한울, 1985).
2 톰슨과 함께 카츠넬슨, 코카 등의 저서가 대표적이다. 신광영, 「E. P. 톰슨의 사회사」, 한국사회사연구회 편, 『노동계급형성이론과 한국사회』(문학과지성사, 1990).

2. 저자가 던진 질문들

산업화의 초기단계만 해도 비조직화되어 있고, 온순하며, 빈약하기 짝이 없던 노동계급이 어떻게 짧은 기간 동안 그토록 급속한 변화를 이루었는가? 무엇이 한국의 노동계급을 '전투적이고 강한' 사회세력으로 만들었는가? 그 어떤 다른 동아시아 신흥공업국가들보다도 성공적으로 노동계급을 형성하고 노동운동을 불러일으킨 요인들은 무엇인가? 이 책은 줄곧 이러한 질문이 담겨 있는 장들로 진행되고 있다. 즉, 산업노동자들이 프롤레타리아의 세계로 접어드는 과정과 그 과정에서 계급경험들을 인지해가는 과정, 그리고 집합정체성과 연대의식을 형성해가는 과정을 역사적으로 추적해보고 있다. 그렇다면 기존 연구들과의 차이는 무엇일까? 저자는 많은 연구들이 동아시아 국가의 경제적 번영과 그 신화를 얘기하면서 으레 제도적 수준의 논의들, 즉 발전국가, 시장구조 혹은 유교주의와 같은 문화적 요인들에만 주목하고 있을 뿐 노동계급과 그들의 구체적 삶의 경험에 관해서는 거의 관심을 두지 않았다는 점을 지적한다. 물론 기존의 연구들이 급속한 산업화과정에서 양질의 값싼 임금노동자들이 수행한 역할을 강조하기도 하지만, 인간존재로서의 노동자들에 관련된 연구는 거의 없다는 것이다. 문제는 생산성이나 임금의 수준에 관한 논의가 아니라, 즉 수량적으로 얼마나 경제성장을 이루었고, 노동자들이 상대적으로 얼마나 많은 수혜를 입었느냐가 아니라, 착취를 당하고 능욕을 당해왔던 그들이 스스로의 삶을 어떻게 인식하고 조직해왔느냐 하는 것이다. 이런 점에서 이 책의 초점은 계량적이고 전체적인 구조가 아니라 인문사회과학의 가장 근본적 지향인 '삶'의 문제에 있다고 볼 수 있다.

그러나 더욱 흥미로운 것은 저자가 폭넓은 지식을 동원하여 유럽과 라틴아메리카 그리고 동아시아의 다른 나라들과의 비교연구론적 관점에서 문제를 더욱 구체화하고 있다는 것이다. 예컨대, 순종과 인내를 덕으로 삼고 있는 유교의 영향, 급속한 경제성장으로 인한 생활수준의 향상, 시민사회에 대한 국가의 절대적인 영향력 등을 공유하고 있음에도 불구하고 한국에서만 유독 왜 도전적이고 호전적인 노동계급이 형성되었는가? 한국 노동자들의 독특한 문화적 · 정치적인 특징들을 통해 이러한 질문에 답할 수 있다는 것이 저자의 생각이다. 저자는 또한 초기 자본주의 유럽의 상황을 한국의 상황과 견주어보면서 몇 가지 차이를 제시하고 있다. 유럽에서는 장인의 전통이 있었고, 장인들이 노동운동을 선도했으며, 프랑스혁명과 같은 사회적 충격, 그리고 그에 담긴 이데올로기적 영향이 있었고, 정치운동을 주도하는 정당 등이 형성되어온 반면 한국은 위에서 열거한 조건들이 거의 존재하지 않는 열악한 처지에 있었다. 게다가 냉전과 미군정의 지배, 국가안보를 최우선의 과제로 설정하고 있는 반공국가 이데올로기, 노동자들의 순응적 태도를 요구하는 가족주의나 가부장주의 등의 문화적 요소, 전통적으로 노동자를 천시하는 풍토 등이 노동계급의 형성을 저해하고 있었다. 그럼에도 불구하고 어떻게 이러한 장벽들을 극복할 수 있었는가?

또한 저자는 기존 한국의 문헌들에 대한 비판적 견해를 피력하고 있다. 그동안의 많은 국내 문헌들은 작업장에서의 노동착취와 국가의 탄압이 곧 노동자들의 계급형성으로 이어진다고 하는 기계론적 발상 혹은 경제환원주의(근본주의)에 빠져 있으며, 이러한 시각으로는 거의 유사한 조건에 있었던 동아시아의 다른 나라들에서는 왜 한국과 같은 노동계급이 형성되지 않았는가 하는 질문에 답할 수 없다고 말한다. 노동계급의 전투적이고 호전적인 의식은 경제적 착취구조 속에서만 발생하는 것이 아니라 문화적이고 상징적인 요소들에 의해서도 형성된다(문화적이고 상징적인 착취구조). 한국 노동자들은 단순히 경제적 임금상승과 노동조건뿐 아니라 인간다운 취급과 사회정의를 요구해왔고, 이를 바탕으로 도덕적이고 감정적인 노동계급의 의식을 형성하여왔다.

저자는 1960년대의 노동저항은 매우 소극적이고 산발적이며 집합정체성이나 연대의식이 약했다고 말한다. 그러나 1970년대에 이르러 계급의식이 성장했고, 그 이유로는 산업체계의 변화, 즉 일부 특정한 공간에 대규모 중화학 공업단지의 집중, 그리고 외부의 사회정치운동과의 밀접한 연계를 들고 있다. 산업의 공간적 집중과 사회정치운동세력과의 연대, 즉 재야, 해방신학을 기반으로 민중운동을 주도하던 교회, 야학 등을 전개하던 학생세력 등이 결합하면서 한국의 노동계급은 급성장하게 되었다고 한다. 또한 저자는 한국 노동운동의 과정에서 '젠더gender〔性〕'의 문제를 중복적으로 제기하고 있다. 즉, 한국의 노동운동은 적어도 1980년대 초까지 여성들이 주도했는데, 과연 그 이유는 무엇인가 하고 묻는다. 그리고 이어 저자는 1980년대를 조망하며 노동자로 전화한 학생들(언론과 산업체와 정부에서 이른바 위장취업자라 부르던) 혹은 정치의 민주화를 외치던 학생운동 그리고 노동자, 농민, 도시빈민운동 등을 총칭하는 민중운동들과의 다양한 복합적 연대가 노동운동의 성장과 어떻게 연관되어 있는지, 특히, 계급형성과정에서 민중문화에 대해 더욱 각별한 관심을 두고 있다. 전근대적인 문화적 요소, 즉 가부장적 권위주의는 노동자들의 집합정체성을 약화시키는 기능을 하고 있었지만 민중문화는 노동자들의 저항의식을 고취하는 중요한 역할을 했다는 것이다. 작업장과 시민사회에서의 문화·정치적 모순과 갈등들이 호전적이고 과격한 계급의식의 성장을 불러일으켰던 것이다.

이를 바탕으로 저자는 산업체계의 변화과정을 논하면서 이어 노동자들이 구체적으로 작업장에서 어떠한 삶을 경험하고 있었는지를 살펴본다. 이에 대한 자료로는 노동자들의 수기, 일기 그리고 인터뷰 같은 질적 방법이 동원되고 있다. 그리고 이어 의류, 신발, 전자조립 등 주로 경공업 위주의 수출주도 산업화 과정에서 여성들이 주도해왔던 노동운동과, 1980년대 학생들의 기여, 그리고 집약적으로 정치화되어가는 노동계급 현황을 추적한다. 이어 이른바 노동자 대투쟁기였던 1987년 상황을 조명하고, 그 이전과 이후의 노동운동의 변화양상을 논의해본 다음, 세계화 과정과 경제위기 이후의 한국 노동운동과 노동계급의 변화양상을 조망한다.

3. 이 책의 내용

(1) 산업화와 프롤레타리아의 등장

한국의 급속한 산업화는 대량의 프롤레타리아를 양산했다. 1960년대 초반 인구의 대부분을 차지하고 있던 농업인구가 도시 산업부분으로 유출되었고, 그들은 이른바 수출주도 산업화의 풍부한 노동력의 저수지가 되었다. 특히 여성노동자들이 의류, 봉제, 신발 등 경공업 분야의 작업장에 대거 집중되었다. 주지하는 바와 같이 1960년대 박정희정권은 노동자들의 법적 지위를 극도로 제한하였으며 노동자들의 노조활동이나 정치적 행위를 철저히 차단했다. 저자가 바라보고 있는 한국 노동자들은 라틴아메리카 등의 신흥공업국에서 흔히 볼 수 있는 계절노동자 형태의 반semi노동자가 아니라, 농업으로부터 완전히 분리된 순수 프롤레타리아이다. 게다가 경기 · 인천 · 울산 · 포항 등 일부 지역으로 노동자들이 집중되는 이른바 지리적 집중이 매우 두드러졌다. 이러한 공간적 집중과 순수 프롤레타리아라는 요소들이 노동자들의 연대를 강화시키는 역할을 하였다. 그리고 저자는 한국의 대규모 집산 노동자들이 매우 동질적이었다고 본다. 즉, 당시 한국의 노동자들은 언어의 차이, 관습의 차이가 적은, 그리고 기술수준이 서로 비슷한(단순작업노동자) 전일 프롤레타리아였고, 이러한 점들이 노동자들의 응집을 촉진하는 요인이 되었다.

한국사회에서 이른바 양질의 근대적 형태의 노동력을 확보하게 된 데에는 몇 가지 이유가 있다. 하나는 학교 교육의 영향으로, 학교는 근대사회의 규율을 훈련시키고 전파하는 중요한 역할을 하였다. 다음은 군대이다. 한국의 보통 남성은 모두 군 복무를 해야 하는 의무가 있고, 군대를 통해 근대적 형태의 삶을 조우하게 된다. 그리고 군대에서는 동시에 권위와 폭력을 사회화하게 된다. 이런 사회적 분위기 속에서 프롤레타리아로 전환된 노동자들은 작업장에서 구체적인 규율 아래 통제를 받고, 새로운 노동관습을 익히게 된다. 전통적인 가부장적 권위주의는 작업장에 그대로 적용되어 노동자들의 복종과 조직에 대한 충성 등이 강조되었다. 전통적 가치가 노동력의 관리에 유용하게 동원되었고, 특히 가부장적 이데올로기는 여성노동자들에 대한 통제를 한층 강화시켰다.

이를 바탕으로 한국의 노동자들은 유례 없는 최장시간의 노동과 억센 노동강도에 시달렸다.[3] 잔업이 일상화되고, 여가시간은 아예 기대할 수도 없었다. 너무 많은 인력이 노동시장으로 투입되었기 때문에 노동자들은 저임금과 열악한 노동조건에 순응할 수밖에 없었다. 특히 노동자들의 이직이 심했는데, 그 이유는 임금이나 작업조건뿐 아니라 '인간적 대우'에도 있었다. 인간적 대우란 자율적이고 여가를 즐길 수 있는 유적 존재類的

3 저자는 당시의 해태와 국제상사의 노동조건을 예로 들었다.

存在로서의 인정을 의미한다. 전통적으로 내려오던 육체노동자와 비육체노동자 간의 극심한 차별을 겪고, '공돌이, 공순이'로 불리던 육체노동자들이 진정 원하는 것은 그야말로 인간적 대접이었다. 공장의 형태는 전제주의적이고 또한 병영적이었다. 저자는 당시 공장에서의 통제는 관료제적이고 기술적인 통제가 아니라 전제주의적이고 개인주의적인 통제였다고 묘사한다. 한국의 노동자들은 흔히 병영적 통제 속에서 극대화된 신체적 착취의 유형인 이른바 '유혈적 테일러리즘Taylorism'에 속박되어 비인간적인 '상징적인 능욕'을 당했던 것이다.

(2) 여성노동자와 교회

1970년 11월 13일, "우리는 기계가 아니다", "근로기준법을 준수하라", "노동자들을 착취하지 말라"라고 외치며 분신으로 저항한 청계피복의 노동자 전태일분신사건은 한국 노동자 투쟁사에 획을 긋는 전환점이 되었다. 그러나 전태일의 분신 이후 연이은 노동자들의 자살 시도 등 산발적인 저항들이 발생하고 있었지만 더 근본적인 구조적 변화를 초래하기에는 역부족이었다. 이러한 시도들은 대중들로부터 동정심과 관심을 끌긴 했지만 단발적인 개인적 희생으로 끝이 나고 말았다. 그러나 1970년대 중반에 이르러 노조결성을 위한 투쟁들이 발생하게 된다. 당시 노조운동의 결정적 특징은 그 운동을 여성노동자들이 주도했다는 것이며, 교회 조직과 긴밀한 연계 속에서 진행되었다는 점이다. 당시에는 청년 가톨릭 단체와 도시산업선교회 등이 주축을 이루었는데, 이들 조직들은 이른바 노동자들의 의식화를 위해 소규모 서클활동을 주도했다. 그러면 왜 노동자들은 교회에 의존할 수밖에 없었는가? 한국노총은 이미 어용화되어 노동자들의 의견을 집약하고 대변하는 기능을 상실했으며, 노동부는 오히려 노동 통제를 위한 관료적 기능을 담당했다. 결국 노동운동에 관심을 보여준 교회에 의존할 수밖에 없었는데 특히 교회는 국제적 연결망이 있어 정부의 탄압을 방어하는 데 이점을 지니고 있었다.

저자는 당시 여성노동자들과 교회지도자들의 연대 속에 진행된 노조투쟁의 대표적 사례로서 동일방직사건을 제시하고 있다. 동일방직사건은 노동운동을 학생운동과 재야투쟁가들과 연대시키는 기폭제가 되었다. 이어 저자는 당시 야당(신민당) 당사를 점거하고 극한 투쟁을 벌였던 YH무역농성사건 등을 소개하고 있다. 일반적으로 여성노동자들은 남성노동자들보다 더욱 낮은 임금을 받고 더 많은 착취를 당하고 있으면서도 가부장적 원리에 의해 더욱 순종적이고, 저조한 노동조합운동을 벌인다고 인식되고 있다. 하지만 한국의 경우에는 오히려 여성노동자들이 그러한 장애를 극복하고 당시의 노동운동을 주도한다. 그 이유에 대해 혹자는 끊임없이 성차별에 노출되어 있었던 여성들이 소수산업분야에 집결되어 있었고, 같은 기숙사 등에 머물러 있으면서 집합감정sister-hood을 불러일으킬 수 있었기 때문이라고 설명한다. 아울러 그녀들은 젊은 미혼여성들이었으며, 남성들에 비해 승진과 같은 기회가 없었기 때문에, 달리 말하면 잃을 것이 없었기 때문에 노조운동에 활발히 참여할 수 있었다는 것이다. 그러나 저자는 이러한 설명만으로는 불충분하며 교회와의 밀접한 연관 속에서 그 이유가 덧붙여져야 한다고 본다. 즉, 여성노동자들이 가장 착취를 당하는 소외된 자들이었고, 교회의 대부분의 신도가 그녀들이었기 때문이었다는 것이다. 더구나 남성들에 비해 심리적으로 더 감성적이어서 심리적 억압과 고통이 더 컸을 것이기에 더욱 그렇다. 그리고 남성들이 비교적 경직된 인간관계를 보이는 반면 여성들은 유연하기 때문에 교회 같은 단체와 더 밀접한 관계를 맺을 수 있었다는 것이다.

그러나 이러한 여성운동가들에게 과연 '젠더 의식'이 있었는가? 당시 여성운동가들에 대한 저자의 인터뷰에 의하면 당시에는 별다른 '젠더 의식'이 없었고, 다만 훗날에 그 의식을 갖게 되었다고 한다. 즉, 여성 문제보다는 계급 문제가 더욱 우선시되었던 것이다.

(3) 노학勞學 연대투쟁과 선진노동자

제3공화국의 몰락 이후 한국은 잠시 동안 민주화의 봄을 만끽한다. 당시 민주화의 틈새 기간 동안 과격하면서도 자연발생적인 노동운동이 발생했지만(사북탄광과 동국제강), 이들 운동은 '감정적이며, 비조직화된' 단발성 사건으로 끝이 난다. 전두환정권하에서는 정치적 탄압의 강도가 더욱 높아지고 있었지만 역설적으로 노동운동은 더욱 성장하게 된다. 광주민주항쟁은 이러한 대중운동과 학생운동, 그리고 노동운동을 더욱 확장시키는 전기가 되었다. 당시에는 마르크스주의와 종속이론, 해방신학 등 급진주의 이론들과 담론이 지배적인 시대였다. 1970년대의 노동운동을 주도하던 교회지도자들의 활동은 너무 온순하다는 이유로 현장에서 멀어지고, 더 전문적이고 활동적인 이른바 '선진노동자'들이 등장하게 된다. 그리고 노동운동은 이른바 반反독재투쟁의 정치투쟁과 결합되어 더욱 성장하게 된다. 학생운동가들이 현장으로 투입되면서 노동운동은 반정부투쟁의 온상이 되고, 이러한 반정부투쟁은 노동자들의 정치의식을 한층 고양시켰다. 1984년 청계피복노조운동은 바로 학생과 노동자의 연대를 기반으로 일어난 사건이었고, 1985년 대우자동차 파업은 노동자로 변신한 학생들이 주도하였으며 동시에 남성 위주의 노동운동의 개막을 알리는 사건이 되었다.

이어 구로연대투쟁은 기업들 간의 연대가 이루어지고 재야, 학생, 교회

등이 노동자들과 결합한 이른바 '연대투쟁'의 전형적 사례로 거론되고 있다. 이러한 연대투쟁의 사회적 기반으로는 일정한 공간에 산업이 집중됨으로써 노동자들의 연대를 보다 용이하게 한 생태적 요인 외에 노동운동을 통해 성장한 노동운동가들과 노동자로 변신한 학생운동가들의 결합이 있다.[4] 1980년대 노동운동을 특징짓는 '노동운동과 정치운동의 결합'은 한국의 노동운동이 어떻게 그렇게 급속한 시간에 호전적인 성격을 띠며 강렬해졌는지를 잘 설명해준다.

(4) 노동자의 정체성과 계급의식

이 장에서 저자는 문화적 요소들이 노동자들의 삶의 경험을 어떻게 형성하고, 노동자 정체성과 계급의식을 발달시켜 나갔는지를 설명하고 있다. 저자는 노동자들이 강렬하게 요구했던 것은 '인간다운 대우'에 있었다고 말한다. 한국 노동자들에게는 사회적 지위status가 일차적 관심사였고, 그들의 계급의식은 바로 사회적 지위에 대한 평판과 반응에 따라 생겼다는 것이다. 한국사회에서 노동자들에 대한 사회적 반응은 매우 모순적이었다. 그들은 '공순이'와 '공돌이'로 불리면서 그야말로 단순한 노동자가 아닌 '천한 노동자'의 이미지를 부여받고 있었다. 즉, 노동자들에게는 더럽고, 지체가 낮으며, 거칠다는 독특하게 차별화된 편견이 가해지고 있었던 것이다. 이러한 이미지는 이미 조선시대의 양반과 상민 그리고 사농공상의 엄격한 신분체계에 그 역사적 기원이 있었지만, 저자의 분석에 의하면 한국사회의 경우 산업화와 함께 기존의 신분체계가 무너짐과 동시에

4 그러나 저자는 이 둘 간의 행위의 차이를 지적하고 있다. 자생적 노동운동가들은 노동문제와 정치적 이슈를 결합하는 데 매우 신중했던 반면 학생출신 운동가들은 더욱 정치지향적이었으며 정치적 이슈를 위해 기꺼이 개별 노조를 희생하기도 했다.

새로운 신분제도가 자리 잡지 못하면서 전통적 양반문화가 부분적으로 그대로 존속되어왔다는 것이다.

그러나 엄밀히 말하면 노동자들의 차별의식은 이러한 양반문화가 아니라 바로 교육의 불평등에 대한 인식과 결부되어 있었다. 교육은 한국사회에서 사회이동(상승이동)의 기회이며 신분의 표식이다. 교육이데올로기야말로 과거에서 현재에 이르기까지 한국사회의 신분적 평가를 규정한다고 해도 과언이 아닐 것이다. 바로 한국의 노동자들은 이러한 교육에서 배제되어왔기에 배움에 대한 '한恨'이 그 무엇보다도 높았다. 한국 노동자들의 불평등 인식과 불공정 인식은 부자와 가난이라는 물적 배분의 차이에서 오는 것이라기보다 '배운 자'와 '못 배운 자'라는 인식에서부터 오고 있었다는 것이다.[5] 여기에서 저자는 다시 '젠더'의 문제를 제기한다. 특히 젊은 여성노동자들의 경우 섹시즘sexism과 천한 노동자라는 이중적 억압이 부가되고 있었는데 그들은 실질적 배움이라는 목적보다는 심리적 보상을 위해 야학 등에 참여하였다.

저자가 여기에서 제시하는 심리적 요소는 '한'이다. 한은 불행과 불공정한 것에 대한 슬픔과 회한 등을 표현하는 복합적 심리현상으로 공순이, 공돌이라는 이름이 부여되는 것은 바로 가난의 한이며, 못 배운 한이고, 없이 사는 한으로 인식된다. 한은 계급용어는 아니지만 사회정의에 대한 반응으로서 불평등/불공정 인식을 포함하는 계급의식을 고취시킨다. '한 서린 눈물'이란 표현들이 말해주듯 이러한 요소들은 감성적 계급의식을 형성하는 주된 요인으로 작용한다.

'노동자'라는 언어는 또 무엇을 의미하는가? 한국사회는 유럽과 달리

---

5 그러나 실질적으로 교육이 부와 위세를 보장하고, 상승이동의 기회로서, 고단한 육체노동을 벗어나게 할 수 있는 통로였기 때문으로 보아야 할 것이다.

장인의 전통과 조직체가 빈약하기 때문에 노동자로서의 자긍심이 없는 프롤레타리아가 존재할 뿐이었다. 노동자 대신 '근로자'라는 용어가 대치되기도 하고, 한때 국가이데올로기를 뒷받침하는 용어로 '산업전사'라는 용어가 동원되기도 하였으나 노동자라는 정체성은 거의 없었다. 1980년대에 이르러서야 '나는 노동자'라는 자기 선언이 등장하게 되면서 노동자라는 용어가 계급적 의미를 획득하게 된다. 한국사회에서 계급의식은 또한 '민중'이란 단어와 밀접한 상관을 맺고 있다.

민중이란 농민, 노동자, 도시빈민 등 경제적으로나 정치적으로 소외된 층들의 결합을 총칭하는 개념으로 노동계급의 의식과 정체성의 확립에서 빼놓을 수 없는 요인이었다. 민중신학, 민중문학 등 다양한 민중담론이 등장하면서 민중은 '지배층' 혹은 '기득층'에 대한 저항세력을 의미하기도 하고, 역사의 정의를 실현하는 주체를 의미하기도 한다. 민중은 정치, 문화운동으로 다양하게 전파되었으며, 풍물과 마당놀이, 탈춤 등의 전통놀이와 결합되어 그 '민중성'이 표출되었다. 이런 분위기 속에 노동자 문화와 제도들이 성장하게 되었고, 이를 바탕으로 노동자들의 계급의식도 성장하게 되었다. 노동계급 출신들의 문학활동의 대표적인 사례로서 박노해의 『노동의 새벽』이 그 전형을 이루고 있다. 또한 노동자신문 등의 간행물들이 등장하고, 1980년대 중반에 이르게 되면 이러한 노동문화가 반反지배담론으로 자리를 잡게 된다. 즉 민족주의, 가족주의, 국가안보, 화합 등의 지배담론에 대항하는 이른바 민주주의, 평등주의, 민중, 정의 등의 담론이 등장하고, 이들 문화적 요인들이 노동자들의 계급형성에 커다란 영향을 미치게 되었던 것이다.

(5) 노동자 대투쟁기

1987년 이른바 사회 전반의 민주화를 촉구하던 6월항쟁 이후 그동안 누적되어왔던 노동자들의 요구가 총체적으로 분출되면서 노동운동은 새로운 국면을 맞게 된다. 엄밀히 말하면 노동조합은 6월항쟁의 주도적 세력이 되지 못하였다. 그럼에도 불구하고, 저자는 노동세력들이 대중민주주의를 추동하는 거대한 잠재력으로 작용하였다고 평가한다. 6월항쟁 이후 전국적으로 노동운동은 특별한 연대조직이나 지도력 없이 가히 비체계적인 양상으로 분출된다. 일종의 '한의 폭발'인 것이다. 그러나 1987년 이후 노동운동은 몇 가지 점에서 그 이전과는 다른 특징을 보인다. 첫째는 노동투쟁의 목표가 단순히 임금상승 등의 노동조건이 아니라 조직결성 등 보다 장기적인 이해관계를 보호하기 위한 것들로 변했다는 점이다(당시 폭발적인 노조결성률을 보인다). 둘째는 '젠더구성'의 전환이다. 즉 당시의 노동운동을 울산, 마산, 창원 등 중화학공업단지 지역에 집중되어 있는 남성들이 주도하면서 한국의 노동운동은 여성 중심에서 남성 중심으로 넘어가게 된다. 셋째는 노동자들이 외부지원 없이, 즉 교회나 재야, 학생 등과의 연대 없이 스스로 조직해서 노동운동을 전개했다는 사실이다. 한국의 노동자계급은 스스로 자신들의 지도자를 배출해내고 그 자체의 계급으로 성장하게 되었다.[6]

1987년 이른바 대투쟁기를 거치면서 노동자들 스스로의 인식도 바뀌게 된다. 이제 노동자들은 자신이 공순이, 공돌이로 불리는 천한 노동자라는 인식을 넘어 사회변혁에 영향력을 미치는 주체로서의 노동자라는 자각을 하게 된다. 즉, 패배주의와 탈피주의를 극복하는 계기를 마련했던 것이다.

---

6 저자는 카리스마적 지도자였던 권영목 씨의 예를 들면서 당시 가장 이목을 끌었던 현대중공업의 사례를 들었다.

더구나 기업 간 연대조합이 결성되고 나아가 지역단위의 노조연맹이 결성되어 다른 공장들의 파업을 지원하게 됨으로써 노동계급의 권력을 급속히 확장하게 되었다.

한편 이후의 두드러진 특징 중의 하나는 그동안 노동운동의 그늘에 있었던 화이트칼라 조합들—금융, 언론, 출판, 연구소, 학교 등—이 대거 노동운동의 전면에 등장한다는 것이다. 저자는 화이트칼라 역시 장시간 노동과 비합리적이고 비이성적인 관행 등 열악한 노동조건으로 프롤레타리아화되고 있었으며 이에 대한 집단적 저항을 하게 되었다고 한다.[7]

이와 함께 전국 단위의 노동조합(전국노동조합협의회)이 결성되면서 전투적 지도자들이 선두에 나서게 되었다. 물론 저자는 흔히 일부 젊은 노동자들이나 연구가들이 1987년 이후를 그 이전의 경제투쟁과 조합주의투쟁으로부터 벗어나 계급의식을 바탕으로 한 정치투쟁이 전개된 시대라고 평가하면서 그 이전의 노동운동을 격하하려는 경향이 있다고 비판하고 있으며, 1987년 이후의 노동운동의 역량은 그 이전의 노동운동의 결과들이 축적된 산물이라는 점을 강조하고 있다.

(6) 기로에 선 노동계급

소제목이 말해주는 것처럼 저자는 현재 한국사회의 노동계급이 기로에서 있다고 진단하고 있다. 왜인가? 1990년 이후 한국사회에 생긴 의미 있는 변화를 저자는 몇 가지로 정리한다. 첫째는 국가와 자본의 대응이 보다 체계적이고 정교해졌다는 것이다. 이른바 1980년대의 경제성장의 밑

7 1987년의 민주화운동의 주된 세력이 바로 이들이었다는 점도 간과할 수 없다. 이들은 이른바 '넥타이 부대'로 불리면서 반독재운동에 주도적 역할을 하였다. 그리고 1980년에 이미 학교에서 극한 이념적 갈등과 운동을 직간접으로 경험했기 때문에 직장에서의 노조운동을 활발히 조직할 수 있었다.

거름이 되었던 3저 호황이 끝나고, 한국경제는 일종의 저성장의 위기와 함께 일대 전환기를 맞이한다. 정부는 국면을 신공안정국으로 몰아가면서 전투적 노조집행부를 대거 구속하는 동시에 기업별 노사협상을 강조하고 부분적으로 노동권을 인정하는 등 산업평화를 권장하는 강온양면정책을 구사하게 되었다. 자본의 대응 역시 집합적 양태로 나타난다. 자본가들은 전국노동조합협의회(전노협)의 결성에 맞서 전국경제단체총연합회(경단협)를 결성하고, 동시에 '무노동 무임금'의 전략을 구사한다. 또한 이른바 국제경쟁력 제고라는 명분 아래 자동화 시설의 도입과 노동시장의 유연화를 추구하는 이른바 신경영전략을 시행하게 된다. 노조의 결성을 인정하는 대신 노사관계에서는 성과급제의 도입 등으로 노동자들 간의 경쟁을 야기하고(노동자의 분절화), 임시고용과 하청계약 등을 확장하는가 하면 일본식의 품질관리운동, JIT(Just In Time) 시스템 등을 도입하는 등 전 영역에 걸쳐 이른바 유연화전략을 구사함으로써 노조의 힘을 약화시키려 하고 있다. 또한 이데올로기적 대응이 더욱 정교해져 각종 미디어를 동원, 국가경쟁과 산업평화, 노동책임 등을 강조하는 신노사문화를 정착시키고자 하고 있다.

1990년 이후 확실히 노조 조직률은 저하되고 집단행동 역시 줄어들기 시작했다. 이러한 인식하에 노조지도자들은 다시 한번 노조조직의 활성화를 시도한다. 특히 화이트칼라 노조의 약진과 함께 1993년 이른바 전국민주노동조합총연맹(민주노총–당시 862개의 노조와 42만 명의 노조원)을 결성하는가 하면 처음으로 노동계급의 이해를 대변하는 정치정당의 출현을 시도하게 되었다. 그리하여 민중당, 한겨레민주당 등이 정치영역으로 들어오게 되지만, 3퍼센트 미만의 저조한 지지 속에 실패하게 된다. 저자는 그 이유로 강력한 국가안보의 사고, 정치적 보수주의, 불공정한 선거와 노동

자들의 내분 등을 들고 있다.[8]

그러던 중 1996~1997년 전 세계에 한국 노동자의 전투성을 알리는 대투쟁이 발생한다. 정부가 고용주에게 파업에 맞대응할 수 있는 임시노동 고용 권한과 해고 권한, 복수노조 허용을 금지하는 법안을 통과시키자 상대적으로 보수적이었던 한국노총과 민주노총이 연대를 하는 등 저자의 평가에 의하면 한국전쟁 이래 최대규모의 전국단위 파업이 발생하게 되었다. 이 파업은 국제노동기구ILO, 경제협력개발기구OECD, 국제자유노조연맹ICFTU 등 국제기구의 지원을 받을 만큼 세계의 관심을 끌었다. 하지만 그러한 관심에도 불구하고 파업은 복수노조 허용이라는 작은 대가를 얻는 대신 무노동 무임금, 전교조와 공무원노조 인정금지, 전임 노조지도부에 대한 무임금 등의 희생을 치른 채 막을 내리고 말았다. 이러한 이유를 저자는 글로벌 경제의 맥락 속에서 이해해야 한다고 주장한다(아쉽게도 저자의 논의는 원론적인 수준에 머물러 있다).

1997년의 경제위기는 한국사회에 어떠한 영향을 주고 있는가? 경제위기는 노勞-사使-정政 이른바 삼자체제가 일종의 사회조합주의 형태를 이루는 계기가 됨과 동시에 노동운동을 극히 약화시키고 있다. 정치적 투쟁보다는 고용안정, 임금삭감의 반대 등 경제투쟁에 집중함으로써 안정화를 선택하고 있는 노동조합운동을 보면서, 저자는 현재 한국에는 다른 신흥공업국가와 달리 사회운동적 조합주의가 부재하다고 말한다. 적어도 1987년 이전에는 교회와의 연대 등 그 전통이 있었지만 브라질이나 남아프리카공화국처럼 노조가 지역이나 이웃 빈민들과 연대해서 지역의 문제를 '이슈화'하는 운동이 없다는 것이다. 물론 그 이유로는 삼자개입을 저

8 2000년에 민주노동당이 출현할 때까지 몇 번의 내분을 경험하게 된다.

지하는 강력한 국가의 법적 · 정치적 제한과 비공식부문의 종사자 비율이 급격히 하락하고 실업률이 낮았다는 점 등이 있다. 그렇기 때문에 노동자들은 작업장 안의 문제에 집중하고, 소비와 관련된 지역사회의 문제 등에는 큰 관심을 두지 않았다. 따라서 사회조합주의적이기보다는 경제조합주의를 지향하게 되었고, 많은 사회적 문제들은 중산층 중심의 시민운동이 담당하게 되었다.

또한 이전의 노동자들은 가족배경이나 기술수준, 임금, 작업 조건, 학력 등에서 그리고 대기업과 중소기업 간에 차이가 별로 많지 않았기 때문에 매우 동질적이었지만 1980년 이후 노동자들의 내부구성에는 많은 차이들이 발생하고 있다는 점을 저자는 지적한다. 그리고 1990년 이후에는 비정규직 고용이 증대되면서 정규직과의 차이가 점차 벌어지고 있는 노동시장에서의 양극화현상이 발생하고 있다. 특히 저자는 대기업과 중소기업 간의 임금 및 노동복지 차이, 정규직과 비정규직의 차이(특히 비정규직에서 여성노동의 위치)를 지적하면서 이러한 내부 분화가 실질적으로 노동운동의 연대를 흐리게 하는 요인들로 작용하고 있음을 지적한다.

저자가 보기에 오늘날 노동운동은 더욱 실용적이고 개별화되고 있다. 그는 오히려 사회조합주의 움직임과 노동운동의 활성화를 암묵적으로 여성노동에 기대하는 듯싶다. 여성노동은 소비, 가족 등의 문제를 포함하여 더욱 지역사회와 밀접한 문제들에 접근할 수 있기 때문이다.

저자는 이제 더 이상 '골리앗의 전사'는 거의 찾아보기 힘들게 되었다고 말함으로써 한국 노동운동의 현주소를 묘사하고 있다. 노동운동은 실용적이고 이기적이 되었으며 특히 노동운동의 지도자들은 '아파트와 자가용을 소유하고, 아이들의 과외공부에 신경쓰며, 가족과 개인의 행복을 추구한다'고 보고 있다. 그러나 한편 반反자본주의 감정은 여전히 간직하고 있고,

그들의 권리의식과 연대의식은 강하게 남아 있다고 저자는 평을 내린다.

저자는 1990년대의 상황을 민주화와 세계화가 동시에 진행된 양 축으로 묘사하고 있다. 민주화와 함께 국가는 폭력적인 강제에서 법률적 행사를 통한 간접적 통제로 바뀌었으며, 고용주들은 가부장적 · 독재적 경영방식에서 벗어나 노동자들의 동의에 기초한 헤게모니 통제로 전환하고 있는 등 변화하고 있다. 그러나 한국의 노동조합은 노동의 유연화 등 신경영전략을 통해 노동의 세력을 약화시키는 '지구화'의 압력 속에서 그 방향성을 설정해야 하는 기로에 놓여 있다.

4. 제안과 전망

만약 노동운동이 멈추고, 노동자들의 삶이 일상화되면 계급형성은 멈추는 것인가? 본 저서는 지난 반세기여에 걸친 한국 노동계급의 부흥과 쇠락의 과정을 계급형성사라는 방법론으로 추적해보고 있다. 더 엄밀히 말하면 계급형성을 주로 노동투쟁 운동사의 과정에서 계급정체성과 의식을 중심으로 다루고 있다. 노동투쟁은 계급의식 형성의 매개과정이며 또한 결과이기 때문에 계급형성론에서 빼놓을 수 없는 연구대상이다. 그러나 계급은 반드시 의식구성(계급정체성이나 투쟁)의 차원에서만 형성되는 것이 아니다.

각 계급 성원들은 그들의 이데올로기, 언어, 교육, 소비, 주거, 오락, 여가 등 다양한 일상적 실천을 통해 그들의 계급적 존재를 재생산한다. 생산영역뿐만 아니라 소비영역, 정치영역, 문화영역 등 삶의 공간들이 중층적으로 교차하는 지점 속에서 계급은 형성되는 것이다. 따라서 반복적이고 잡다한 일상적 행위로 구성된 생활세계는 바로 계급형성과 재생산의 모태가 되는 공간이다. 일상생활 세계 속의 계급을 주목하는 이유는 계급이 '과학자들이 고안한 머릿속의 실체'가 아니라 바로 그 주체들이 생산하고 재생산하는 현실 속의 실체이기 때문이다.

계급형성은 매우 다양한 일상생활의 실천들과 관련지어 연구할 수밖에 없으며 그만큼 광범위한 논의들을 요구한다. 더구나 이 실천은 때로 의식적 행위로만 나타나는 것이 아니라 무의식적 행위를 통해 나타나기도 한다. 그렇기 때문에 계급형성에 관한 논의는 반드시 계급의식적인 측면에만 머무를 수 없으며, 노동운동 같은 투쟁적 영역에서만 조명될 수도 없다. 이런 점에서 본 저서는 계급형성의 일면(즉, 계급의식의 측면)만을 다루었다고 볼 수 있다. 따라서 과제가 있다면 노동자들의 생활양식(소비와 습관), 노동 과정, 일상성의 문제 등이 더욱 광범위하게 다루어져야 한다는 것이다.[9]

또한 계급의식도 더 다양한 차원에서 논의될 수 있었을 것이다. 이미 기존의 학자들이 분류했던 계급인식과 계급 적대의식, 혹은 마이클 만Michael Mann 등이 논의했던 단순한 귀속의식부터 체제변혁 의식까지 계급의식의 스펙트럼은 다양하다. 그뿐 아니라 같은 삶의 조건에 있으면서도 계급의식을 공유하지 못하거나 노동운동의 투쟁을 방관하는 많은 노동자들을 어떻게 볼 것인가 하는 문제도 남아 있다. 선진노동자와 달리 나머지 노동자들은 왜 침묵을 하거나 투쟁을 외면하고 있었는가?

저자는 세계화와 경제위기 그리고 노동운동에 관한 마지막 부분을 서둘러 맺고 있다. 아는 바와 같이 경제위기는 노동운동에 엄청난 충격을 가져다주었다. 노-사-정의 사회적 협약에 의한 조합주의의 실험, 그 불안한

9 이런 의미에서 부르디외Pierre Bourdieu의 이른바 '생활양식론적 접근'이 주목을 끈다.

연대의 결과가 향후 노동운동과 노동계급의 성격을 규정하는 관건이 될 것으로 보인다. 그러나 저자가 지적하고 있는 것처럼 노동운동의 성격은 이제 국내 차원으로만 조망될 성질의 것이 아니다. 계급세력은 신자유주의의 물결을 주도하고 있는 초국적 자본과의 연관 속에서 규정된다. 노동시장의 불안정을 초래하고 있는 노동의 유연화와 '세계화의 덫'으로 인한 계급의 양극화가 전 세계적 차원에서 진행되고 있고, 자본가계급의 세계적 연대가 강화되는 반면, 노동계급은 더욱 개별화 · 파편화되고 있다. 마르크스주의 진영에서조차 회의를 나타낼 정도로 노동계급이 역사의 주체가 되기에 사회는 너무나 빨리 변해가고 있고 복잡한 세력들로 구성되어 있다. 또한 우려되고 있는 것처럼 노동귀족이 탄생하고, 이기주의적이고 개별적인 관심이 지배하는 노동계급은 더 이상 역사를 주도하는, 총체적 보편성을 담지한 도덕적 계급도 아니다.

세계자본주의 질서는 더욱 견고해지고 있는 동시에 극히 불안정한 모습으로 유동화되고 있는 모순적 상태에 놓여 있다. 집합주의보다는 개인주의가, 노동보다는 소비와 여가의 담론이, 절제보다는 교육, 여행, 복지 등에 대한 관심이 더욱 커져가고 있는 정보화 시대의 노동계급의 형성은 과거처럼 한의 폭발과 같은 전투적인 노동투쟁 속에서 진행되기보다는 일상화된 제도 속에서 진행될 것이다. 그러나 그 일상적 수준으로부터 탈락된 층들과 배제의 위기에 처한 많은 이들의 저항은 계급의 안녕을 고하게 하기보다는 다시금 역동적 노동계급의 등장을 가져올지도 모른다.

이 책은 삼성三星의 연구비 지원으로 집필되었음.

해외한국학 평론 ④

1판 1쇄 펴낸날 2006년 2월 10일

엮은이 | 연세대학교 현대한국학연구소
펴낸이 | 김시연

펴낸곳 | (주)일조각
등록 | 1953년 9월 3일 제300-1953-1호(구 : 제1-298호)
주소 | 110-062 서울시 종로구 신문로 2가 1-335번지
전화 | 734-3545 / 733-8811(편집부)
733-5430 / 733-5431(영업부)
팩스 | 735-9994(편집부) / 738-5857(영업부)
이메일 | ilchokak@hanmail.net
홈페이지 | www.ilchokak.co.kr

ISBN 89-337-0487-6 94910
ISBN 89-337-0399-3 (세트)
값 12,000원